U0575290

中国
社科 大学经典文库

房地产法理论与实务

孟咸美　孟　昕　俞崇坤／著

光明日报出版社

图书在版编目（CIP）数据

房地产法理论与实务 / 孟咸美，孟昕，俞崇坤著．
--北京：光明日报出版社，2016.11

ISBN 978－7－5194－2492－3

Ⅰ.①房… Ⅱ.①孟…②孟…③俞… Ⅲ.①房地产
法—研究—中国 Ⅳ.①D922.384

中国版本图书馆 CIP 数据核字（2016）第 289640 号

房地产法理论与实务

著　者：孟咸美　孟　昕　俞崇坤

责任编辑：曹美娜　　　　　　　　责任校对：赵鸣鸣
封面设计：中联学林　　　　　　　责任印制：曹　净

出版发行：光明日报出版社
地　　址：北京市东城区珠市口东大街 5 号，100062
电　　话：010－67078251（咨询），67078870（发行），67019571（邮购）
传　　真：010－67078227，67078255
网　　址：http：//book．gmw．cn
E－mail：gmcbs@ gmw．cn　　caomeina@ gmw．cn
法律顾问：北京德恒律师事务所龚柳方律师

印　　刷：北京天正元印务有限公司
装　　订：北京天正元印务有限公司
本书如有破损、缺页、装订错误，请与本社联系调换

开　　本：710×1000　1/16
字　　数：236 千字　　　　　　　印　　张：15
版　　次：2017 年 1 月第 1 版　　印　　次：2017 年 1 月第 1 次印刷
书　　号：ISBN 978－7－5194－2492－3

定　　价：68.00 元

版权所有　　翻印必究

目　录
CONTENTS

第一章

房地产物权与房地产物权体系

基本理论

一、房地产物权与体系

（一）房地产与相近概念

1. 房地产与不动产

房地产包括土地、房屋及固着于土地、房屋上不可分离的部分。不动产是指土地以及房屋、林木等地上定着物、建筑物的固定附属设备。民法将物分为"动产"和"不动产"两类，正是从物的自然属性是否可以自由移动来进行区分。各国法律对不动产的界定不尽相同，有广义与狭义之分。狭义的不动产主要是指房地产，而广义的不动产不仅包括了房地产，还包括了其他不可移动或者一经移动即会丧失其极大价值的财产，如水和矿藏等自然资源。

事实上，房地产与不动产具有共同的属性，即不可移动性。只是房地产和不动产概念在不同的领域与语境中使用，使用时往往具有不同的倾向和侧重。房地产概念产生较晚，更倾向于表明这一财产是以房屋和土地为载体，以经营为手段的一种稀有资产或资源；不动产概念产生较早，在罗马法时代就已产生，其更侧重于表明财产不可移动这一特性，它是民法中惯用的术语。但两者往往指向的是同一对象——房屋、土地以及地上定着物等。

2. 房地产与房屋

房屋是人们日常生活中经常使用的词语,在许多语境和场合中,人们所使用房屋的含义与房地产是相同的。房屋是人们生活、生产的基本场所,是人类发展与进步的基础。但二者具有不同的含义。房屋的概念在人类生活的早期即已存在,指的是建筑物的自然形态。在经济学和法学中,房屋不能等同于房地产,也不能等同于房产,它无法表述建筑物的社会形态,至多是房地产中的一个方面的内容而已。而房地产概念是现代经济生活的产物,是商品经济和社会分工发展到一定阶段的产物。在法律上,房地产包括了房产和地产。房产的含义既包括了实体意义上的具有明确的权属关系的房屋,也包括了寓含在房屋上的权利,它是建筑物在社会经济视野下的反映。可见,房地产与房屋、房产与房屋是各不相同的概念,虽然它们有时可能指向同一个对象。

3. 房地产与物业

"物业"这一术语在我国香港地区使用较广泛,是房地产领域中"单元性"的房地产概念的别称。在我国内地,"物业"一词主要是与物业管理联系在一起的,是指房屋及配套的设施设备和相关场地。房地产概念与物业概念在某些方面可通用,从财产的角度说,二者都是不动产。但二者的含义与范围是不同的:物业一般仅仅是指建设用地范围内的房地产,更多地强调"单元性"与"空间环境性"。物业的单元性是指人们可根据经济上或管理上的需要,将有特定四至范围的建设用地和房屋及其固定附着物确定为一宗独立(单独、个别化)财产,以便确权、交易、使用或管理。"空间环境性"主要是指特定四至范围的建设用地和房屋及其固定附着物范围可构成特定的空间环境,人们在其中从事生活、生产等活动,是物业业主权益维系的重要对象与场所。因此,物业是指一定建设用地范围内具有特定四至界限的各类房屋等建筑物及相配套的固定附属设备、公用设施、公共场地和其他定着物,以及该房屋土地范围构成的空间环境。房地产概念更多的是指宏观层面的房产和地产。因此,房地产概念的外延要大于物业概念。房地产概念不仅包括静态的房产、地产以及房地产权利,而且还可以涵盖房地产的投资开发、建造、销售、售后服务以及交易、使用、出租、抵押等动态过程和行为。两者既有宏观与微观之别,又有外延范围上的差异。

（二）物权的词源

早在罗马法上，即已确认所有权等诸多具体的物权形式，并已形成物权与债权相区分的理念。但是，具有抽象概括性的物权及他物权的名词，罗马法中并未出现，它们是中世纪注释法学派在研究、诠释罗马法时创造的。

1811 年《奥地利民法典》首次对物权的概念做出了规定。该法第 307 条规定："物权，是属于个人的财产上的权利，可以对抗任何人。"1896 年颁布的《德国民法典》中，首次将"物权"作为民法典分则的独立一编，对物权制度作了系统、完整的规定。其后，物权概念为多数国家的立法所接受，物权法也成为了现今各国民法的重要组成部分。我国《物权法》第 2 条第 3 款规定："本法所称物权，是指权利人依法对特定的物享有直接支配和排他的权利，包括所有权、房地产用益物权和房地产担保物权。"英美法系国家法律中没有物权的概念，与之相近的词汇是"财产"或"财产权"（property）。但应注意的是，英美法中的这一用语与大陆法中的"物权"实际上并非对等的概念。

（三）房地产物权及其体系

我国《物权法》上的物，包括不动产和动产。根据标的物的种类的不同，物权可以分为不动产物权、动产物权等。在我国，不动产物权主要是指房地产物权。所谓房地产物权就是将"房地产"这一不动产作为客体。房地产权利人依照国家法律对其所有的房地产享有直接管理支配并享受其利益以及排除他人干涉的权利。房地产物权概念，不仅能准确地概括房地产所有权和由所有权派生出来的其他房地产物权的现象，而且能科学地反映房地产各种权利间的相互关系及其本质。因此，建立与完善法律形式上的房地产物权制度，尤其是房地产他物权制度也就具有了十分重要的意义。

我国房地产物权体系随着《物权法》的颁布而系统化：房地产物权包括房地产所有权和房地产他物权。房地产他物权又可分为房地产用益物权与房地产担保物权。房地产所有权、房地产用益物权与房地产担保物权构成了房地产物权体系。

二、房屋所有权

（一）房屋所有权概述

1. 房屋所有权的概念和种类

房屋所有权是指房屋所有权人对自己的房屋依法享有的占有、使用、收益、处分的权利。

在我国，房屋所有权的种类很多，主要可以分为四类：

（1）城镇房屋所有权与农村房屋所有权

根据房屋的坐落位置，房屋所有权可以分为城镇房屋所有权与农村房屋所有权。

城镇房屋所有权是以城镇房屋为权利客体的所有权，农村房屋所有权是以农村房屋为客体的所有权。这两类房屋所有权在取得方式、交易原则、管理制度上存在着不同。例如，对于城镇房屋所有权，法律上一般没有主体资格的限制；但对农村房屋所有权而言，法律上对其主体资格有一定的限制。例如，按目前法律规定，城镇居民不能基于买卖而成为农村房屋所有权的主体。

（2）公有房屋所有权与非公有房屋所有权

根据房屋的归属关系，房屋所有权可以分为公有房屋所有权与非公有房屋所有权。

（3）生活用房所有权、生产用房所有权与办公用房所有权

根据房屋的用途，房屋所有权可以分为生活用房所有权、生产用房所有权与办公用房所有权。

生活用房所有权是自然人对作为生活资料的房屋所享有的所有权，其目的在于满足自然人的生活需要；生产用房所有权是企业对作为生产资料的房屋所享有的所有权；办公用房所有权是国家机关、企事业单位、社会团体等对用于办公所用的房屋所享有的所有权。国家根据房屋的不同用途，实行不同的管理制度。

（4）单独房屋所有权、共有房屋所有权与区分房屋所有权

2. 房屋所有权的取得

房屋所有权的取得是指某一民事主体取得对房屋的所有权。房屋所有权的取得方式包括原始取得与继受取得两种。原始取得又称固有取得，是指民事主体

非依据他人的权利及意思而是直接依据法律规定取得房屋所有权。例如,通过建造、善意取得而取得房屋所有权的,均为原始取得;继受取得又称传来取得,是指基于他人的权利及意思而取得房屋所有权。例如,通过买卖、互易、赠与等取得房屋所有权的,均为继受取得。一般地说,房屋所有权的取得原因主要包括如下几种:

(1)建造

民事主体依法经批准在国有土地或集体土地上建造房屋的,建造人即可取得房屋所有权。《物权法》第142条规定:"建设用地使用权人建造的建筑物、构筑物及其附属设施的所有权属于建设用地使用权人:但有相反证据证明的除外。"第152条规定:"宅基地使用权人依法对集体所有的土地享有占有和使用的权利,有权依法利用该土地建造住宅及其附属设施。"因建造而取得房屋所有权的,自房屋建造完成时就发生效力,不以登记为房屋所有权的取得条件。对此,《物权法》第30条规定:"因合法建造、拆除房屋等事实行为设立或者消灭物权的,自事实行为成就时发生效力。"依照《物权法》第31条的规定,权利人处分因建造而取得的房屋所有权时,若未经登记的,不发生物权效力。

(2)买卖、互易、赠与

买卖、互易、赠与都是通过交易的方式而敢得房屋所有权。在房屋买卖中,买受人从出卖人处取得房屋所有权,而出卖人丧失房屋所有权。在房屋互易中,互易双方均从对方处取得房屋所有权,而丧失对原房屋的所有权。在房屋赠与中,受赠人从赠与人处取得房屋所有权,赠与人丧失房屋所有权。因买卖、互易、赠与而取得房屋所有权的,应当依法办理登记手续。未经登记的,不发生房屋所有权变动的效力。

(3)继承、接受遗赠

继承、接受遗赠是继承人、受继承人从被继承人、遗赠人处取得房屋所有权。在继承法上,当被继承人死亡时,继承人有权依法定继承或遗嘱继承而取得房屋所有权,受遗赠人有权依遗嘱而取得遗赠房屋的所有权。因继承、接受遗赠而取得房屋所有权的,自继承或受遗赠开始时发生效力,不以登记为房屋所有权的取得条件。对此,《物权法》第29条规定:"因继承或者受遗赠取得物权的,自继承或者受遗赠开始时发生效力。"依照《物权法》第31条的规定,权利人处分因继承、接受遗赠而取得的房屋所有权时,若未经登记的,不发生物权效力。

(4)善意取得①

善意取得是指无权处分他人不动产或动产的人,将不动产或动产非法转让于第三人时,如果第三人取得该不动产或动产时出于善意,则取得该不动产或动产的所有权。可见,善意取得既适用于动产,也适用于不动产。

依照《物权法》第106条的规定,房屋所有权的善意取得须具备如下条件:(1)受让人受让房屋时是善意的。所谓善意,是指受让人不知道或者不应知道转让人没有转让房屋的权利。(2)以合理的价格转让。受让人受让房屋须支付了合理的价格,若受让人未支付对价的,则不发生善意取得。只有受让人办理了房屋所有权过户登记手续,才能构成善意取得。法释[2016]5号《物权法司法解释(一)》第十五条规定:"受让人受让不动产或动产时不知道转让人无处分权,且无重大过失的,应当认定受让人为善意。真实权利人主张受让人不构成善意的,应当承担举证证明责任。",结合该司法解释第十六、第十七条规定受让人应查询登记簿证明自己不知道转让人无处分权同时应遵循交易习惯无重大过失才能认定为善意。

善意取得成立后,善意第三人即取得受让房屋的所有权,而原房屋所有权人即丧失房屋所有权。当然,原房屋所有权人丧失所有权后,有权要求转让人承担相应的赔偿责任。

(二)建筑物区分所有权

1. 建筑物区分所有权的概述

《物权法》第70条规定:"业主对建筑物内的住宅、经营性用房等专有部分享有所有权,对专有部分以外的共有部分享有共有和共同管理的权利。"根据这一规定,建筑物区分所有权是多个区分所有权人共同拥有一栋区分所有建筑物时,区分所有权人(即业主)所享有的对其专用部分的专有权和对共用部分的共有权和管理权的总称。

2. 建筑物区分所有权中的专有权

专有权是指业主对区分所有建筑物的专用部分所享有的占有、使用、收益和处分的权利。《物权法》第71条规定:"业主对其建筑物的专有部分享有占有、使

---

① 此部分参考了孟昕2013届扬州大学本科毕业论文《善意保护制度若干问题研究》

用、收益和处分的权利,但业主行使权利不得危及建筑物的安全,不得损害其他业主的合法权益。"根据 2009 年通过的最高人民法院《关于审理建筑物区分所有权纠纷案件具体应用法律若干问题的解释》(以下简称《建筑物区分所有权的解释》)第 4 条的规定,业主基于对住宅、经营性用房等专有部分特定使用功能的合理需要,无偿利用屋顶以及与其专有部分相对应的外墙面等共有部分的,不应认定为侵权。但违反法律、法规、管理规约,损害他人合法权益的除外。

专有权的客体是区分所有建筑物中的独立建筑空间,如公寓楼中的某一单元住宅。与普通建筑物所有权不同,建筑物区分所有权中的专有权不是对有体物加以管领支配,而是对由建筑材料所组成的"空间"加以管领支配。因此,建筑物区分所有权中的专有权又被称为空间所有权。《建筑物区分所有权的解释》第 2 条规定,建筑区划内符合下列条件的房屋(包括整栋建筑物),以及车位、摊位等特定空间,应当认定为专有部分:(1)具有构造上的独立性,能够明确区分;(2)具有利用上的独立性,可以排他使用;(3)能够登记成为特定业主所有权的客体。规划上专属于特定房屋,且建设单位销售时已经根据规划列入该特定房屋买卖合同中的露台等,应当认定为专有部分的组成部分。

3. 建筑物区分所有权中的共有权

共有权是指业主对区分所有建筑物的共有部分所享有的权利。《物权法》第72 条第 1 款规定:"业主对建筑物专有部分以外的共有部分,享有权利,承担义务;但不得以放弃权利不履行义务。"根据《建筑物区分所有权的解释》第 14 条的规定,建设单位或者其他行为人擅自占用、处分业主共有部分、改变其使用功能或者进行经营性活动,权利人请求排除妨害、恢复原状、确认处分行为无效或者赔偿损失的,人民法院应予支持。发生这里所称的擅自进行经营性活动的情形,权利人请求行为人将扣除合理成本之后的收益用于补充专项维修资金或者业主共同决定的其他用途的,人民法院应予支持。行为人对成本的支出及其合理性承担举证责任。

共有权的客体是区分所有建筑物的共有部分,即除专有部分之外的部分。在建筑物区分所有权中,共有部分主要包括以下几项:

其一,根据《物权法》第 73 条的规定,建筑区划内的道路,属于业主共有,但属于城镇公共道路的除外。建筑区划内的绿地,属于业主共有,但属于城镇公共绿地或者明示属于个人的除外。建筑区划内的其他公共场所、公用设施和物业服务用房,属于业主共有。

其二,根据《物权法》第74条的规定,建筑区划内,规划用于停放汽车的车位、车库应当按照以下规定明确其归属:(1)建筑区划内,规划用于停放汽车的车位、车库应当首先满足业主的需要。建筑区划内,规划用于停放汽车的车位、车库的归属,由当事人通过出售、附赠或者出租等方式约定。根据《建筑物区分所有权的解释》第5条的规定,建设单位按照配置比例将车位、车库,以出售、附赠或者出租等方式处分给业主的,应当认定其行为符合"应当首先满足业主的需要"的规定。这里所称配置比例,是指规划确定的建筑区划内规划用于停放汽车的车位、车库与房屋套数的比例。(2)占用业主共有的道路或者其他场地用于停放汽车的车位,属于业主共有。根据《建筑物区分所有权的解释》第6条的规定,这里所称车位,是指建筑区划内在规划用于停放汽车的车位之外,占用业主共有道路或者其他场地增设的车位。

其三,根据《建筑物区分所有权的解释》第3条的规定,除法律、行政法规规定的共有部分外,建筑区划内的以下部分,应当认定为共有部分:(1)建筑物的基础、承重结构、外墙、屋顶等基本结构部分,通道、楼梯、大堂等公共通行部分,消防、公共照明等附属设施、设备,避难层、设备层或者设备间等结构部分;(2)其他不属于业主专有部分,也不属于市政公用部分或者其他权利人所有的场所及设施等;(3)建筑区划内的土地,依法由业主共同享有建设用地使用权,但属于业主专有的整栋建筑物的规划占地或者城镇公共道路、绿地占地除外。

4. 建筑物区分所有权中的管理权

管理权是指业主基于对建筑物共有部分的管理而享有的权利。业主的管理权主要包括以下内容:

其一,根据《物权法》第75条和第78条的规定,业主可以设立业主大会,选举业主委员会。业主大会或者业主委员会的决定,对业主具有约束力,但业主大会或者业主委员会作出的决定侵害业主合法权益的,受侵害的业主可以请求人民法院予以撤销。根据《建筑物区分所有权的解释》第12条的规定,业主以业主大会或者业主委员会作出的决定侵害其合法权益或者违反了法律规定的程序为由,请求人民法院撤销该决定的,应当在知道或者应当知道业主大会或者业主委员会作出决定之日起 1 年内行使。

其二,根据《物权法》第 76 条的规定,下列事项由业主共同决定:(1)制定和修改业主大会议事规则;(2)制定和修改建筑物及其附属设施的管理规约;(3)选举业主委员会或者更换业主委员会成员;(4)选聘和解聘物业服务企业或者其他管理人;(5)筹集和使用建筑物及其附属设施的维修资金;(6)改建、重建建筑物及其附属设施;(7)有关共有和共同管理权利的其他重大事项。例如,改变共有部分的用途、利用共有部分从事经营性活动、处分共有部分,以及业主大会依法决定或者管理规约依法确定应由业主共同决定的事项(《建筑物区分所有权的解释》第 7 条)。其中,决定第(5)、(6)项规定的事项的,应当经专有部分占建筑物总面积三分之二以上的业主且占总人数三分之二以上的业主同意;决定其他事项的,应当经专有部分占建筑物总面积过半数的业主且占总人数过半数的业主同意。根据《建筑物区分所有权的解释》第 8 条和第 9 条的规定,这里的专有部分面积和建筑物总面积,可以按照下列方法认定:专有部分面积,按照不动产登记簿记载的面积计算;尚未进行物权登记的,暂按测绘机构的实测面积计算;尚未进行实测的,暂按房屋买卖合同记载的面积计算。建筑物总面积,按照前项的统计总和计算。这里的业主人数和总人数,可以按照下列方法认定:业主人数,按照专有部分的数量计算,一个专有部分按一人计算。但建设单位尚未出售和虽已出售但尚未交付的部分,以及同一买受人拥有一个以上专有部分的,按一人计算;总人数,按照前项的统计总和计算。

其三,根据《物权法》第 77 条的规定,业主不得违反法律、法规以及管理规约,将住宅改变为经营性用房的,除遵守法律、法规以及管理规约外,应当经有利害关系的业主同意。根据《建筑物区分所有权的解释》第 10 条和第 11 条的规定,业主将住宅改变为经营性用房,未经有利害关系的业主同意,有利害关系的业主请求排除妨害、消除危险、恢复原状或者赔偿损失的,人民法院应予支持。将住宅改变为经营性用房的业主以多数有利害关系的业主同意其行为进行抗辩的,人民法院不予支持。业主将住宅改变为经营性用房,本栋建筑物内的其他业主,应当认定为"有利害关系的业主";建筑区划内,本栋建筑物之外的业主,主张与自己有利害关系的,应证明其房屋价值、生活质量受到或者可能受到不利影响。

其四,根据《物权法》第 79 条的规定,建筑物及其附属设施的维修资金,属于业主共有。经业主共同决定,可以用于电梯、水箱等共有部分的维修。维修资金的筹集、使用情况应当公布。根据《建筑物区分所有权的解释》第13条的规定,业主请求公布、查阅下列应当向业主公开的情况和资料的,人民法院应予支持:(1)建筑物及其附属设施的维修资金的筹集、使用情况;(2)管理规约、业主大会议事规则,以及业主大会或者业主委员会的决定及会议记录;(3)物业服务合同、共有部分的使用和收益情况;(4)建筑区划内规划用于停放汽车的车位、车库的处分情况;(5)其他应当向业主公开的情况和资料。

其五,根据《物权法》第80条的规定,建筑物及其附属设施的费用分摊、收益分配等事项,有约定的;没有约定或者约定不明确的,按照业主专有部分占建筑物总面积的比例确定。

其六,根据《物权法》第81条和第82条的规定,业主可以自行管理建筑物及其附属设施,也可以委托物业服务企业或者其他管理人管理。对建设单位聘请的物业服务企业或者其他管理人,业主有权依法更换。物业服务企业或者其他管理人根据业主的委托管理建筑区划内的建筑物及其附属设施,并接受业主的监督。

其七,根据《物权法》第83条的规定,业主应当遵守法律、法规以及管理规约。业主大会和业主委员会对任意弃置垃圾、排放污染物或者噪声、违反规定饲养动物、违章搭建、侵占通道、拒付物业费等损害他人合法权益的行为,有权依照法律、法规以及管理规约,要求行为人停止侵害、消除危险、排除妨害、赔偿损失。业主对侵害自己合法权益的行为,也可以依法向人民法院提起诉讼。根据《建筑物区分所有权的解释》第15条的规定,业主或者其他行为人违反法律、法规、国家相关强制性标准、管理规约,或者违反业主大会、业主委员会依法作出的决定,实施下列行为的,可以认定为其他"损害他人合法权益的行为":(1)损害房屋承重结构,损害或者违章使用电力、燃气、消防设施,在建筑物内放置危险、放射性物品等危及建筑物安全或者妨碍建筑物正常使用;(2)违反规定破坏、改变建筑物外墙面的形状、颜色等损害建筑物外观;(3)违反规定进行房屋装饰装修;(4)违章加建、改建、侵占、挖掘公共通道、道路、场地或者其他共有部分。

三、房地产共有

（一）房地产共有的概述

《民法通则》第 78 条第 1 款规定："财产可以由两个以上的公民、法人共有。"《物权法》第 93 条规定："不动产或者动产可以由两个以上单位、个人共有……"根据这一规定，房地产共有是指两个以上的权利主体对同一项房地产共同享有权利的法律状态。房地产共有既包括权利主体共同享有房地产所有权，也包括权利主体共同享有房地产其他权利，如建设用地使用权、土地承包经营权、宅基地使用权、地役权、抵押权等。在理论上，权利主体共同享有房地产所有权之外其他权利的，通常称为准共有。本书并不严格区分共有房地产权利的性质，通称为房地产共有。

（二）房地产按份共有

1. 房地产按份共有的概念

房地产按份共有是指共有人按照确定的份额对共有房地产分享权利、分担义务的共有。《民法通则》第 78 条第 2 款中规定：按份共有人按照各自的份额，对共有财产分享权利，分担义务；《物权法》第 94 条规定：按份共有人对共有的不动产或者动产按照其份额享有所有权。

2. 房地产按份共有的内部关系

房地产按份共有的内部关系是按份共有的对内效力，是指各共有人之间的权利义务关系。在房地产按份共有的内部关系中，共有人的权利义务主要有：

（1）共有房地产的使用、收益、处分

在房地产按份共有中，共有人就其应有部分对共有房地产都享有使用、收益的权利。共有人对房地产的使用、收益，不仅须在自己的应有部分范围内为之，而且还应受其他共有人应有部分的限制，不得损害其他共有人的权利。在通常情况下，共有人对共有房地产的使用、收益，应由全体共有人共同协商决定。如果共有人对使用、收益共有房地产不能达到一致意见的，可以按照多数共有人的意见处理，但不得损害其他共有人的利益。按份共有人有权处分共有房地产，包括法律上的处分和事实上的处分。按份共有人对共有房地产的处分，应当经占份额 2/3 以上的共有人同意，但共有人之间另有约定的除外（《物权法》第 97 条）。

（2）应有部分的处分

按份共有人是按自己的应有部分享有权利的,所以按份共有人对其应有部分享有处分权。由于应有部分只是共有人对共有房地产的权利份额,所以共有人对应有部分只能为法律上的处分,而不能为事实上的处分。共有人对应有部分的处分,包括应有部分的分出、转让和抛弃。《民法通则》第78条第3款规定:按份共有财产的每个共有人有权要求将自己的份额分出或者转让。但在出售时,其他共有人在同等条件下,有优先购买的权利;《物权法》第101条规定:按份共有人可以转让其享有的共有的不动产份额,其他共有人在同等条件下享有优先购买的权利。

（3）共有房地产的管理

按份共有人对房地产享有共同管理的权利。依照《物权法》第96条的规定,共有人应当按照约定管理共有的房地产;没有约定或者约定不明确的,各共有人都有管理的权利和义昏。但是,如果共有人对共有房地产作重大修缮的,应当经占份额2/3以上的共有人同意,但共有人之间另有约定的除外(《物权法》第97条)。

（4）共有房地产的费用负担

共有物的费用包括保存费用、改良费用以及其他有关费用,如税费、保险费等。依照《物权法》第98条的规定,对共有房地产的管理费用以及其他负担,有约定的,按照约定;没有约定或者约定不明确的,按份共有人按照其份额负担。

3. 房地产按份共有的外部关系

房地产按份共有的外部关系是按份共有的对外效力,是指按份共有人与第三人的权利义务关系。依照《物权法》第102条的规定,因共有房地产产生的债权债务,在对外关系上,共有人享有连带债权、承担连带债务,但法律另有规定或者第三人知道共有人不具有连带债质务关系的除外。

4. 共有房地产的分割

在房地产按份共有关系终止时,通常都要对共有房地产进行分割。关于共有房地产的分割,应明确如下几点:

第一,共有人约定不得分割共有的房地产以维持共有关系的,应当按照约定,但共有人有重大理由需要分割的,可以请求分割;没有约定或者约定不明确的,按份共有人可以随时请求分割。因分割共有房地产对其他共有人造成损害的,应当给予赔偿(《物权法》第99条)。

第二,共有人可以协商确定分割方式。达不成协议,共有房地产可以分割并且不会因分割减损价值的,应当对实物予以分割;难以分割或者因分割会减损价值的,应当对折价或者拍卖、变卖取得的价款予以分割(《物权法》第100条第1款)。

第三,共有人分割所得的房地产有瑕疵的,其他共有人应当分担损失(《物权法》第100条第2款)。

(三)、房地产共同共有

1. 房地产共同共有的概念

房地产共同共有是指共有人基于共同关系,对共有房地产不分份额地享有权利,承担义务的共有。《民法通则》第78条第2款中规定:共同共有人对共有财产享有权利,承担义务;《物权法》第95条规定:共同共有人对共有的不动产或者动产共同享有所有权。

2. 房地产共同共有的内部关系

房地产共同共有的内部关系是共同共有的对内效力,是指共同共有人之间的权利义务关系。

共同共有人的权利体现为对共有房地产享有平等的占有、使用、收益、处分的权利。共同共有系基于共同关系而产生的,因此,各共有人的权利及于共有房地产的全部,共有人对共有房地产享有平等的权利,任何共有人不得主张对共有房地产的特定部分行使权利。共有人处分共有房地产或者对共有房地产作重大修缮的,应当全体共同共有人同意,但共有人之间另有约定的除外(《物权法》第97条)。

共同共有人的义务体现为共有房地产承担平等的义务。一方面,共有人的义务及于共有房地产的全部,为共有房地产所支出的费用,共有人有约定的,按照约定;没有约定或者约定不明确的,应由共同共有人共同负担(《物权法》第98条);另一方面,在共同共有关系存续期间,共有人不得请求分割共有物。但共同共有人在共有的基础丧失或者有重大理由需要分割共有房地产时,可以请求分割(《物权法》第99条)。

3. 房地产共同共有的外部关系

房地产共同共有的外部关系是共同共有的对外效力,是指共有人与第三人之间的权利义务关系。这种权利义务关系为一种连带权利义务关系。共有人对第三人的权利为连带权利,任何共有人都有权向第三人主张全部权利;共有人对第三人的义务为连带义务,第三人有权向任何一个共有人主张全部权利,任何一个共有人都有义务清偿全部义务。

四、房地产相邻关系

(一)房地产相邻关系的概念

房地产相邻关系简称相邻关系,是指相互毗邻的房地产所有权人或使用权人之间在行使所有权或使用权时,因相互问给予便利或接受限制所发生的权利义务关系。

(二)相邻关系的处理原则

依照《民法通则》第 83 条和《物权法》第 84 条及第 85 条的规定,在处理相邻关系时,应当坚持以下原则:

有利生产和方便生活的原则;

团结互助和公平合理的原则;

尊重历史和习惯的原则;

(三)房地产相邻关系的种类

依照《物权法》的规定,相邻关系主要有以下几种:

1. 相邻的用水和排水关系

房地产权利人应当为相邻权利人用水、排水提供必要的便利。对自然流水的利用,应当在房地产的相邻权利人之间合理分配;对自然流水的排放,应当尊重自然流向(《物权法》第 86 条)。

2. 相邻土地通行关系

房地产权利人对相邻权利人因通行等必须利用其土地的,应当提供必要的便利(《物权法》第 87 条)。

3. 相邻不动产利用关系

房地产权利人因建造、修缮建筑物以及铺设电线、电缆、水管、暖气和燃气管线等必须利用相邻土地、建筑物的,该土地、建筑物的权利人应当提供必要的便利(《物权法》第 88 条)。

4. 相邻通风、采光和日照关系

房地产权利人建造建筑物不得违反国家有关工程建设标准,妨碍相邻建筑物的通风,采光和日照(《物权法》第 89 条)。

5. 相邻环境保护关系

房地产权利人不得违反国家规定弃置固体废物,排放大气污染物、水污染物、噪声、光、电磁波辐射等有害物质(《物权法》第 90 条)。

6. 相邻不动产损害防免关系

房地产权利人挖掘土地、建造建筑物、铺设管线以及安装设备等,不得危及相邻不动产的安全(《物权法》第 91 条)。

(四)房地产相邻关系与地役权的关系

1. 地役权概述

(1)地役权的概念

《物权法》第 156 条第 1 款规定:"地役权人有权按照合同约定,利用他人的不动产,以提高自己的不动产的效益。"根据这一规定,地役权是指为自己不动产的便利而使用他人不动产的权利。在地役权关系中,为自己不动产的便利而使用他人不动产的一方称为地役权人,又称需役地人;将自己的不动产供他人使用的一方称为供役地权利人,简称供役地人;需要提供便利的不动产称为需役地,供地役权使用的不动产称为供役地。

(2)地役权的设立

地役权的设立亦即地役权的发生,是指某一主体在供役地上取得地役权。在我国,地役权的设立应当采取地役权合同的方式。《物权法》第 157 条第一款规定:"设立地役权,当事人应当采取地役权合同的方式。"可见,在我国物权法上,地役权合同属于要式合同,当事人应当采取书面形式。依照《物权法》第 157 条的规定,地役权合同主要包括如下几项内容:(1)当事人的姓名或者名称和住所;(2)供役地和需役地的位置;(3)利用目的和方法;(4)利用期限;(5)费用及其支付方式;(6)解决争议的方式。

《物权法》第 158 条规定:"地役权自地役权合同生效时设立。当事人要求登记的,可以向登记机关申请登记;未经登记,不得对抗善意第三人。"可见,我国在地役权的登记问题上,采取了登记对抗主义。

(3)地役权的效力

地役权的效力,主要表现为地役权人和供役地人的权利义务。

其一,地役权人的权利和义务。地役权人的权利和义务主要有如下几项:第一,供役地的使用权。地役权存在的目的,在于以供役地供需役地的便利之用。所以,地役权人当然享有使用供役地的权利,这是地役权人的最基本权利。但地役权人应当按照合同约定的利用目的和方法利用供役地,尽量减少对供役地权利人物权的限制(《物权法》第160条)。第二,为必要的附随行为与修建设施的权利。地役权人为达到地役权的目的或实现权利内容,在权利行使的必需范围内,可以为一定的必要行为或修建必要的设施,以便更好地实现地役权。第三,维护设施的义务。地役权人在行使地役权时,既然有为必要的附属行为与修建设施的权利,则对于因行使权利而修建的设施,自应负维修的义务。第四,支付费用的义务。地役权可以是有偿的,也可以是无偿的。如果当事人约定地役权为有偿的,则地役权人负有向供役地人支付约定费用的义务。第五,保全供役地人利益的义务。地役权人在对供役地行使使用权时,应尽可能保全供役地人的利益;在合同未约定地役权的行使方法及范围时,地役权人负有以对供役地损害最小的方法行使地役权的义务。

其二,供役地人的权利和义务。供役地人的权利和义务主要有如下几项:第一,设施使用权。对于地役权人于供役地上所修建的设施,供役地人在不影响地役权行使的范围内,有权使用之。第二,供役地使用场所及方法的变更请求权。当事人在设立地役权时,约定有权利行使场所及方法的,如果变更该场所及方法对地役权人并无不利,而对于供役地人有利益,则供役地人对于地役权人有请求变更地役权的行使场所及方法的权利。例如,为行使通行地役权而在供役地上修建了道路,供役地人因建造房屋需占用该土地时,有权请求变更该道路于供役地之其他部分,继续供需役地便利之用。但出于公平原则,由此所支付的费用,应由供役地人负担。第三,请求支付费用的权利。在有偿的地役权中,地役权人有支付费用的义务。相应地,供役地人享有请求地役权人支付费用的权利。第四,容忍及不作为义务。地役权是存在于供役地之上的一种负担。对于该种负担,供役地人有容忍及不作为的义务。例如,在引水地役权中,供役地人负有容许地役权人在供役地上设置引水设施(如挖水渠、安设水管等)的义务。在眺望地役权中,供役地人负有不得在供役地上建造超过约定高度的建筑物的义务。对此,《物权法》第159条规定:"供役地权利人应当按照合同约定,允许地役权人利用其土地,不得妨碍地役权人行使权利。"第五,维持设施费用的分担义务。供役地人有权使用地役权人所修建的设施,但为公平起见,供役地人应按其受益程度,分担维持设施的费用。

(4)地役权的消灭

概括地说,地役权在下列情形下归于消灭:

其一,双方协议解除地役权。地役权是需役地人与供役地人通过订立地役权合同而取得的。因此,当事人可通过协议的方式解除地役权关系。

其二,供役地人单方解除地役权。《物权法》第168条规定:"地役权人有下列情形之一的,供役地权利人有权解除地役权关系,地役权消灭:(一)违反法律规定或者合同约定,滥用地役权;(二)有偿利用供役地,约定的付款期间届满后在合理期限内经两次催告未支付费用。"

其三,约定的事由出现。在地役权设立时,如果当事人约定在一定事由发生时,地役权消灭的,则一旦该事由出现,地役权即归于消灭。例如,当事人约定建筑完工时,地役权消灭;地役权附有解除期限的,则期限届满时,地役权消灭。

其四,存续期间届满。依照《物权法》第157条的规定,当事人在地役权合同中应当约定利用期限。这种利用期限,就是地役权的存续期限。如果地役权约定有存续期限的,则存续期限届满后,地役权归于消灭。

其五,标的物灭失。地役权存在的前提是供役地和需役地的同时存在,这也是地役权的成立条件。因此,当供役地灭失时,地役权自归于消灭。由于地役权是为需役地而存在的,所以,需役地灭失的,地役权也归于消灭。如果供役地或需役地仅一部分灭失,则除地役权不能行使外,地役权不能消灭。

其六,供役地被征收。《物权法》第42条第1款规定:"为了公共利益的需要,依照法律规定的权限和程序可以征收集体所有的土地和单位、个人的房屋及其不动产。"在供役地被征收时,供役地上所存在的地役权应归于消灭。但当需役地被征收时,基于地役权的从属性,地役权仍继续存在。

其七,目的之事实不能。所谓目的之事实不能,是指设立地役权的目的因自然原因而不能实现。当供役地已不能供或难以供需役地便利之用时,如不使地役权消灭,则不仅设立地役权的目的无法达到,而且供役地必承受无谓的负担,这是不符合地役权调节不动产利用关系的本旨的。因此,目的之事实不能是地役权的消灭原因。例如,引水地役权因其水源枯竭应归于消灭。

2. 房地产相邻关系与地役权的关系

(1)地役权与相邻关系的区别

地役权与相邻关系主要有如下几个方面的区别:

第一,产生原因不同。地役权是按照当事人之间的合同而产生的,具有意定性;而相邻关系是基于法律的规定而直接产生的,具有法定性。

第二,产生前提不同。地役权的成立不以需役地和供役地的相邻为必要条件;而相邻关系只能发生在互相毗邻的不动产之间,没有互相毗邻的两个以上的不动产存在,就不会发生相邻关系。

第三,性质不同。地役权属于约定的对不动产权利内容的扩张或限制,当事人因之取得独立的他物权,可以单独取得或丧失;而相邻关系属于法定的对不动产权利内容的扩张或限制,当事人不能因之取得独立的他物权。因此,相邻关系并不反映为独立的民事权利,其与不动产权利共存,不可能单独取得或丧失。

第四,有偿性不同。地役权依当事人的约定,可以是有偿的,也可以是无偿的;而相邻关系是法律规定的,相邻人利用相邻他方的不动产是法定的,因而通常是无偿的,相邻人无须支付费用。只有在相邻人利用相邻他人的不动产而造成损失时,才需要支付一定的补偿费用。

第五,期限性不同。地役权通常都是有期限的,当事人应当在地役权合同中对地役权的期限做出约定。期限届满,地役权消灭;而相邻关系通常是无固定期限的,只要相互毗邻的不动产存在,相邻关系就会存在,不会因期限届满而消灭。

第六,登记要求不同。在地役权中,当事人可以向登记机关申请地役权登记,这种登记具有对抗效力;而相邻关系的当事人无须向登记机关申请登记,只要具备了法律所规定的条件,相邻关系即可产生,从而发生对抗第三人的效力。

(2)地役权与相邻关系的联系

地役权与相邻关系均涉及对相邻不动产的利用问题,因此,两者有着密切的

联系,这主要体现在如下两个方面:

其一,地役权可以弥补相邻关系的不足。相邻关系是对相邻不动产利用关系的最低程度的限制,只能满足相邻人最低的利用需求。如果在适用相邻关系时,这种最低的利用仍不能满足相邻人的需求,则相邻人可以通过设立地役权以弥补相邻关系的不足,以达到相邻人的利用需求。例如,在相邻通行关系中,相邻人只需留出 1 米宽的道路即可满足相邻地方的最低通行需求,但双方完全可以通过设立地役权约定将道路拓宽至 3 米。

其二,地役权可以排除相邻关系的适用。相邻关系是法律所规定的,具有法定性。但是,法律为满足相邻人的各种利益需求,也允许当事人排除相邻关系的适用而设立地役权。例如,按照相邻关系,相邻人不得设置屋檐或其他工作物使雨水直注于相邻不动产之上。对于这种相邻关系,当事人完全可以排除而设立地役权,即当事人可以设立需役地屋檐之雨水直注相邻供役地的地役权。同时,因相邻关系而享受权利的人,为使权利受较强的保护或予以独立化,亦得以之为内容而设立地役权。例如,当事人可以将相邻通行关系设立为通行地役权

案例实务

案例1.1

[案情]

甲于 2001 年取得了一块土地的使用权,原本打算拆掉该土地上原有房屋,再建一栋房屋出售,后由于种种原因,此计划不能实现。故而在 2002 年 5 月 23 日甲与乙签订土地使用权转让合同,以 20 万的价格将该土地使用权转让给乙。合同签订后,双方都按照合同约定履行了义务。但 2002 年 12 月,甲又以 5 万元的价格将该土地上原来的房屋转让给丙,2003 年 2 月,乙以甲侵权为由将甲告上法庭。

[案例分析]

本案涉及的是转让土地使用权时,在该幅土地范围内的房屋是否一同转让的法律问题,即房屋所有权和土地使用权的关系问题。

转让土地使用权时,如果在该土地范围内已经建有房屋,转让土地使用权时,

房屋随同转让。因为如果只转让土地使用权而不转让房屋所有权,受让人就无法真正使用这片土地。如果土地使用权和该土地上的房屋所有权属于不同的人的所有,则受让人若想要使用土地,还必须征求房屋所有权人的同意,这对该受让人是不公平的,他获得的是不完整的权利。因此,为了避免土地使用权转让而房屋所有权不转让所产生的法律问题,我国的《物权法》《城市房地产管理法》等法律都作了规定:土地使用权转让时,该土地范围内的房屋所有权必须同时转让;同样,房地产转让时,房屋所有权和该房屋所占用范围内的土地使用权必须同时转让。

本案中乙在取得土地使用权的同时,依法也取得了该幅土地范围内房屋的所有权。由于按照土地使用权转让合同的规定甲乙双方已经履约完毕,根据"房地一致"原则,乙同时取得了土地使用权和房屋所有权。2003年2月,甲又将该土地上的房屋卖于丙,则为无权处分行为,即甲无权处分该房屋的所有权。此时,甲侵犯了乙对该房屋的所有权,应当承担侵权责任,而乙完全可以基于自己对房屋的所有权来排除甲的侵害。

案例1.2

[案情]

甲在某市某区购买一套三室一厅的商品房。2006年5月6号,甲雇某装修公司装修其房屋,装修公司按照甲的要求在甲和乙共用的墙壁上掏了一个高2米、宽1.5米的壁橱,乙并不知情。7月10号,乙在挪动家具时不小心碰到共用墙壁,导致墙壁坍塌,并被砸伤。经查,乙发现由于甲掏壁橱过深,导致墙壁仅剩很薄的一层,只要有轻微的碰撞就可以使墙壁坍塌。于是,乙要求甲将墙壁恢复原状,并赔偿其损失。甲认为墙壁是他房子的一部分,他已经出钱买了房子,就有权掏壁橱,而且是乙自己的碰撞导致墙壁坍塌的,所以不仅拒绝赔偿乙的损失,而且要求乙将墙壁修复完好,双方争执不下,乙诉至人民法院。

[案例分析]

本案涉及建筑物区分所有权人对其房屋的专有所有权和共有所有权的使行。

本案争议的焦点是甲乙房屋共有的墙壁到底归谁所有和谁有权使用。根据《物权法》的规定,甲和乙的房屋毗连,共用一墙壁,此墙壁应该属于部分区分所有人的共用部分,双方对墙壁都享有权利,同时也都必须履行一定的义务,即在行使自己权利的同时,不得损害他人的合法权益。

甲在使用共用墙壁时,没有顾及乙的合法权利,对墙壁过度使用,造成对墙壁的损害,应该承担恢复墙壁完整的责任。甲对乙造成的损害应该承担责任,首先,甲滥用自己权利,不合理地使用共用墙壁,造成墙壁变薄,在主观上存在过错;其次,乙在没有任何过错的情况下挪动家具,致使墙壁坍塌而被砸伤,有一定的损害结果发生;最后,甲的过错导致乙受到损害。按照正常情况考虑,在乙轻微的碰撞下,是不会发生墙壁坍塌的,恰恰是因为甲掏壁橱过深所导致。甲违反对共有权行使的义务,应当承担修复墙壁和赔偿乙的损害的责任。

案例 1.3

[案情]

甲和乙分别承包了 A、B 两块土地,其中 B 地邻近公路,而 A 地在 B 地的内侧,甲乙通过协商,设立地役权。双方约定:甲在 B 地开一条 C 路,乙允许甲从 C 路通行,甲为此一次性支付给乙 10000 元,乙不得将 C 路改作他用。后乙在其土地下发现了地下温泉,盖了一座温泉宾馆,但由于温泉的位置原因,宾馆毗邻 C 路,为减少对宾馆旅客的噪声污扰,乙向甲请求将 C 路移至其他适于地役权人通行的位置,移路费用由乙承担。甲不容许,乙因此诉至法院,要求甲容许其改 C 路于其他适于地役权人的位置。

[案例分析]

本案主要涉及两个问题:一是原告是否有权利将被告设置的道路改道;二是在何种情况下原告可以行使类似的请求权。

首先,原告具有为合理目的变更使用场所及方法的请求权。因为地役权设置目的是为了更好地利用需役地而对供役地设置一种负担,不像设定用益物权那样全部夺去了所有人对房地产的使用。因此,供役地房地产权利人为了使用土地的需要,在不影响地役权设定目的的前提下可以请求变更地役权人利用供役地的场所和方法。这一点虽然在《物权法》中没有明文规定,但是兼顾双方当事人利益,符合诚信原则,应该予以肯定。

其次,对原告的这种为合理目的变更使用场所及方法的请求权的行使应该进行严格的限制。第一,需要双方没有相反约定,也就是说如果当事人双方在地役权合同中明确规定了在任何情况下供役地房地产权利人不能变更使用场所及方法,那么原告就不能行使这一请求权。第二变更使用场所及方法的前提是供役地房地产权利人的目的是合理而且必要的。本案中,乙开设温泉旅馆,为客人提供一个安静的休息环境显然符合合理与必要的要求。第三,须为地役权人提供对等的解决方案,合理地为其地役权的行使提供合同约定的同种条件。本案中,乙答应为甲在有利于甲的地方再开辟一条道路,也符合这一条件。因此,本案中甲作为地役权人不得拒绝乙的请求,当然因此付出的费用,由供役地房地产权利人负担。

学术观点与制度借鉴

一、世界主要国家和地区不动产之构成要素①

美国不动产包括土地及附着物。内容范围十分广泛,土地包括上至天空,下至地心。具体包括地球表层(土壤、砂石),土地中的矿物、石油和天然气,地表上层空间、树木和作物。对于树木和作物是否为不动产的标准为:①树木和多年生灌木丛、草地等这些不需要每年耕作的被称之为自然成果的是不动产,可以继承。②需要人力劳作的年度作物,如小麦、谷物和西红柿被划归为“劳动成果”,视为动产。不动产附着物是指附着于不动产上的动产。由于动产已附属于不动产,所以构成不动产的一部分。但附属物构成不动产必须具备一定的标准:①附着的程度。如果该财产牢固地附着于不动产上,拆下就会损坏不动产,该财产就不再是动产,而成为不动产的一部分。如房屋外的台阶、墙上的砖等。②安装的意图。如厨房的电冰箱是为厨房之用而安装的。在美国,无电冰箱不成为通常的厨房。在无家具的公寓中,厨房中的电冰箱视为不动产。在 Premonstratensian Fathers v. Badger Mutual Insurance Co. 46 Wis 2d 362,175 NW2d 337(1970)一案中确立了冰库为附着物。1958 年,一家超级市场为雅各布房地产公司建造和所有。这家超市有 5 个大的冰库。后该超市的所有权转让给了普瑞蒙特雷斯会,并向贝杰尔互助保险公司投保了火险。之后,该建筑因火灾严重烧毁,保险公司赔偿了大约 80000

---

① 金俭著《房地产法研究》,科学出版社,2004 年,第 18 - 21 页

美金,以补偿建筑物的损失。普瑞蒙特雷斯会向保险公司提出额外索赔 20000 美金以补偿冰库的损失。保险公司拒付该款项,认为普瑞蒙特雷斯会仅对建筑物进行投保,冰库不是建筑物的组成部分。法院判决:冰库是附着物,因为,首先安装者的意图是将其作为建筑的永久性附着物,其次,冰库实际附着于建筑物之上,已成为附着物。故判决,冰库已经成为附着物,作为不动产的一部分,属普瑞蒙特雷斯会所有,对建筑物的保险也包括对冰库的保险。故冰库属理赔范围。③是否可移动,并且移动后不损坏建筑物与设备。速冻箱、煤气和电器设备撤开管线或拔掉插头就可移动的通常视为动产。可移动的机器和装备一般不是附着物,即使为了移动必须拔掉固定于地板的栓或要撤开电线或水管。

《德国民法典》不动产包括:土地、建筑物及附着物。《德国民法典》第 94 条规定:①附着于土地上的物,特别是建筑物,以及与土地尚未分离的物,属于土地的主要组成部分。种子自播种时起,植物自栽种时起,为土地的主要组成部分。②为完成建筑物而附加的物,属于建筑物的主要组成部分。《德国民法典》第 96 条规定:"与土地所有权相关联的权利,视为土地的组成部分。"由此可见,《德国民法典》中的土地也包括了建筑物及其与土地所有权相关联的权利。

《法国民法典》对不动产的规定颇为详细,且对不动产的划分有三个方面的条件:①依其性质;②依其用途;③依其附着的客体。具体而言,《法国民法典》对不动产的范围为:①地产与建筑物。[第 518 条]②固定于支柱以及属于建筑物之一部分的风磨、水磨。[第 519 条]③连于根系、尚未收割的庄稼与树上尚未摘取的果实。谷物一经收割以及果实一经摘取,即使尚未运走也为动产(如庄稼仅部分收割,收割的部分为动产)[第 520 条]④树木被采伐前是不动产而采伐后是动产。[第 521 条]⑤土地所有人向土地承租人或佃农提供的用于耕作的牲畜,不论对其是否估价,只要其依契约效力与土地不分开,视为不动产。土地所有人出租给土地承租人或佃农以外的其他人租养的牲畜为动产。[第 522 条]⑥房屋内或其他不动产上,用于引水的管道为不动产,并属于其附着之地产的一部分。比如与耕作相关联的牲畜、农具、给予土地承租人或佃农的种子、鸽舍中养的鸽子、兔笼中养的兔子、蜂巢中养的蜂群、水面中养的鱼类、压轧机械、锅炉、蒸馏器、酿酒桶与大木桶、经营铸造场造纸场与其他工厂所必需的用具、禾草与肥料。由土地所有人永久固定于土地上的其他一切动产物品均为不动产。

⑦凡是以石浆、石灰或水泥附着于土地的动产物品,或者非经折断或打碎,或者不经破碎附着之土地部分,即不能拔取的动产物品,即视所有人已将其永久性固定于土地之上。居住套房内安置在墙上的镜子,如其与之附着的墙面连成一体不能分开,亦视已被永久固定。画幅与其他装饰物同。至于雕塑,在其被安放于专门为此留制的墙壁框架内,非经损坏或打碎即不能取走时为不动产,否则为动产。[第525条]⑧因其附着客体的不动产之用益权、地役权、土地使用权、旨在请求返还不动产的诉权为不动产。

《意大利民法典》规定其不动产包括:土地、泉水、河流、树木、房屋和其他建筑物,即使是临时附着于土地的建筑物以及在一般情况下那些或是自然或是人为的与土地结为一体的物品是不动产。固定在河岸或者河床之上并且为永久使用而建造的磨坊、浴场,以及其他漂浮在水面上的建筑视为不动产。所有其他的财产为动产。

《澳门民法典》的不动产包括:农用房地产和都市房地产;水;附于土地上之树木及天然孳息;农用房地产及都市房地产之附着部分;经界定之土地及在该土地上无独立经济价值之建筑物为农用建筑物;土地上定着之任何楼宇连同附属楼宇之土地,为都市房地产。[第195条]

《日本民法典》认定:土地及其定着物为不动产。[第86条]

我国不动产包括:土地以及房屋、林木等地上定着物。[担保法第92条]《最高人民法院关于贯彻执行〈中华人民共和国民法通则〉若干问题的意见》第186条所作的解释认为:"土地、附着于土地上的建筑物及其他定着物、建筑物的固定附属设备为不动产。"增加了建筑物的固定附属设备为不动产。但对于哪些附属设备属于建筑物的固定附属设备,法律没有明确界定。结合各国关于不动产附着物确定之原理,固定附属设备应当理解为如果建筑物不包括这些设备,将使该建筑物使用功能不完善,且这些设备一旦附属,与该建筑物联成为一个整体,不可分离,或一旦分离将破坏设备或建筑物。例如建筑物之电梯、中央空调设施、水、电、通风系统设备、消防系统、监控系统等的设备和所必需的管线等。此外,附着物也包括那些永久附着予建筑物上的一些设施,如镶嵌于厨房中水池、壁炉,以及所有固定安装于房屋上的不可移动的设施。不包括家具等可移动物品。《物权法》未对不动产进行界定。2014年11月24日国务院通过的《不动产登记暂行条例》第二条第二款规定"不动产是指土地、海域以及房屋、林木等定着物。"

由此可以看出土地及建筑物是不动产,无论是在大陆法系国家还是在英美法系国家都有相同的规定。对于林木和地上定着物,德国、法国都是按其是否与土地相连接为标准,美国则将其以是否需要投入人力来判断其是动产还是不动产。澳门、意大利、日本和我国法律都明确树木是不动产。其中日本规定土地及其定着物,按一般理解,树木是定着物,因此为不动产。而对于树木上的果实、庄稼,法国是规定按照是否与树木或土地还相连接为标准来判断,连在一起的为不动产,分开的为动产。澳门民法典则明确规定其为不动产(作为林木的天然孳息而存在)。按照美国不动产法对西红柿的界定,如果这些果实是通过人力投资而获得的则为动产,如果是自然生长的树木上的果实则为不动产。意大利民法典、日本民法典及我国的有关法律则对果实和庄稼没有做出明确的规定。

二、专有部分的范围

关于专有部分范围的确定,学术界主要有五种不同的观点。①

第一种观点称为"壁心说",又称"中心说"。该种观点认为:区分所有建筑物专有部分的范围达到墙壁、柱、地板、天花板等境界部分厚度的中心。就现实的建筑物而言,其分隔部分的内部构造相当复杂,并且往往敷设有维持整体建筑物正常使用所必需的各种管道线路,中心线的确定颇为不易,而且如果任凭区分所有权人自由使用或变更位于中心线己侧的管道线路,则对整体建筑物的维垆和管理有着相当大的影响。故此种观点不足全采。

第二种观点称为"空间说"。此种观点以建筑物区分所有权的共有权理念为立论基础,认为专有部分的范围仅限于由墙壁(共同墙壁)、地板、天花板所围成的空间部分,而界线点上的分割部分如墙壁、地板、天花板等则为全体或部分区分所有人共有。如依该种观点,由于境界壁(如墙壁、地板、天花板等)为共有部分,区分所有人如欲粉刷墙壁或于墙壁上钉图钉、于地板上铺地砖等就须经过其他区分所有权人的同意方能为之。如此一来,必然会给区分所有权人的生活带来巨大的不便,有悖于社会实情。

第三种观点称为"最后粉刷表层说"。该种观点认为:专有部分包含至壁、柱

---

① 参见陈华彬著《现代建筑物区分所有权制度研究》,法律出版社,1995 年第 105－107 页,王利明著《物权法研究》(修订版)上卷,中国人民大学出版社,2007 年第 580－582 页。

等境界部分表层所粉刷的部分,即境界壁与其他境界的本体属于共有部分,但境界壁上最后粉刷的表层部分则属于专有部分。此种观点的缺点在于忽视了现实中区分所有建筑物的交易习惯是以壁心为界线。

第四种观点称为"壁心和最后粉刷表层说"。这种观点认为:区分所有建筑物专有部分的范围应分内部关系和外部关系分别而论。在区分所有权人相互之间,尤其是有关建筑物的维护、管理关系上,专有部分仅包含至壁、柱、地板、天花板等境界部分表层所粉刷的部分;但在外部关系上,尤其是对第三人的关系上(如买卖、保险、税金等),专有部分则包含至壁、柱、地板、天花板等境界部分厚度的中心线。

第五种观点称为"双重性"说。这种观点认为:墙壁既有专有财产的性质,又有共有财产的性质,具有双重属性。[1]

上述第四种观点,即"壁心和最后粉刷表层说"既考虑到了财产的维护、管理,又考虑到了财产的独立性和对外关系,是学术界的通说。

三、屋顶平台所有权及使用权分析

作为一种典型的依法设定的共有部分专用权,对于屋顶平台的所有权及使用权进行分析,能帮助我们更好地对共有部分专用权加以理解。

关于屋顶平台的所有权归属,学理上有两种不同的观点。第一种观点认为,屋顶平台应为各区分所有权人共有,并应为其共同使用,因为建筑物屋顶平台从其构造上和利用上来说,不能够独立成为一个使用空间而专属于某个区分所有权人所有,只能为全体区分所有权人共有。第二种观点认为,屋顶平台应属于顶楼住房所有权的范围,应为顶楼部分的附属物,由最高一层的区分所有权人所有。[2]

本书认为,建筑物的屋顶平台,应该属于业主共有,而并不属于顶层业主专有,其理由如下:其一,专有部分必须具有构造上及使用上的独立性,而屋顶平台并不具有构造上的独立性,而是依附于整个建筑物而存在的。离开了各楼层尤其是地基的支持,是不可能形成屋顶平台的。其二,屋顶平台也不具有使用上的独立性。屋顶平台上通常放置有为全体业主利益而服务的公用设施,如避雷针、水

① 参见陈华彬著《现代建筑物区分所有权制度研究》法律出版社,1995年,第105~107页;杨立新,程啸、梅夏英、朱呈义著《物权法》,中国人民大学出版社,2004.年第117页。
② 参见王利明著《物权法论》,中国政法大学出版社1998年第398页。

塔、中央空调外机、卫星电视天线等,如将其视为顶层业主的专有部分,则必然侵害其他业主对其专有部分的正常合理使用。

　　虽然屋顶平台属于全体业主共有,但是在实践中绝大多数的屋顶平台并不可能为全体业主所共同使用。一般情况下,非经建筑物的最高层业主的专有部分,不可能到达屋顶平台,故依通常的使用习惯,屋顶平台一般只能为顶层业主实际使用。于是,顶层业主便可取得对屋顶平台这一建筑物共有部分的专有使用权,在屋顶平台上进行晾晒、健身等活动。但是,顶层业主的这种共有部分专用权,不得妨碍其他业主对于屋顶平台必要的使用权利,例如铺设管道、放置共用设施设备等;当其他业主有充分的理由需要使用屋顶平台时,顶层的业主必须予以配合。

第二章

房地产权属登记法律制度

基本理论

一、房地产登记制度

房地产登记是法律授权的权威机构依法对房地产的权属现状及变更予以确认的一项

房地产登记的物权效力是指房地产登记具有确认房地产物权的权属状态,并赋予房地产物权以法律效力。也就是说经过登记的房地产权利受到国家法律的确认与保护,可以对抗权利人以外的任何主体的侵犯。房地产登记具有法律赋予的强制力。

世界各国大都以立法形式确立房地产登记的法律效力。在实行市场经济模式的一些发达国家,房地产登记制度主要有三种:登记对抗制度、登记要件制度和"托伦斯"制度。

(一)登记对抗制度,又称契据登记制度,首创于法国。目前采用契据登记制度的国家和地区主要有法国、意大利、比利时、西班牙、葡萄牙、日本以及部分南美国家和美国的部分州。通过土地所在地的官署置备公簿,登记土地权利的得丧变更,从而使有利害关系的第三人可以就该公簿的记载推知土地权利状态。其基本公示方法为:房地产权的变更依当事人的合意而发生效力,并不以登记为生效要件,即实行物权变动的意思主义。房地产权利在登记前即已在当事人之间发生转移,原权利人无法以未登记为由对抗登记请求权人,登记请求人可以以事实上的权利人的身份对原权利人主张房地产的物权。登记仅为对抗第三人的要件,在当事人之间不具有绝对的效力。例如,A与B签订了房屋买卖合同,房屋所有权即从A转移至B。B未办理房屋登记手续,A不得以未登记为由,主张房屋所有权。但如果A又将房屋卖给C,C办理了房屋登记手续,则房屋所有权应归登记的一方所有,B不得对抗登记的权利人。因此,登记已被大多数人接受。登记对第三人而言,是房地产变动的标志。登记机关对于当事人的登记申请并不进行实质审查,只是形式上的审查。只要当事人提交的申请登记文件完备,就依据契据内容,将其载入登记簿。是否进行登记法律并不强制,同时登记也不具有公信力。登记簿上已经记载的权利事项,公众不可信赖其具有确定的效力。如果出现第三人就已经登记的权利主张权利,仍依据实体法确定该权利的归属。因此,一般而言,该登记制度无法起到保护交易安全的作用。登记簿的编成,实行人的编成主义。通过契据登记而产生的登记簿在编成上,不以土地为准,而遵循土地权利人登记次序的先后。登记完成后,登记机关仅在契据上注记经过,并不给登记申请人发放权利书状。

(二)登记要件制度,又称成立要件主义,起源于德国。目前采用该制度的国家和地区主要有德国、奥地利、荷兰、瑞士、瑞典等。其基本公示方法为:房地产权的取得、转移以登记为发生效力的必要条件,非经登记不产生效力。登记成为产权转移的重要标志。房地产产权的变动在登记前只体现为债权的存在,在登记之后才完成产权的转移。经过登记的权利具有绝对真实的公信力。在善意第三人有偿取得产权并经登记后,真正的权利人只能对有过失或错误的人请求损害赔偿,而不能请求撤销登记。只有在第三人尚未取得登记之前,真正的权利人才可以提起注销登记之诉。登记机关对登记人的登记申请,不仅审查形式要件,还审查实质要件,即对土地权利变动的原因与事实是否相符进行审查。登记具有公信力,具有强制性。登记簿实行物的编成主义。土地登记簿依地段、地号的先后次序编成。登记完成后,登记机关仅在契约上注记登记的经过,不向申请人发放权利书状。

(三)托伦斯制度,起源于澳大利亚,由澳大利亚托伦斯爵士于1858年拟定,经澳大利亚议会通过并施行,其影响主要存在于英美法系国家。目前,采用该制度的国家和地区主要有:澳大利亚、新西兰、英国、加拿大、菲律宾和美国部分州。这种登记制度与登记要件制度基本相似,其具体公示方法为:房地产的权属状况在公告审查后,记载于依法制成的土地权利书状,一式两份,一份由权利人保存,一份由登记机关存查。当房地产权利人转让其权利时,须将权利书状提交登记机构,由登记机构颁发新的权利书状,宣告产权转移。该种登记不实行全面的强制主义。登记实行实质审查,登记对房地产的转移具有绝对的效力与公信力。此项权利的效力,由国家保证,任何人均应信赖登记。即便在登记有误的情况下,登记对房地产的确认仍有效力,错误的责任由登记机构承担。

从上述三种房地产登记制度看,不论是实行登记对抗制度还是实行登记要件制度或实行托伦斯制度的国家,都赋予了房地产登记以法律效力,通过房地产登记,将房地产权利的变动事实向社会公开,并以此对抗第三人。这对于维护房地产交易的安全是必不可少的。

(四)我国的房地产权属登记制度

我国的《土地管理法》《房地产管理法》《物权法》等法律均规定房地产权属登记制度。《房地产管理法》规定:房地产转让或变更时;应当向县级以上地方人民政府房产管理部门申请房产变更登记。《担保法》规定:房地产抵押时,应当向县级以上人民政府规定的部门办理抵押登记。《土地管理法》规定了集体所有的土地,由县级人政府依法登记造册;国有土地使用权,由县级以上地方人民政府登记造册。但这些法律规定要求登记的主要目的与作用是为了加强房地产的管理。我国《物权法》确认房地产物权登记生效主义是房地产物权变动的原则。即房地产物权的设立、变更、转移和消灭都应当进行依法登记,登记后始能产生法律效力,未经依法登记的不产生法律效力。

根据《物权法》规定,房地产物权变动经依法登记始产生法律效力是一项原则,但也有例外。房地产物权登记的例外有两种:一是一些房地产物权无须进行登记;二是有些房地产物权的变动并不以登记作为生效的要件。作为例外,只有在法律另有规定的情形下才能够被承认。《物权法》第9条第2款规定:"依法属于国家所有的自然资源,所有权可以不登记。"依法属于国家所有的自然资源包括矿藏、水流、海域、城市的土地,法律规定属于国家所有的农村和城市郊区的土地,森林、山岭、草原、荒地、滩涂等自然资源,野生动物资源,无线电频谱资源等等。

由于国家所有权依法不能进行转移,也不可能设立新的所有权,另外有些自然资源也无法进行登记,所以可以不进行登记。这有利于对国家所有权的保护。对于国家所有的房屋等建筑物,铁路、公路、桥梁等基层设施应当依法登记。房地产物权的变动不以登记为生效要件的,包括两种情形:第一种是无须登记即能发生房地产物权变动的效力。如《物权法》第 28 条规定:"因人民法院、仲裁委员会的法律文书或者人民政府的征收决定等,导致物权设立、变更、转让或者消灭的,自法律文书或者人民政府的征收决定等生效时发生效力。"人民法院、仲裁委员会生效的法律文书和人民政府的征收决定都是具有法律效力的文书,已经起到物权登记的公示效力,所以自该法律文书生效之日起,房地产物权的设立、变更、转让或者消灭即发生法律效力。人民法院的生效法律文书包括人民法院的判决书、裁定书和调解书,仲裁委员会的生效法律文书包括仲裁裁决书和调解书。《物权法》第 29 条规定:"因继承或者受遗赠取得物权的,自继承或者遗赠开始时发生效力。"《物权法》第 30 条规定:"因合法建造、拆除房屋等事实行为设立或者消灭物权的,自事实行为成就时发生效力。"因事实行为而产生的房地产物权的变动,自该事实发生之日起,房地产物权变动发生法律效力。继承、建筑、拆除等,都属于事实行为,依照法律的规定,事实行为完成之日起,房地产物权即产生法律效力,无须先进行登记。《物权法》第 127 条规定:"土地承包经营权自土地承包经营权合同生效时设立。县级以上地方人民政府应当向土地承包经营权人发放土地承包经营权证、林权证、草原使用权证,并登记造册,确认土地承包经营权。"农村土地承包经营权的设立,无须进行登记。

第二种情形就是登记房地产物权变动的对抗要件。如《物权法》第 129 条规定;"土地承包经营权人将土地承包经营权互换、转让,当事人要求登记的,应当向县级以上地方人民政府申请土地承包经营权变更登记;未经登记,不得对抗善意第三人。"可见土地承包经营权的转让、互换等变动不以登记为生效要件而是以登记为对抗要件。土地承包经营权转让未登记的,对当事人双方仍然产生法律效力,但不能对抗第三人,显然采用的是登记对抗主义。

二、房地产预告登记

(一)预告登记的概念

预告登记,是指为保全一项以将来发生不动产物权变动为目的的请求权而进行的登记。预告登记为德国中世纪民法所创设的制度,后为瑞士、日本民法(在日本民法中称为假登记)及我国台湾地区"民法"所采用。我国《物权法》第20条规定:"当事人签订买卖房屋或者其他不动产物权的协议,为保障将来实现物权,按照约定可以向登记机构申请预告登记。预告登记后,未经预告登记的权利人同意,处分该不动产的,不发生物权效力。"

预告登记是一种特殊的不动产登记,一般的不动产登记登记的权利是不动产物权,如所有权、抵押权、地上权等,而预告登记登记的权利是请求权(多为债权),该请求权的内容是在将来请求发生物权变动。一般来说,作为请求权,债权仅有相对效力,只能请求债务人履行,而无排他效力,所以容易受到损害。例如,房屋出卖人与受让人订立房屋预售合同,约定将一年半以后竣工的房屋出卖给受让人。受让人预付价金。如果出卖人背信将该房屋出卖给第三人,或者在该房屋上设立抵押等负担,由于受让人取得的仅仅是合同债权,是请求权,并无对抗第三人的效力,由于并无现实的房屋存在,当事人无法通过登记取得所有权,故不能通过一般的不动产登记保全自己的权利。在这种情形下,为确保其将来权利的实现,受让人可以请求申请预告登记。一经预告登记,受让人的请求权便取得了对抗第三人的效力,出卖人如果将该房屋出卖给第三人,由于受让人的预告登记在先,该第三人不能通过登记取得所有权;出卖人若将该房屋设立抵押,由于受让人的预告登记在先,抵押合同不能对抗受让人。可见,通过预告登记,合同债权人能保障其债权免受在后成立的物权的损害。

(二)预告登记的效力

预告登记使合同债权具有物权性质,是一种典型的债权物权化。预告登记具有下列三种效力:

1. 保全效力

即保障旨在发生不动产物权变动的合同债权等请求权届时能实际上发生物权变动的效果。由于债权不能对抗第三人,而仅仅通过债权的相对请求效力不能确保债权得到实现。预告登记使债权获得物权对抗第三人的对世效力,从而使债权的实现得到保障。我国《物权法》第 20 条规定:预告登记后,未经预告登记的权利人同意,处分该不动产的,不发生物权效力。

《物权法司法解释(一)》第四条规定:"未经预告登记权利人同意,转移不动产所有权或者设定建设用地使用权、地役权、抵押权等其他物权的,应当依照物权法第二十条第一款的规定,认定其不发生物权效力。"从而明确了处分物权的具体形式。

2. 顺位保护效力

所谓顺位,是指不动产等权利登记中,登记的权利在登记簿中的顺序、位置。登记在先的权利优于登记在后的权利。例如,同一抵押物上成立了两个以上的抵押权,根据《担保法》第 54 条的规定,抵押合同已登记生效的,按照抵押物登记的先后顺序清偿;顺序相同的,按照债权比例清偿。可见登记的顺序非常重要,一项权利登记,登记并加以保护的不仅是权利本身,同时也包括权利登记的顺位。预告登记作为一种不动产登记,当然也有保护其顺位的效力。

3. 破产保护效力

即在相对人破产时,经预告登记的请求权排斥他人而保障其实现。如果请求权的履行条件已经成就,该请求权内容为移转所有权,则请求权人可以行使取回权;如果该请求权内容为设定抵押权,则请求权人可以行使别除权。如果请求权的履行条件尚未成就,在一定情形下,请求权人也可以排斥他人实现其请求权。

(三)预告登记的失效

《物权法》第 20 条规定:"预告登记后,债权消灭或者自能够进行不动产登记之日起 3 个月内未申请登记的,预告登记失效。"也就是说预告登记在下列两种情况下失效:

1. 债权消灭。债权请求权的存在是预告登记的前提,债权一旦消灭,预告登记也就失去其存在的基础。因此,《物权法》将债权消灭作为预告登记登记失效的理由。

2. 自能够进行不动产登记之日起 3 个月内未申请登记的,预告登记失效。预告登记所保全的是将来发生不动产物权变动的请求权,该请求的最终实现尚需预告登记权利人积极按照约定的期限或条件行使请求权,如在商品房预售中积极支付房款、及时办理房屋所有权登记。如果预告登记权利人怠于行使请求权或履行义务,在能够进行不动产登记时不申请登记,必然使相对人的处分权长期处于限制状态,不利于发挥财产的经济效益。因此,《物权法》规定了登记失效的期限,促使权利人及时行使自己的权利。

三、房地产登记机构与责任承担

房地产登记是国家专门的登记机关根据权利人的申请,将房地产物权的设立、转移和变更的情况在不动产登记簿上予以记载。其意义在于为房地产物权交易提供具有国家公信力支持的、统一的、公开的法律基础。房地产登记具有权利确认和推定以及公示等功能,登记内容正确与否事关重大,不仅影响到交易当事人的权益,也影响到不动产交易的法理基础乃至交易的安全与秩序。一旦房地产登记存在瑕疵,难免会给产权人及其他交易当事人造成损失,因此有必要在房地产登记制度中建立相关赔偿责任机制。我国《物权法》第21条规定:当事人提共虚假材料申请登记,给他人造成损害的,应当承担赔偿责任。因登记错误,给他人造成损害的,登记机构应当承担赔偿责任。登记机构赔偿后,可以向造成登记错误的人追偿。

(一)不动产登记机构的职责与责任承担

1. 实质审查

我国《物权法》第12条规定:"登记机构应当履行下列职责:(一)查验申请人提供的权属证明和其他必要材料;(二)就有关登记事项询问申请人;(三)如实、及时登记有关事项;(四)法律、行政法规规定的其他职责。申请登记的不动产的有关情况需要进一步证明的,登记机构可以要求申请人补充材料,必要时可以实地查看。"第21条规定:当事人提供虚假材料申请登记,给他人造成损害的,应当承担赔偿责任。因登记错误,给他人造成损害的,登记机构应当承担赔偿责任。登记机构赔偿后,可以向造成登记错误的人追偿。

从《物权法》第12条规定的登记机构的审查职责来看,采用的审查模式应当是实质审查模式:第一,从审查的材料来看,包括了《物权法》第11条规定的权属证明材料和标明不动产情况的材料以及其他必要材料。权属证明材料主要是指权利设立、变更、转让和消灭的原因关系,包括不动产物权设立、转让、变更、消灭合同,以及人民法院或者仲裁机关的生效法律文书。这实际上已经表明《物权法》规定的登记审查不仅仅是对提交材料进行形式上的审查,还要查验这些材料的真实合法性。第二,从登记机构可以询问登记申请人来看,说明登记审查要以确保登记内容的真实性为目的,可以对登记的内容进行询问,以了解不动产物权的实际情况。第三,登记机构于必要时还可以实地查看不动产,实际上赋予了登记机构调查职权。而只有在实质审查模式下,登记机构才有调查职权。第四,实质审查赋予登记机构更大的审查权力的目的就在于确保登记的准确性,减少登记的错误。因此,登记机构也就负有更大的责任,在因其过错造成登记错误时,要对因此造成的损害承担赔偿责任。而形式审查,由于仅是形式上的审查不涉及保证登记真实正确的问题,一般不存在因为登记错误而承担赔偿责任。我国《物权法》第21条第2款规定了因登记错误造成他人损害的,登记机构应当承担赔偿责任,也是与物权法采实质审查模式相适应的。

2. 责任承担

(1)登记当事人的责任承担

当事人在登记过程中,由于种种原因或理由,提供了虚假材料申请登记,给他人造成损害的,应当承担赔偿责任。例如,双方共同出资购房,由一方代理登记,但代理一方隐瞒事实,提供虚假材料,申请登记在其名下。为此,给另一方当事人造成损害的,理应承担赔偿责任。

(2)不动产登记机构的责任

房地产登记,因其工作人员的过错,导致错误登记,登记机构应当承担赔偿责任。同时,由于当事人提供了虚假材料申请登记,给他人造成损害的,登记机构也应当为错误登记而承担赔偿责任,但登记机构赔偿后,可以向造成登记错误的人追偿。《物权法》加重了登记机构登记的责任:登记机构不仅由于自己工作错误造成他人损害应承担赔偿责任,同时,由于登记当事人提供了虚假材料,造成登记错误的,登记机构也应当承担赔偿责任。当然,登记机构赔偿后,可以向造成登记错误的人追偿。《物权法》作为调整财产的归属和利用关系的重要法律,对登记机构的损害赔偿责任作了原则的规定,但对相关问题如损害赔偿的性质、归责原则、赔偿范围、赔偿标准以及救济途径等问题,《物权法》并未具体规定。

（二）司法解释对登记错误赔偿责任的界定①

房屋登记案件的赔偿问题甚为复杂，其中最难以界定的是多因一果的赔偿责任。本章不对赔偿问题作大而全的分析，仅仅针对房屋登记案件赔偿中最需要解决的问题予以论述，也是《关于审理房屋登记案件若干问题的规定》最终解决的问题。多因一果的的赔偿责任，划分四个层次：房屋登记机构与申请人恶意串通的赔偿责任；房屋登记机构与申请人各有过错彼此承担相应的过错责任；房屋登记机构已经履行法定职责，因申请人过错造成损害结果，房屋登记机构不承担赔偿责任；行政赔偿和民事赔偿竞合，当事人请求在房屋登记案件中一并解决民事赔偿的，人民法院可以合并审理。

1. 关于混合侵权赔偿责任的规定

《关于审理房屋登记案件若干问题的规定》第十二条规定："申请人提供虚假材料办理房屋登记，给原告造成损害，房屋登记机构未尽合理审慎职责的，应当根据其过错程度及其在损害发生中所起作用承担相应的赔偿责任。"

本条是关于混合侵权的赔偿责任之规定。

多因一果有两大形态：共同侵权和混合侵权。本条是混合侵权，混合侵权当中，房屋登记机构与第三人并无通谋，房屋登记机构工作人员的主观状态是过失而非故意，第三人的主观状态则可能是故意或者过失。比较典型的情况是，第三人造假并不足以乱真，但其利用登记人员的疏忽大意，最终达到了欺诈目的。此类情形，房屋登记机构如何承担责任？我们认为，房屋登记机构应以承担中间性质的按份责任为宜。为什么是中间责任？因为第三人利用房屋登记机构的失误为自己牟利，也就是说，登记错误的最终受益人是第三人，而非房屋登记机构。从这个意义上说，房屋登记机构承担赔偿责任是拜第三人所赐，故房屋登记机构对原告所承担的赔偿责任，最终还是应由第三人买单。为什么要按份？因为过失在性质上有轻重之分，在损害原因力上有大小之分，按照公平原则，其与赔偿责任份额之间应为正比关系。

在关于赔偿责任承担的诸多方案当中，过错推定责任最具合理性，而且从法律解释上也可以得到论证。《物权法》二十一条规定第一款规定："当事人提供虚

---

① 参见杨临萍著《〈关于审理房屋登记案件若干问题的规定〉理解与适用》，中国法制出版社，2012年，第135－138页。

假材料申请登记,给他人造成损害的,应当承担赔偿责任。"其中的"给他人造成损害"通常都意味着房屋登记已经完成,已经完成的房屋登记当然也是错误的,但是按照该款规定,首先应当由当事人承担民事赔偿责任。如果对于登记错误,登记机构也有错误怎么办?这个问题由第二款作出回答。所以,联系上下文,该条第二款规定的"登记错误"应当是指房屋登记机构办理登记过程中所犯的错误,这种错误就是未尽到法定的审核职责,具体说就是登记机构的审核未达到《物权法》第十二条规定的审核标准。据此,如果第三人提供虚假材料申请登记,登记机构已尽审核职责仍无法发现的,则应由第三人承担民事赔偿责任,而不能再要求房屋登记机构承担行政赔偿责任。

2. 关于登记人员与第三人恶意串通的赔偿责任的规定

《关于审理房屋登记案件若干问题的规定》第十三条规定:"房屋登记机构工作人员与第三人恶意串通违法登毒己,侵犯原告合法权益的,房屋登记机构与第三人承担连带赔偿责任。"

本条是关于登记人员与第三人恶意串通的赔偿责任的规定。恶意串通属于共同侵权,而共同侵权的法理是连带赔偿责任。

3. 当事人请求一并解决涉及民事赔偿的情形

《关于审理房屋登记案件若干问题的规定》起草过程中曾经规定:"当事人请求一并解决涉及的民事赔偿问题的,可以合并审理。"关于引起诉讼能否合并审理的问题,我们认为,基于诉讼经济和及时保护相对人权利的需要,可以基于当事人一并解决相关民事赔偿问题的要求,在审理行政赔偿诉讼时一并解决。在最高人民法院《关于审理行政许可案件若干问题的规定》中已采纳了这种观点,道理基本都是相同的。

因为审理房屋登记行为涉及的混合侵权情形非常复杂,涉及民事赔偿部分虽然可以一并解决,但是实践中审理案件时间可能较长,甚至第三人逃匿,案件中止审理情形时有发生,反而不利于诉讼正常进行。基于实践客观情况,《关于审理房屋登记案件若干问题的规定》最终删除该规定。

4. 登记机构无过错不承担赔偿责任

房屋登记机构已经审慎尽善履行了法定审查职责,由于其他原因造成错误登记的,人民法院应判决登记机关不承担行政赔偿责任。其他原因主要有:由于第三人造假手段太高明,非侦查机关一般难以识别,根据职权职责相统一原则,房屋登记机构不承担赔偿责任。由于当事人民事原因行为,已有生效法律文书确定房屋权属,现行房屋登记行为与生效法律文书相抵触的;等等。

《关于审理房屋登记案件若干问题的规定》在讨论过程中,争执的焦点为形式审查还是实质审查。学者提出证据的真实性、合法性、关联性;房屋登记机构提出有效性审查;法官提出对基础原因审查是实质审查,对证据关联性、合法性审查是形式审查,对基础效力的审查(有效性)是实质审查。如果行政审判向民事审判权扩张,可能要对有效性作出判断,建设部公布实施的《房屋登记办法》对登记机构审查职责定位于有效性审查。

根据《物权法》第十二条关于"登记机构应当履行下列职责:(一)查验申请人提供的权属证明和其他必要材料;(二)就有关登记事项询问申请人;(三)如实、及时登记有关事项;(四)法律、行政法规规定的其他职责。申请登记的不动产的有关情况需要进一步证明的,登记机构可以要求申请人补充材料,必要时可以实地查看"的规定,登记机构应当履行的职责要结合行政法规,地方性法规和规章的具体规定,立足于本地实际情况,视案件具体情况具体判断。凡符合《物权法》第十二条规定,即可视为履行了法定职责,因其他原因造成损害的,房屋登记机构不承担赔偿责任。

5. 房屋登记机构不作为的赔偿责任

房屋登记机关不履行或迟延履行登记职责,致使原告合法权益遭受损害的,应当承担相应的行政赔偿责任。《物权法》第十九条规定,权利人、利害关系人认为不动产登记簿记载的事项错误的,可以申请更正登记。不动产登记簿记载的权利人书面同意更正或者有证据证明登记确有错误的,登记机构应当予以更正。不动产登记簿记载的权利人不同意更正的,利害关系人可以申请异议登记。登记机构予以异议登记的,申请人在异议登记之日起十五日内不起诉,异议登记失效。异议登记不当,造成权利人损害的,权利人可以向申请人请求损害赔偿。该法第二十条规定,当事人签订买卖房屋或者其他不动产物权的协议,为保障将来实现物权,按照约定可以向登记机构申请预告登记。预告登记后,未经预告登记的权利人同意,处分该不动产的,不发生物权效力。预告登记后,债权消灭或者自能够进行不动产登记之日起三个月内未申请登记的,预告登记失效。如果因房屋登记机构不依法及时予以更正登记、异议登记、预告登记而造成当事人合法权益损害的，房屋登记机构承担相应不作为的赔偿责任。

6. 登记机构协助执行的赔偿责任

房屋登记机构根据人民法院裁判文书、协助执行通知书、仲裁机构作出的仲裁书、行政机关作出的征收决定等生效法律文书进行的房屋登记，在上述法律文书被撤销后而导致有关登记被撤销或更正，当事人起诉要求登记机构承担赔偿责任的，人民法院不予支持。因为房屋登记机构协助执行的行为性质属司法行为，其后果当由司法机关承担。

案例实务

案例 2.1

［案情］

原告陆甲、陆乙、陆丙系同胞兄妹，第三人陆某为原告之父。位于某市中山路22 号的一座二层楼房，由第三人陆某、原告陆甲及其妻、子女共同生活居住使用。因听说该房屋所处地段要进行征收搬迁，第三人向被告某市房地产管理部门提交申请书，要求将上述房屋所有权登记归其所有。被告收到申请后，依法审查了第三人提交的造房批准书、产权登记墙界表，以该房屋所有权清楚、证件齐全、手续完备为由，为第三人核发了《房屋所有权证》。但原告认为，上述房屋是原告与第三人共同出资建造的，属于家庭共有财产，被告未调查、核实，擅自将有产权争议的房屋所有权证颁发给第三人，侵犯了原告的合法权益，请求法院撤销该房屋登记。经法院查明：第三人陆某向被告提交的造房批准书户名经过更改，与档案材料中的申请人户名不一致。

［案例分析］

应撤销。房地产权属登记采取实质审查主义，我国法已经初步确立了实质审查主义。因登记错误给他造成损害的，登记机关应当承担赔偿责任。登记机关赔偿后，可以向造成登记错误的人追偿（《物权法》第21 条第 2 款）。

案例 2.2

[案情]

原告于某与被告董某签订了一份房屋买卖协议,约定:坐落在某市桂花街103号的门面营业房一间,是于某的私有财产,现由杨某租用;在征求杨某同意后,于某将此房作价12万元卖给董某;房屋出卖后,原租赁协议继续有效。合同签订后第二天,被告董某付给原告于某现金12万元。董某以出租人身份,继续出租该房。但因于某在出卖房屋后即搬到他市居住,双方失去了联系,以致一直没有办理房屋产权和建设用地使用权的变更登记手续。后经多方查找,董某找到了于某,遂要求于某办理房屋产权及建设用地使用权的变更登记手续,但于某不仅拒绝这一请求,还要求董某返还房屋。在遭到董某的拒绝后,于某向法院提起了诉讼,要求法院确认房屋买卖合同无效。

[案例分析]

买卖合同有效,于某应履行合同义务,《物权法》第15条规定:"当事人之间订立有关设立、变更、转让和消灭不动产物权的合同,除法律另有规定或者合同另有约定外,自合同成立时生效;未办理物权登记的,不影响合同效力。"

学术观点与制度借鉴

一、错误登记赔偿制度

登记的错误有两方面的原因,如果是由于当事人提供虚假资料造成的,给他人权造成损失的,应当承担赔偿责任自不待言。但是,如果这种损失是由登记机关在登记过程中的过错造成的,登记机关是否有赔偿的义务?《物权法》给出了明确的答案。《物权法》第21条规定:"因登记错误,给他人造成损害的,登记机构应当承担赔偿责任。"

确立登记机关的赔偿制度非常必要。因为,首先,登记机关不能仅仅享有收费的权利,而不对错误登记的后果负任何责任,必须要使登记部门在享受一定利益的同时承担一定的责任。其次,使登记机关对其登记工作承担相应的责任,有利于加强登记机关的职责,促使其认真审查登记的内容,力求使登记的内容真实可靠。最后,如果因为登记机关工作人员的严重过错甚至与他人勾结,恶意串通,造成交易当事人的损害,而登记机关和有关工作人员不承担任何责任,对受害人是不公平的。

世界上有很多国家和地区在房地产法律中都规定了登记机关的责任制度①:德国设立专门的登记补偿基金,以补偿因登记机关的错误给真权利人带来的损失。而在我国台湾地区实行登记人员的共同责任原则,即如果因登记人员的过失造成登记不当,先由国家向真正权利人进行赔偿,而后由国家向登记人员追偿。共同赔偿原则有助于强化登记人员的责任心,培养其敬业精神,从而减少登记错误。我国台湾地区还设置登记储备金,因登记错误、遗漏、虚假等导致登记受损害者,由地政机关负损害赔偿责任,地政机关证明出错原因在受害人时,不在此列。地政机关所收登记费,提取 10% 登记储备金,专门用于赔偿。美国采取从登记费中提取基金的方式以备对登记错误产生损害予以赔偿。同时,美国为使交易安全得到切实的保障,创设了"权原保险(title insurance)制度"。这种制度的中心意义在于房地产交易中因权原发生损害时给予受损害一方提供补偿,属于保险性质的契约。权原保险的目的是通过事先调查避免交易风险和损害发生后得到以金钱补偿为主的经济性补偿来实现对交易安全的保障。美国权原保险制度,既是在保险制度领域的一个创新,也是对美国房地产物权法律制度重要补充。迄今为止,尽管各州的情况不尽相同,但权原保险在美国的房地产交易安全保护机制中,已经占据了不可或缺的地位。美国房地产交易的各项制度都不太完善,登记机关分散,房地产交易的安全受到威胁,于是权原保险制度应运而生。在这一点上,房地产登记制度同样不够完备的中国似乎可以有所借鉴。美国权原保险的出现体现了在保护机制方面的多元化,而其他国家和地区大体上只有以实体法为中心的单一机制。美国的这种对交易保护多元化的潮流代表着一种发展趋势。

2. 权原保险主义立法②

由于在美国法上下不承认登记本身具有公信力,因此美国的不动产登记,除一部分采用托伦斯登记外,更多的形式是对让与证书进行形式性审查,采用按年,再按让与人、受让人等次序,直接将让与证书进行整理,然后附目录进行登记。这

---

① 郑瑞琨等著《房地产交易》,北京大学出版社,2007 年,第 252 – 253 页。
② 郑瑞琨等著《房地产交易》,北京大学出版社,2007 年,第 261 – 262 页。

种登记虽然也可以就卖主现有权利状况提供一种可信的公示,但是作为非专业人员来说,想要得到所需标的的有关公示资料,似乎并不是在查阅登记簿,而是在茫茫如海的档案里就一个事件做追踪调查,不能不说这是美国房地产登记制度的一种缺憾,为了满足社会对弥补这些欠缺的要求,一种新型的机制——房地产权原保险契约应运而生。在登记对不动产的交易安全的保护机制方面,美国以权原保险的出现为代表呈现出了一种可称之为多元化的保护机制,颇具特色。权原保险契约,也称权原保险证券(titled document),要求书面形式,并有标准格式(American land title association)。权原保险契约的性质属于保险性质的契约。契约当事人的一方大都是在准备购买房地产,或者准备在房地产上设定某种权利时,要求为标的房地产的权原提供保险的个人或法人;而另一方是为此提供担保的权原保险公司。这种契约与一般保险契约的相同之处在于保险人为投保人提供一种以防不测的保险,而其不同之处,也是投保人投保的目的在于,保险人为投保人提供上述保险的前提是在所保证的范围内提供以标的房地产权原不存在任何问题为内容的信用。因此,在标的权原发生问题时,保险方所需支付的保险金更具有一种因自己的过失而支付的损害赔偿(契约责任或侵权责任)的性质。也正是因为如此,作为保险方的权原保险公司,最重要的工作就是在证券发行或称契约签订之前,对契约标的的权原进行周密的调查。调查的内容基本由两个方面组成:一是从登记簿上掌握的权原是否有瑕疵,如,所有者取得权原的正当性(包括连锁追溯调查,普通法,一般要求逆算 50 至 60 年),标的房地产上是否附带担保物权、用益物权、租赁和税务方面的债务负担等;二是权原的流通可能性 (marketability)。后者涵盖的范围极广,它既包括前者瑕疵的内容,也包括标准格式中非保证的项目(如城市规划,国家征用等),还可以包括特殊约定的保证及非保证项目。调查工作结束后,由保险公司根据调查结果制成保险项目计划书(binder),如果担保人同意计划书所列内容,便可以与保险公司缔约,该契约就成了保险证券。而该证券所保证的内容并不像一种保险契约那样是契约之后的突发事件,而是缔约之日为止的权原状况。另外需要附带指出的是,这种契约的标的只限于不动产以及不动产的附合物,不包括地下埋藏的矿产物等。

总而言之,在美国,房地产权原保险契约的出现,它的目的与其说是用一种法律性手段谋求对第三人的保护,不如说是通过事先调查避免交易风险和损害发生后得到以金钱补偿为主的经济性补偿来实现对交易安全的保障,迄今为止,尽管各州的情况不尽相同,但权原保险在美国的房地产交易安全保护机制中,已经占据了不可或缺的地位。

第三章

房地产开发法律制度

基本理论

一、国有土地使用权的出让

我国国有土地使用权制度改革的成果就是实现了从国有土地的"三无制度"即无流动、无偿、无期限到"三有制度"即有流动、有偿、有期限的土地使用制度的转变。国家使国有土地使用权通过有偿出让的方式进入土地市场,土地使用权出让成为土地使用权有偿使用的实现前提与途径。

(一)土地使用权出让的概念

土地使用权出让,是指国家将国有土地使用权(以下简称土地使用权)在一定年限内出让给土地使用者,由土地使用者向国家支付土地使用权出让金的行为。土地使用权出让是土地使用权作为商品被经营和进入流通领域的第一步,也是房地产开发用地最为重要的形式之一。土地使用权出让包含以下几层含义:

1. 土地使用权出让的主体是国家

在土地出让过程中,政府是国有土地产权的唯一代表。只有代表国家的县级以上地方人民政府才有权有偿出让土地使用权,市、县人民政府土地管理部门具体代表市、县人民政府主管国有土地使用权出让的行政管理工作,其他任何单位和个人均不得充当出让人。

2. 土地使用权出让的客体仅限于城市规划区域内的国有土地的使用权

土地使用权出让的客体是有严格限制的。首先,出让的是土地使用权,而非土地所有权。国有土地所有权不允许转移。其次,出让仅限于土地的使用权,地下资源、埋藏物和市政公用设施不属于出让之列。最后,出让土地使用权仅限于城市规划区域内的国有土地,集体所有的土地需经政府依法征用转为国有土地后,才能由政府出让土地使用权。

3. 土地使用权的出让是有限期的

国家出让土地使用权是有年限的,而不是无限期出让给土地使用者。土地使用权出让的最高年限按下列用途确定:

①商业、旅游、娱乐用地为 40 年;②教育、科技、文化、体育、卫生、工业、综合或其他用地为 50 年;③居住用地为 70 年。

4. 土地使用者必须向国家支付土地使用权出让金

国家依法对国有土地实行有偿使用制度,土地使用者要获得土地的使用权(除属于依法划拨的土地使用权外),必须向国家支付土地使用权出让金。土地使用权受让方只有在支付了土地使用权出让金后,才能向政府土地管理部门申请登记,领取土地使用权证,取得土地使用权。

(二)国有土地使用权出让的形式及程序

国有土地使用权出让,可以采取拍卖、招标或双方协议的形式。《物权法》第137 条规定:"设立建设用地使用权,可以采取出让或者划拨等方式。工业、商业、旅游、娱乐和商品住宅等经营性用地以及同一土地有两个以上意向用地者的,应当采取招标、拍卖等公开竞价的方式出让。"第138 条规定:"采取招标、拍卖、协议等出让方式设立建设用地使用权的,当事人应当采取书面形式订立建设用地使用权出让合同。"

二、国有土地使用权的划拨

(一)土地使用权划拨的概念

划拨土地使用权,是指县级以上地方人民政府依法批准,在土地使用者缴纳补偿、安置等费用后,将该幅土地交付其使用,或者将土地使用权无偿交付土地使用者使用的行为。我国城镇国有土地使用制度改革的基本结构实行土地使用权出让和土地使用权划拨两种形式,即"双轨制"。也就是说,今后房地产开发用地主要通过出让与划拨这两种方式取得。土地使用权划拨与出让的区别具体表现在以下三方面:

(1)取得土地使用权的方式和支付的费用不同

以划拨方式取得土地使用权是以非竞争的方式取得的,而以出让方式取得土地使用权是政府与土地使用者以竞价的方式进行的。前者取得土地使用权的代价是支付国家规定的征地、拆迁补偿费用,后者的出让价是在竞争中形成的。

(2)使用期限不同

划拨土地使用权是无期限限制的,《房地产管理法》第 22 条规定:"依照本法规定以划拨方式取得土地使用权的,除法律、法规另有规定外,没有使用期限的限制。"而出让土地使用权则是有期限的,在出让合同中有明确规定。当然,土地使用权出让合同期满,土地使用权可以续期,但它总是有期限的。

(3)取得的土地使用权的内容不同

通过划拨方式取得的土地使用权不是一项独立的财产权,除法律规定的情况外,它不得转让、出租、抵押,即不得从事经营活动,土地使用者仅有使用的权利,依法管理、保护与合理利用的义务。而通过出让方式取得的土地使用权则是一项相对独立的财产权,依法可以转让、出租、抵押以进行经营活动。

(二)国有土地租赁与国有土地使用权的租赁

1. 概念

国有土地租赁是指国家将国有土地使用权出租给使用者使用,由土地使用者与县级以上人民政府土地行政主管部门签订一定期限的土地租赁合同,并支付租金的行为。国有土地租赁是国有土地有偿使用的一种形式,是土地使用权出让的补充。国有土地使用权租赁是指土地使用权者在土地使用权出让合同规定的年限内,将土地使用权出租给承租人使用,由承租人向出租人支付租金的行为。《城镇国有土地使用权出让与转让暂行条例》第 20 条规定:"土地使用权出租是指土地使用者作为出租人将土地使用权随同地上建筑物、其他附着物租赁给承租人,由承租人向出租人支付租金的行为。"因此,根据该条例,提供土地使用权的一方当事人为出租人,使用土地并支付租金的一方当事人为承租人。土地使用权为租赁的标的。如果土地上存在建筑物或其他附着物,该建筑物或附着物将随同土地使用权一并作为租赁的标的。

2. 两者不同之处

国有土地的租赁与国有土地使用权的租赁两者虽都具有租赁的法律特征与性质,但两者有不同之处。

(1)主体不同。国有土地租赁以国有土地所有权人为代表——县级以上土地行政主管部门作为出租方。而国有土地使用权的出租方为通过出让形式取得的国有土地使用权者,包括自然人、法人及非法人组织。

(2)客体不同。国有土地租赁的客体是土地,是物,而国有土地使用权租赁的客体是国有土地使用权,是权利。

(3)租金包含的内容不同。国有土地租赁的出租租金与地价相均衡。因为土地出租是土地所有权得以实现的一种经济形式,因此,租金标准就与地价基本相等。而国有土地使用权租赁是土地使用权者的一种地产经营活动,租金为土地使用权者让渡土地使用权的对价,不仅包括相当于地价的出让金等取得土地使用权的代价、土地的开发成本以及合理的利润,还包括了转让土地使用权的经营利润。

(4)限制条件不同。土地出租的限制主要是法律、法规的直接规定,而土地使用权的租赁的限制除不得违反法律法规之规定外,还受土地使用权出让合同制约,如出租人不得超出出让合同约定的年限、用途向承租人提供土地。

(三)房地产开发的种类

根据不同的标准,房地产开发可作如下分类:

1. 新区开发与旧区改造

按照房地产开发的对象,房地产开发可以分为新区开发与旧区改造。

新区开发是根据土地利用总体规划和城市规划,将农用地和未利用地开发建设成为居住、商用以及其他用途的建设用地。依照《城乡规划法》第30条的规定,城市新区的开发和建设,应当合理确定建设规模和时序,充分利用现有市政基础设施和公共服务设施,严格保护自然资源和生态环境,体现地方特色。在城市总体规划、镇总体规划确定的建设用地范围以外,不得设立各类开发区和城市新区。

旧区改造是根据城市规划的需要将现有开发利用的旧城区改造翻新、重新建设,变成新的建成区。依照《城乡规划法》第31条的规定,旧城区的改建,应当保护历史文化遗产和传统风貌,合理确定拆迁和建设规模,有计划地对危房集中、基础设施落后等地段进行改建。历史文化名城、名镇、名村的保护以及受保护建筑物的维护和使用,应当遵守有关法律、行政法规和国务院的规定。

2. 单项开发、成片开发与小区开发

按照房地产开发的方式,房地产开发可以分为单项开发、成片开发与小区开发。

3. 政府开发与非政府开发

按照房地产开发的主体,房地产开发可以分为政府开发与非政府开发。

政府开发一般是由政府组织人力、物力对土地进行前期开发,然后出让建设用地使用权。

非政府开发主要是由房地产开发企业进行的房地产开发,也包括私人、私人房地产机构,或者民间机构等法人团体的开发。目前,房地产开发企业进行的房地产开发是最主要形式。

4. 经营性开发与自用性开发

按照房地产开发的目的,房地产开发可以分为经营性开发与自用性开发。

经营性开发是指房地产开发企业似经营为目的所进行的房地产开发。这种房地产开发的目的在于通过开发建设获取利润的回报。

自用性开发是指开发者为了满足自己的办公、生产、经营或者居住消费需要所进行的房地产开发。这种房地产开发的目的并不在于将开发的房地产作为商品,而是将房地产作为生产资料或消费资料。

在房地产法上,通常所称的房地产开发是指经营性开发。

5. 单独开发与合作开发

按照房地产开发的主体人数,房地产开发可以分为单独开发与合作开发。

单独开发是指由单一的房地产开发主体所进行的房地产开发。这是房地产开发的基本形式。

合作开发是指由两个以上的房地产开发主体以提供建设用地使用权、资金等作为共同投资、共享利润、共担风险为基本内容的房地产开发。

三、国有土地上房屋征收与补偿

（一）国有土地上房屋征收与补偿概述

1. 国有土地上房屋征收与补偿的概念和特点

国有土地上房屋征收与补偿是指为了公共利益的需要，对国有土地上单位、个人的房屋依法进行征收，并对被征收房屋的所有权人依法予以公平补偿的行为。

国有土地上房屋征收与补偿具有如下法律特点：

（1）国有土地上房屋征收与补偿的客体具有限定性

我国实行土地的双重公有制，因而就房屋征收而言，应包括国有土地上的房屋征收和集体所有土地上的房屋征收两种类型。但《征收与补偿条例》仅规范国有土地上的房屋征收与补偿活动，不调整集体所有土地上的房屋征收与补偿活动。由此决定，《征收与补偿条例》所规范之房屋征收与补偿的客体仅限于国有土地上的房屋，具有客体的限定性特点。

（2）国有土地上房屋征收与补偿的主体具有特定性

国有土地上房屋征收与补偿的主体的特定性，主要是就征收决定主体和征收补偿主体而言的。根据《征收与补偿条例》的规定，征收决定的作出主体是市、县级人民政府，征收补偿的义务主体同样是作出征收决定的市、县级人民政府。除市、县级人民政府外，市、县级人民政府确定的房屋征收部门，市、县级人民政府的其他有关部门，市、县级人民政府之外的其他各级别人民政府及其组成部门，受委托的房屋征收实施单位，以及申请用地的建设单位等，都不是征收决定的作出主体，也不是征收补偿的义务主体。

（3）国有土地上房屋征收与补偿关系的内容具有强制性

通过征收取得国有土地上的房屋所有权并给予补偿是一种"强制购买"，因而不论是征收决定的作出还是补偿决定的作出，都带有强制性。国有土地上的房屋征收旨在实现公共利益，而为了维护公共利益之实现，征收权的启动与运作就不可避免地具有强制性。强制性也正是征收取得与通过等价有偿的市场交易取得的关键区别之处。市场交易是一种"自愿买卖"，任何一方不得将自己的意志强加于对方，因而不带有任何的强制性。

（4）国有土地上房屋征收与补偿的程序具有协商民主性

虽然征收取得是一种强制取得，带有政府的单方意志性，但征收决定和补偿决定的作出却须遵循决策民主、程序正当的原则。由此决定，国有土地上房屋征收与补偿的程序具有协商民主性。《征收与补偿条例》在征收决定和补偿决定的作出程序中，设置了诸多的"公布程序"、"公告程序"，其意即在于增强房屋征收操作的透明度，加大信息公开的力度，强调被征收人和社会公众的知情权和参与权，从而保障平等协商、民主决策原则的实现，尽可能弱化征收的行政强制色彩，增加程序的协商民主性。

2. 国有土地上房屋征收与补偿的基本原则

（1）决策民主原则

决策民主是贯穿土地上房屋征收与补偿整个程序过程的基本原则。房屋征收补偿方案的拟定、征收决定的作出、补偿协议的签订、补偿决定的作出以及纠纷的协商解决等，都须贯彻决策民主的原则。要贯彻决策民主的原则，就必须反对"一言堂"、反对长官意志，弱化房屋征收的行政强制色彩，广泛听取被征收人、社会公众的意见。为贯彻该原则，《征收与补偿条例》还作了一些创新性规定。如根据《征收与补偿条例》第12条的规定，房屋征收决定涉及被征收人数量较多的，应当经政府常务会议讨论决定。而政府常务会议的议事规则，就必须遵循决策民主的原则。

（2）程序正当原则

要切实规范国有土地上房屋征收与补偿活动，维护公共利益，保障被征收房屋所有权人的合法权益，就必须遵循程序正当原则。根据程序正当原则，征收决定、补偿决定的作出都必须遵循法定的程序和步骤，征收与补偿决定的作出机关不得同时为征收补偿救济的裁决机关，行政机关不得享有行政强拆权，禁止暴力搬迁，禁止建设单位参与搬迁活动，房地产价格评估机构应当由被征收人确定，任何纠纷和争议事项都应依法纳入司法审查的范畴。

（3）结果公开原则

国有土地上房屋征收与补偿的过程是由一系列阶段性的程序步骤组成的，每个程序步骤的完成都会产生一项或数项阶段性的结果，根据结果公开的原则，这些阶段性结果都必须依法予以公开。如房屋征收部门拟定的补偿方案必须公开，对补偿方案的征求意见情况和根据公众意见的修改情况必须公开,征收决定必须公开,被征收房屋的调查登记情况必须公开,补偿决定必须公开,分户补偿情况必须公开,对征收补偿费用的审计结果必须公开,等等。结果公开原则是决策民主原则、程序正当原则的进一步落实与深化,旨在避免暗箱操作,使房屋征收与补偿的过程变成一个"看得见的公正"的过程,从而防微杜渐地预防和化解征收纠纷与矛盾,保障征收过程的顺利进行和房屋所有权人的合法权益。

(4)补偿公平原则

《征收与补偿条例》第 2 条规定:"为了公共利益的需要,征收国有土地上单位、个人的房屋,应当对被征收房屋所有权人(以下称被征收人)给予公平补偿。"该规定在我国征收法制上首次确立了公平补偿(补偿公平)原则,代表着我国征收法制的巨大进步。"公平"是一个抽象法律概念,立法上难以直接界定何为补偿公平。一般来说,要满足补偿公平原则的要求,应做到完全补偿。所谓完全补偿,是指对被征收人因房屋征收而造成的一切损失都予以补偿。这些损失包括主观价值损失,也包括客观价值损失。但根据《征收与补偿条例》的规定,房屋征收补偿的范围只包括客观价值损失的补偿,不包括主观价值损失(如精神损失)的补偿。如对被征收房屋价值的补偿,不得低于房屋征收决定公告之日被征收房屋类似房地产的市场价格,就被视为达到补偿公平原则的要求,这样的市价补偿当然也只是对被征收房屋客观价值损失的补偿。

(二)公共利益的认定

国有土地上房屋征收必须以公共利益为目的。根据《征收与补偿条例》第 8 条的规定,只有在为了保障国家安全、促进国民经济和社会发展等公共利益需要,确需征收房屋时,才允许对国有土地上的房屋实施征收。但"公共利益"是一个抽象法律概念,在立法上对其内涵与外延作出准确、周详的界定是不可能的。为此,《征收与补偿条例》采取了列举加概括的立法模式,为何为公共利益需要在现实中的认定提供了基本的规范和指引。根据《征收与补偿条例》第 8 条的规定,有下列情形之一的,市、县级人民政府可以作出房屋征收决定:一是国防和外交的需要;二是由政府组织实施的能源、交通、水利等基础设施建设的需要;三是由政府组织实施的科技、教育、文化、卫生、体育、环境和资源保护、防灾减灾、文物保护、社会福利、市政公用等公共事业的需要;四是由政府组织实施的保障性安居工程建设的需要;五是由政府依照城乡规划法有关规定组织实施的对危房集中、基础设施落后等地段进行旧城区改建的需要。在具体列举了上述五种公共利益需要的情形之后,该条又作了一个兜底性的规定:"法律、行政法规规定的其他公共利益的需要。"对于上述公共利益需要的五种具体情形,可以简单地概括为国防外交的需要、基础设施建设的需要、公共事业的需要、保障性安居工程建设的需要和旧城区改建的需要。但须注意,上述五种需要的情形只有在由政府组织实施时方符合公共利益需要的要求。如果是私人因修建收费公路的需要、兴办私立学校的需要、建造商品住宅的需要、建造商业网点房的需要等,就不符合上述五种具体情形所要求的条件。

为公共利益需要而征收国有土地上的房屋,并不完全排斥房屋被征收后所兴办的建设项目是收费项目或具有一定的营利性。如科技、教育、文化、卫生、体育、市政公用等诸多的公共事业项目,大都需对消费这些服务项目的公众收取一定的费用甚至带有一定的营利性,但这并不妨碍政府组织实施这些项目的公共利益性。

（三）征收的社会稳定风险评估

《征收与补偿条例》在立法上作了一项重大的制度创新,即明确规定:市、县级人民政府在作出房屋征收决定前,应当按照有关规定进行社会稳定风险评估。进行社会稳定风险评估是近几年来我国地方政府在"维稳"过程中探索出的一种新机制,实践证明是行之有效的,《征收与补偿条例》对此成功经验在立法上予以了吸纳。对于事关广大人民群众切身利益的重大决策,对于关系群众利益调整的重要政策,对于被国家、省、市、县(区)确定为重点工程的重大项目,对于涉及范围广的重大改革措施,对于关系环境污染、行政性收费调整等社会敏感问题等,建立社会稳定风险评估机制是非常必要的。国有土地上房屋征收与补偿工作事关广大人民群众的切身利益,对此予以社会稳定风险评估是必须的。社会稳定风险评估涉及诸多方面,如房屋征收的合法性、合理性、征收程序的严格性、建设项目的可行性、环境污染评估、社会治安等诸方面,市、县级人民政府在作出征收决定前都应当按照有关规定进行评估。

（四）征收补偿费用的预存

为了保障被征收人的合法权益、保证征收补偿费用的足额到位与落实,《征收与补偿条例》创立了征收补偿费用的预存制度。该条例第 12 条第 2 款规定："作出房屋征收决定前,征收补偿费用应当足额到位、专户存储、专款专用。"只有足额到位,才能保证资金充实;只有专户存储,才能保证及时发放;只有专款专用,才能保证征收补偿费用不被挪用。为了保证该制度的落实,《征收与补偿条例》还作了配套性规定。如该条例第 27 条第 1 款规定,实施房屋征收应当先补偿、后搬迁;第 28 条第 2 款规定,作出房屋征收决定的市、县级人民政府在申请人民法院强制执行时,强制执行申请书应当附具补偿金额和专户存储账号。

（五）征收补偿

1. 被征收房屋价值补偿

被征收房屋的价值是指被征收的建筑物及其占用范围内的建设用地使用权和其他不动产的价值。其他不动产是指不可移动的围墙、假山、水井、烟囱、水塔、苗木等。应当指出的是,被征收房屋的价值不仅仅指建筑物本身的价值。因为任何建筑物都必须依托土地而建立,建筑物所有权人必须依法取得一定的土地使用权,才能在土地上建造建筑物。因此,被征收房屋的价值除建筑物本身的价值外,还包括其所占用土地的建设用地使用权的价值。当然,在评估被征收房屋的价值时,评估对象只包括合法的被征收建筑物及其占用范围内的建设用地使用权和其他不动产,而不包括违法建筑和超过批准期限的临时建筑。违法建筑和超过批准期限的临时建筑虽然在物质实体上也具有一定的使用价值,但由于《征收与补偿条例》明确规定了这两类建筑物不予征收补偿,因而不能把这两类建筑物作为评估对象。在实践操作上,被征收房屋的价值最终是指评估价值。所谓评估价值,是指评估对象在不被征收的情况下,由熟悉情况的交易双方以公平交易方式在评估时点自愿进行交易的金额,但不考虑被征收房屋租赁、抵押、查封等因素的影响。

2. 搬迁补偿

搬迁补偿即搬迁费补偿。所谓搬迁费,是指被征收房屋被拆除后,被征收人就地安置或异地安置所须支出的必要合理费用。国有土地上房屋被征收后,房屋所有权转归国家所有,建设用地使用权同时被收回,被征收人已无权再使用被征收房屋和土地了,其依法当然必须搬迁。而搬迁或多或少会支出一定的费用,这些费用,从被征收人的角度讲,就是搬迁费;从作出征收决定的市、县级人民政府的角度讲,就是依法应予补偿的搬迁费。搬迁费应如何计算,在我国现行法上并没有明确的依据,往往由地方人民政府通过制定地方性规章甚至是政令的方式予以明确。通常的做法是,将被征收房屋区分为不同的类型分别确定搬迁费的计算方法。如区分为住宅和非住宅两个类型,对于住宅房屋征收搬迁的,搬迁费往往依当地物价水平确定一个固定的搬迁费数额,如 200 元、300 元等;对于非住宅房屋征收搬迁的,一般按实际发生的费用计取。住宅和非住宅的类型区分还可以进一步细分,如将住宅类房屋再区分为自住与出租两个类型,将非住宅类房屋再区分为商业经营型和生产经营型。由于不同用途的房屋需要搬迁的物质实体和项目并不相同,因而搬迁费的确定只能一事一议,而不可能确定一个"一刀切"的标准。此外,如果是一次性就地安置的,往往只需计算一次搬迁费即可。但如果是异地安置,因为存在一个过渡期限和过渡地点,往往需要搬迁两次甚至更多次,因而在计算搬迁费时需要分段、分次计算,最后加总的结果才是搬迁费的总额。

3. 临时安置补偿

临时安置补偿是指对选择房屋产权调换补偿方式的被征收人,在产权调换房屋交付前,由房屋征收部门向被征收人支付临时安置费或者提供周转用房的补偿。因此在内容上,临时安置补偿包括临时安置费补偿和提供周转用房补偿两项补偿。支付临时安置费补偿适用于在过渡期内,被征收人自行安排住处过渡的情形。但即使选择使用周转用房的,在周转用房实际提供前,房屋征收部门也应当向被征收人支付过渡期限内所需的临时安置费。临时安置费的计算标准由地方政府制定,一般按照被征收房屋的用途(如住宅、商业经营用房、生产经营用房等)和房屋的建筑面积计算。至于周转用房,则以适于居住、不降低被征收人的生活水平、适于生产经营为标准。

4. 停产停业损失补偿

停产停业损失是指因房屋征收而造成被征收人生产经营活动暂停或者终止的损失。停产停业损失发生于非住宅型的房屋被征收时,对于住宅房屋,因为其不存在生产经营活动的用途,因而也就不存在停产停业损失的问题。从事合法的生产经营活动赚取利润属公民行为自由的范畴,由生产经营而获取的收入、利润等属于公民的合法财产权,依法不受侵犯。但房屋征收却造成了被征收人于原址上无法继续从事生产经营活动,此种生产经营活动的中止或中断当然会造成被征收入的生产经营损失,致使其通过生产经营活动能够获取的期待财产利益丧失,因而对停产停业损失应依法给予补偿。当然,停产停业损失是指合法损失,亦即从事合法生产经营活动而可能获取的合法财产利益的损失;违法生产经营活动本为法律所不许,属依法应予取缔的范畴,因而不存在停产停业损失补偿的问题。

5. 补助与奖励

在国有土地上房屋征收的实践中,往往由房屋征收部门给予被征收人以一定的补助和奖励,以促使被征收人配合征收和搬迁工作。为此,《征收与补偿条例》吸收了实践中的成功做法,于第 17 条第 2 款规定:"市、县级人民政府应当制定补助和奖励办法,对被征收人给予补助和奖励。"

案例实务

案例 3.1

[案情]

1993 年 3 月 3 日,北生集团与威豪公司签订《土地合作开发协议书》,约定双方合作开发乡镇企业城范围内土地 150 亩;威豪公司按每亩 20.5 万元标准交付合作开发费用,共计 3075 万元;协议签订后两个工作日内,威豪公司支付北生集团土地合作开发费 500 万元作为定金,同时将原有的土地蓝线图正本和北生集团与广西壮族自治区某市乡镇企业城招商中心(以下简称招商中心)签订的土地合作开发协议交给威豪公司保管;北生集团原则上在收到定金后,从招商中心办理好以威豪公司为该 150 亩土地占有人的蓝线图和转换合同,办理的手续费由北生集团负担;威豪公司在签约后 10 日内再付 1000 万元,其余的 1575 万元在 1993 年 5 月 1 日前付足;北生集团办理蓝线图及转换合同,最迟不能超过 13 日(自合同签订之日起),逾期北生集团赔偿给威豪公司 100 万元,同时本合同有效执行;威豪公司付清全款,北生集团根据威豪公司要求同意向威豪公司转让土地使用权,威豪公司提供办理红线图及土地使用权证所需的立项等全部文件,北生集团负责为其办理红线图及土地使用权证;同日,双方又签订《补充协议》约定,北生集团与招商中心合作开发该 150 亩土地,尚欠合作开发费 50% 即 600 万元。在 1993 年 5 月

1 日威豪公司支付全款前,北生集团欠交土地合作开发费的损失由其自行承担,如果招商中心提高土地价格,加价部分由北生集团承担;如果收回土地,北生集团应在损失发生时将所收的款项全部退还给威豪公司,并在 5 日内赔偿 500 万元;如威豪公司未能在 1993 年 5 月 1 日前付足款给北生集团,威豪公司则赔偿 500 万元。同日,北生集团将土地示意图正本交付给威豪公司。威豪公司法定代表人刁某出具了收条。

合同签订后,威豪公司分别于 1993 年 3 月 4 日、3 月 13 日及 4 月 30 日支付 500 万、1000 万、1000 万元给北生集团,北生集团开具了收款收据。但北生集团未依约办理蓝线图及转换合同,也未为威豪公司办理土地使用权证。北生集团直到起诉前为取得讼争土地的土地使用权,也未对讼争土地进行开发利用。双方当事人均当庭确认威豪公司在诉讼前一直未向北生集团主张过权利。

一审法院另查明,威豪公司系由北海公司申办成立,其性质为全民所有制企业法人,主管部门为北海公司。由于威豪公司未按规定申报工商年检,2003 年 11 月 26 日,广西壮族自治区北海市工商行政管理局作出行政处罚决定书,决定吊销威豪公司的营业执照,但至今尚未成立清算组进行清算。北生集团在 1997 年 1 月 1 日前的名称为浙江广厦建筑集团北海公司;1997 年 1 月 1 日变更为广西北海浙江广厦建筑有限责任公司;2002 年 8 月 23 日变更为广西北生企业(集团)有限责任公司;2002 年 9 月 19 日再次变更为北生集团。

一审法院判决:一审法院作出(2005)桂民一初字第 3 号民事判决,判决:(一)威豪公司与北生集团于 1993 年 3 月 3 日签订的《土地合作开发协议书》为无效合同;(二)北生集团返还威豪公司、北海公司 2500 万元及利息(利息计算从北生集团取得款项之日起至判决规定的履行期限届满为止,按中国人民银行同期一年期存款利率计算)。

二审法院判决:最高人民法院作出(2005)民一终字第 104 号民事判决,判决:一、维持广西壮族自治区高级人民法院(2005)桂民一初字第 3 号民事判决第一项;二、变更广西壮族自治区高级人民法院(2005)桂民一初字第 3 号民事判决第二项为:北生集团于本判决生效后 15 日内返还威豪公司 2500 万元及利息(利息从取得款项之日起,按中国人民银行同期一年期存款利率计算)。

[案例分析]

威豪公司与北生集团签订的《土地合作开发协议书》，名为合作开发，实为土地使用权的转让协议。因北生集团未取得讼争土地的使用权即与威豪公司签订协议转让该土地的使用权，且既未对土地进行实际的投资开发也未在一审审理期间补办有关土地的使用权登记或变更登记手续，故双方当事人签订的《土地合作开发协议书》应为无效。一审法院关于合同性质及效力的认定，符合本案事实，适用法律正确。且双方当事人对合同效力亦无异议。依照《中华人民共和国民法通则》第135条、第137条之规定，当事人向人民法院请求保护民事权利的诉讼时效期间为2年，诉讼时效期间从知道或者应当知道权利被侵害时起计算。合同当事人不享有确认合同无效的法定权利，只有仲裁机构和人民法院有权确认合同是否有效。合同效力的认定，实质是国家公权力对民事行为进行的干预。合同无效系自始无效，单纯的时间经过不能改变无效合同的违法性。当事人请求确认合同无效，不应受诉讼时效期间的限制，而合同经确认无效后，当事人关于返还财产及赔偿损失的请求，应当适用法律关于诉讼时效的规定。本案中，威豪公司与北生集团签订的《土地合作开发协议书》被人民法院确认无效后，威豪公司才享有财产返还的请求权，故威豪公司的起诉没有超过法定诉讼时效期间。

诉讼时效制度适用于债权请求权，而确认合同无效则属于形成权，确认合同无效之诉属确认之诉，不适用诉讼时效制度。合同无效是一种法律状态，法律不应强求当事人随时随地对合同效力进行审视，从而使交易处于不确定的状态。当事人在善意履行合同过程中，不发生对合同效力认定及无效合同财产处理的主张起算诉讼时效问题。无效合同产生的财产返还请求权的诉讼时效期间应自合同被确认无效之日起算。

案例3.2

[案情]

2006年8月17日，某市土地储备中心为了实施土地收购储备，向该市建设局申请对一居民小区进行拆迁，并提供了以下材料：(1)该市发展计划与经济贸易委员会的《关于对土地储备中心实施收购储备土地项目的批复》；(2)该市规划局颁发的建设用地规划许可证；(3)该市人民政府的建设用地批准书；(4)该土地储备中心的拆迁计划和方案；(5)该市建设银行出具的该中心拆迁补偿安置资金1000

万元的证明。该市建设局审核后,于2006年8月25日向该市土地储备中心颁发了房屋拆迁许可证,张贴了拆迁公告。刘某的房屋在拆迁范围内,其认为土地储备中心将拆迁项目用于土地储备的行为违法,遂以该市建设局为被告向法院提起行政诉讼,要求撤销该市建设局颁发给该市土地储备中心的房屋拆迁许可证。法院依法追加该市土地储备中心为第三人参加诉讼。

本案在审理过程中,对土地储备中心能否成为拆迁人有不同意见。

一种意见认为,土地储备中心向该市建设局提供的材料符合国务院《城市房屋拆迁管理条例》第7条的规定,具备颁发拆迁许可证的法定要件,可以成为拆迁人。该市建设局向土地储备中心颁发的房屋拆迁许可证合法,应驳回刘某的诉讼请求。

第二种意见认为,土地储备中心不具备拆迁人的资格,不能成为拆迁人,其将拆迁项目用于土地储备的行为违法,该市建设局向其颁发的房屋拆迁许可证应予撤销。

[案例分析]

土地储备中心是全民性质的事业单位,是作为国土资源局的一个部门在开展工作,通过收回、收购、置换、征用等方式取得土地予以储备,以供应和调控各类建设用地,保证国有土地资产保值增值。土地储备中心的这一性质决定了其职能是从事土地的收购储备、不能成为承担公益建设项目的建设单位。在旧拆迁条例时代,土地储备中心的拆迁人资格就备受争议,职能错位和模糊化成为地方土地财政疯狂扩张的一大根源。本案中的土地储备中心并无拆迁人资格。

土地储备问题与新条例也有很大关系。土地储备不是具体的公益建设活动,不属于《条例》第8条规定的公共利益范围。因此,"土地储备"不得作为城市房屋征收的法律理由。土地储备中心也不是政府的房屋征收部门或提出房屋征收方案,其职能应准确定位于收购储备。

案例3.3

[案情]

2009年12月7日,赵振弟与某市粮油中心签订《粮站出租房屋附属物搬迁补偿协议》(以下简称《搬迁补偿协议》),约定赵振弟于2009年12月10日前全部搬出粮店,并约定待赵振弟将完好的房屋和附属物交给某市粮油中心后,由某市粮油中心支付其附属物搬迁补偿款 15784 元。义安煤矿的粮站房屋拆迁后,某市粮油中心未向赵振弟支付任何补偿费用。赵振弟遂诉至原审法院称,原告租赁被告某市粮油中心位于义安煤矿的粮店房屋进行经营,房屋租赁期间遇到房屋拆迁。在原、被告协商的过程中,被告仅仅和原告签订房屋附属物搬迁补偿协议。对原告应享有的提前搬迁奖金、临时安置补助费、搬迁补助费、误工费未予补偿。房屋已经拆迁多日,被告至今未向原告支付任何补偿费用。请求判令被告支付提前搬迁奖金 3000 元,临时安置补助费 800 元,搬迁补助费 500 元,误工费 10000 元,房屋附属物补偿款 15784 元。被告某市粮油中心辩称,原告所诉与事实不符,原、被告之间不存在租赁关系,双方仅存在委托管理关系。义安粮店房屋承租户中只有超市和饭店的经营者,没有粮店经营者。原告的诉请没有事实和法律依据,请求法院驳回原告的诉讼请求。

原审法院经审理认为,被告某市粮油中心提供的证据并不能否定原告与其之间签订的粮站出租房屋附属物搬迁补偿协议。原、被告之间存在委托管理关系,并不排斥原、被告之间同时存在房屋租赁关系。如果如被告所说,原、被告之间只是委托管理关系,原、被告签订的搬迁补偿协议中,不应是要求原告搬出,并对原告进行附属物补偿。且被告提供的江苏天元房地产土地资产评估造价有限公司某市分公司出具的房屋拆迁估价报告中也有现在经营的粮店、超市、饭店业务,配套有经营粮店、超市、饭店业务的必要设施的记载,从而否定了被告所称的承租户中只有超市和饭店的经营者、没有粮店经营者的说法。因此,对于原告提供的与被告之间签订的粮站出租房屋附属物搬迁补偿协议予以认定,被告应按该协议的约定向原告支付房屋附属物补偿款 15784 元。该协议约定,原告在 2009 年 12 月 10 日前搬离现粮店地点,被告按房屋内外附属物的评估结果对原告进行货币补偿,协议中对原告要求的其他搬迁费用未进行约定,即原告同意在被告只对其房屋附属物进行补偿的情况下递行搬迁,因此对原告要求被告支付提前搬迁奖金、临时安置补助费、搬迁补助费、误工费的请求不予支持。遂判决:被告某市市粮油连锁中心支付原告赵振弟房屋附属物补偿款 15784 元。

上诉人某市粮油中心不服上述民事判决,提起上诉。

[案例分析]

某市粮油中心提供的资产委托管理承包协议、管理费收款凭证等证据虽能证明与赵振弟之间存在委托管理关系,并不能当然地否定双方存在房屋租赁关系,亦不能否定双方签订的粮站出租房屋附属物搬迁补偿协议。因为某市粮油中心提供的资产委托管理承包协议"乙方权利和义务"部分第 1 条规定:赵振弟是某市市粮油连锁中心授权对房屋进行管理经营的人员。对房屋进行租赁经营,同时有权自主经营。该协议并未禁止赵振弟在从事管理事务的同时进行自身的租赁经营。赵振弟一审中提供工商登记以及税务登记原件,证明被上诉人在上诉人所有的出租房屋内进行了实际经营活动,且某市粮油中心提供的江苏天元房地产土地资产评估造价有限公司某市分公司出具的房屋拆迁估价报告中也有现在经营的粮店、超市、饭店业务,配套有经营粮店、超市、饭店业务的必要设施的记载。某市粮油中心虽称拆迁的义安粮店承租户中只有超市和饭店的经营者、没有粮店经营者,《搬迁补偿协议》约定的也仅是针对超市和饭店附属物进行拆迁补偿,但本案审理期间均未就其主张提供相关拆迁资料等相应证据加以证实,故其抗辩理由不能成立。法院对双方签订的粮站出租房屋附属物搬迁补偿协议予以认定,判令某市粮油中心按照协议约定支付赵振弟房屋附属物补偿款 15784 元并无不当。

案例 3.4

[案情]

广州市房地产管理局于 1997 年向广州市华侨房屋开发公司(以下简称华侨公司)核发了拆许字(97 延)第 35 号房屋拆迁许可证,叶某的房屋位于拆迁房屋内。经协商,叶某与华侨公司签订了广州市房屋拆迁安置协议,约定:华侨公司补偿叶某承租商铺停业补偿费每月 6296.84 元,按季发放;叶某在临迁期向华侨公司支付原房屋租金;华侨公司于 2002 年 10 月 30 日之前提供同等面积的回迁安置房屋,逾期承担违约责任。合同签订后,叶某将房屋交付华侨公司拆除。华侨公司从 2002 年 11 月 1 日起未向叶某支付停业补偿费。2002 年 12 月 5 日,华侨公司在未征得原告同意的情形下将合同的权利义务概括转让给侨立公司。2006 年 7 月 12 日,侨立公司、华侨公司向叶某发出了收楼通知书,通知原告于 2006 年 7 月 18 日办理侨立大厦 112 号商铺的收楼手续。叶某向广州市越秀区法院提起诉讼,要求华侨公司和侨立公司承担支付停产、停业补偿费和逾期安置的违约责任。

越秀区法院认为,原告与被告华侨公司签订的房屋拆迁安置协议合法有效。因侨立大厦首层商铺已符合回迁交付使用条件,且被告已向原告发出了交铺通知书,即被告已对原告作出了回迁安置,故对原告要求被告交付首层商铺的请求,本案无需再做确定。被告需向原告支付的停业补助费及逾期安置回迁的违约金均应计至原告收到被告书面通知原告回迁之日,即 2006 年 7 月 14 日止。华侨公司在未征得原告同意的情形下将合同的权利义务概括转让给侨立公司,故不能免除其合同责任。侨立公司作为侨立大厦开发建设的权利义务承接人,也应当承担本案的合同责任。因被告至今未给付 2002 年 11 月起的停业补偿费,以及未能在 2002 年 10 月 30 日前安置原告回迁,均属违约,据此原告要求被告支付从 2002 年 11 月起至 2006 年 7 月 14 日止的停业补偿费及从 2002 年 11 月 1 日起至 2006 年 7 月 14 日止的迟延提供商铺回迁使用的违约金,合法、有理,予以支持。因当时的征地法规并没有规定逾期提供商铺回迁使用需承担违约责任的计算标准,故合同中约定按房屋价值每日 5‰规定执行,应理解为按每日 5‰的标准执行。但约定的违约金计算标准过分高于造成的损失,对被告提出的应作调整的意见,予以采纳。

越秀区法院于 2006 年 7 月 27 日作出(2004)越法民三初字第 208 号民事判决书:被告广州市华侨房屋开发公司、广州市侨立房地产开发有限公司将从 2002 年 11 月 1 日起至 2006 年 7 月 14 日止的已扣减了原房屋租金后的停业补偿费(每月按 5860.9 元计)支付给原告叶某。

[案例分析]

根据 2001 年《拆迁条例》的相关规定,拆迁非住宅房屋造成停产、停业的,由拆迁人支付停产、停业补偿。我国迄今为止尚未对停产停业补偿标准作出统一规定。按照建设部制定的《城市房屋拆迁估价指导意见》,停产、停业补偿标准由各省、自治区、直辖市规定。各省对如何确定停产、停业的具体数额作出了不同的规定。比如按照北京市的相关规定,停产、停业补偿标准为每平方米建筑面积 500 至 1500 元;按照上海市的相关规定,停产、停业补偿标准为每平方米 300 元至 400 元;按照江苏省的相关规定,停产、停业补偿标准为按照市场评估价确定;当然,也有一些省份比如天津市至今没有对如何确定停产、停业补偿的数额作出任何规定,在这些地区,停产、停业补偿的确定处于失范状态,被征收人的合法权益难以保障。

案例 3.5

[案情]

未经建设部门批准,某公司于 2008 年 2 月在公司院内利用空心砖搭建高度为 1.6 米左右的两座遮雨棚,用于储藏机器设备。2 月 21 日,e 遮雨棚被某市规划局强制拆除。该公司遂诉至江苏省某市九里区法院,请求确认该市规划局强制拆除其遮雨棚的行为违法,并要求赔偿经济损失 50000 元。

原告认为,被告未确认遮雨棚是违章建筑,也未通知原告公司即采取强制措施将遮雨棚拆除,造成了建筑材料损坏;被告的行为侵害了原告的财产权,理应赔偿。

[案例分析]

被告认为,原告所建属于违章建筑,不受法律保护,请求驳回原告的诉讼请求。

法院认为,被告拆除原告遮雨棚的行为属于行政强制措施。被告未通知原告且未听取原告申辩即拆除原告遮雨棚,程序违法。根据《中华人民共和国城乡规划法》的规定,被告采取强制拆除原告遮雨棚的措施应当由县级以上地方人民政府授权批准,但被告并未获得授权批准。虽然违章建筑是不合法的存在物,但基于建筑材料来源的合法性,全部不予保护则侵害了违章建筑人应有的合法财产。

《城乡规划法》第 64 条规定,未取得建设工程规划许可证或者未按建设工程规划许可证的规定进行建设的,由县级以上地方人民政府城乡规划主管部门责令停止建设;尚可采取改正措施消除对规划实施的影响的,限期改正,处建设工程造价 5% 以上 10% 以下的罚款;无法采取改正措施消除影响的,限期拆除,不能拆除的,没收实物或者违法收入,可以并处建设工程造价 10% 以下的罚款。据此,城乡规划主管部门具有认定违法建筑的职权。城乡规划主管部门虽然具有认定违法建筑的职权,但实施行政处罚时必须根据法定程序。本案中,规划局没有作出拆除的行政处罚决定并送达,也没有听取利害关系人的陈述和申辩,拆除房屋的程序违法。

学术观点与制度借鉴

一、各国各地区宪法性文件对土地征收的规定

征收土地最早出现在法国大革命时期。土地征收制度它对于保证土地征收

权的行使,对于合理分配和利用土地资源,对于平衡不同利益主体之间的关系起着十分重要的作用。但如何去平衡各方面的利益,并不单单是我国所面临的课题,而是任何一个国家都要解决的问题。

在当今世界,土地征收制度是普遍存在的一项法律制度。由于各国的人文、地理、历史和经济发展状况不同,因此,在不同的国家,乃至同一个国家的不同历史时期,征收土地的概念却不完全相同。在英国法律中,称土地征收为"强制收买"或"强制取得",法国法律称之为"土地征收",美国法学上对土地征收称为"最高支配权",日本法律称之为"土地收用",等等。但无论对土地征收的概念如何规定,其实质都是国家或政府在特定条件下对土地的强制性购买,因此,土地征收并不属于一般土地交易的范畴。

各国在土地征收方面的立法大多在宪法性文件中予以规定,并且都具有其本国所固有的特色。例如:

法国 1789 年所发表的《人权宣言》第 17 章即宣示:"人民私有财产权为神圣不可侵犯之权利,非依法律认定为公共需要,并无履行正常补偿,不得加以剥夺。"其 1791 年制定的宪法绪言中,也有类似的条款,但将"公共需要"一词改为"公共用途"。法国 1810 年公布的《公用征收法》,开征收立法之先河。随后,其《民法》对征收问题也进行了规定。《日本宪法》的第 3 章为"国民之权利与义务",其中第 29 条规定:"财产之所有权不得侵犯,财产之内容须符合于公共福利,在公平补偿之下,为公共利益,得收用之。"日本还制订有《土地收用法》及《取得公共用地特别措置法》等特别法来规范土地的征收行为。美国法学上对土地征收视为"最高支配权",除强制征收土地外,并含有土地使用管制的作用。《美国联邦宪法》增修第 5 条规定:"私有财产,非经法定程序,给予公平补偿,不得收回公共使用。"德国在其《联邦基本法》第 14 条第 3 项中则规定:"财产之征收,必须基于公共利益,始得为之。"我国台湾地区的土地征收制度也比较完善,如台湾地区的"土地法"规定:土地征收系台湾地区行使其土地"最高"所有权,单方面所为意思表示之法律行为;凡因公共事业之需要或因实施特殊经济政策之目的而强制取得私有土地者,一概称为"土地征收"。①

---

① 　刘瑛、乔宁著《房地产开发》,北京大学出版社 2007 年第 181 页、第 182 – 184 页。

总之,不管基于何种目的,以上诸多国家和地区的法律对土地对征收问题所做的规定,都考虑了公共利益的需要。

二、各国及地区关于土地征收目的之规定①

(一)关于土地征收目的立法体例

各国或地区土地征收的要件,一般均包括如下内容:(1)须有正当的当事人;(2)须有法定征收的目的;(3)须以其目的的事业所必须为征收范围;(4)须依法定征收程序;(5)须为公平合理的补偿。

如前所述,世界各国或地区关于土地征收的目的,都基于公共利益需要。但何为"公共利益需要",各国各地区有不同的规定。各国或地区的立法体例,可分为以下两种形式:

1. 一般概括性的规定

这种方式便于发挥法律的伸缩性。如《法国民法》第 545 条规定"为公益事业之需要",我国台湾地区《土地征收法》规定"为公用目的的事业得征收土地",《意大利宪法》第 24 条规定:"为了公共利益,私有财产在法定情况下得有偿征收之";《德国宪法》第 14 条规定:"为公众利益起见,财产可予征收",等等。

2. 列举性规定

这种方式便于防止权力的滥用。如德国巴伐利亚州 1978 年 7 月 25 日公布的《应予补偿的征收法》第 1 条规定:财产之征收,系为达成以公共福祉为目的计划,尤其在下列情形,可予征收:(1)为建造或改建供健康、卫生等医疗作用之设施;(2)为建造或改建学校、大学及其文化、学术研究设施;(3)为建造或改建公用(水电供给及垃圾、排水)设施;(4)交通事业设施之建立或变更;(5)为建造或改建维持公共治安之设施;(6)各政府及公法人团体达成法定任务之需;(7)其他法律有规定征收之情形者;(8)为补偿因征收而损失土地及其其他权利者,可再行征收以补偿之。日本《土地收用法》第 3 条,将公共利益列举为 51 项条款,其分类由道路设施,至社会福利事业,宇宙开发事业,等等,逐一加以规定。

我国台湾地区现行"土地法"规定,土地征收的目的有二:一为兴办公共事业;二为实施特殊经济政策。前者的内容包括:(1)防务设备;(2)交通事业;(3)公用

---

① 刘瑛、乔宁著《房地产开发》,北京大学出版社 2007 年第 181 页、第 182 - 184 页。

事业;(4)水利事业;(5)公共卫生;(6)行政机关、地方治机关及其他公共建筑;(7)教育学术及慈善事业;(8)其他由政府兴办以公共利益为目的的事业。后者没有列举但应以法律规定者为限,以防权利滥用。而后者的含义较为广泛,所谓"特殊经济政策",系指为解决特殊经济问题所采取或遵循之行动途径或实际措施。

(二)"公共利益"的含义问题

综上,各国的土地征收都强调公共利益、公共需要。在这里,何为"公共利益""公共需要",是值得我们深思的一个问题。有学者认为,"公共利益"的困境是,"它不是一个理论问题,而是一个涉及几乎所有人利益的实际问题","美国经验告诉我们,这个问题不应该由法官决定,更不应由行政官决定,而应该由人民代表来决定,因为他们是'公共利益'的最可靠的保障者。"还有学者认为,"公共利益"是一个极难界定的概念,法律不宜对此列举规定,由法官根据实际状况判断。

我们理解,所谓公共利益、公共需要或公共目的,应为一个公权的问题,而不是私权的问题。

世界上大多数国家和地区都以法律形式规定了土地征收权。例如,在英国,土地所有权人有时要服从国家征收权,即国会的权力。作为强大立法权的一部分,国会授予某些国家机关、公众权力机构及公共设备公司强制征收土地的权利。《美国联邦土地政策管理法》也规定,政府有权通过买卖、交换、捐赠或征收的方式获得各种土地或土地收益。这种土地征收权的法律规则是国家取得私人土地的一种特殊方式,土地征收的主体只能是国家,土地征收权也只能是政府的特有权力。

而在我国原有的经济体制下,公权和私权是不好区分的,因为都是全民所有,都是国有资产,甚至个人的一切财产都要附属于国家。经济体制改革之后,情况有所不同,企业现在都为独立的法人实体,国有企业的所有者当然为国家,但其利益是独立的,具有私益的属性。因此,国有企业的行为,不能视为国家的行为。国有企业也不能取代国家成为土地征收的主体。

土地征收权的核心在于国家取得土地具有强制性,并不以土地所有人的同意为前提。因而,土地征收权法律规则同土地所有权受法律保护规则发生冲突,即国家公权力与公民私权之冲突。为解决公权和私权的冲突问题,各国或地区土地制度还都规定:国家只有为"公共目的"才能行使土地征收权。公权和私权的冲突还引发了土地征收权是否合宪及是否滥用的理论争论。在这场争论中,正是由于土地征收权的基础是"公共目的性",不仅使土地征收权的合宪性和正当性得以成立,而且其本身也成为评判一项具体土地征收权的行使是否合法的唯一标准,以及防止土地征收权滥用的重要措施。

由于土地征收权的核心在于不需要土地所有人的同意而强制取得其土地,为了避免滥用征地权与不必要的侵害,土地征收权只能由国家行使,不宜授予需用土地者或他人。因为一方面,对被征地土地所有者来说,让渡土地所有权是一种法律上的义务,而不是一般的土地交易;另一方面,对兴办公共事业的创办人来说,只能求助国家行使土地征收权,经国家核准后,才能根据法律规定征收上地。故土地征收权是国家行使土地最高所有权的结果。美国也正是据此将土地征收理解为"最高土地权利的行使"。虽然有的国家或地区根据具体情况有时可将土地征收权授予某些公用事业团体或公司。如美国、日本规定,土地征收除可由国家实施外,也可由从事公益事业建设或经营的法人,如住宅局(向低收入家庭提供住宅的机构)、运输部的空港局等。但是,既然土地征收是转移土地所有权的一种强制性的行政行为,其效力涉及被征收土地的所有一切权利关系,因此必须依照法定程序由国家执行土地征收,方可衡平公权与私权的冲突。《美国联邦宪法》规定:"非依正当法律程序,不得剥夺任何人的生命、自由或财产;非有合理补偿,不得征收私有财产供公共使用。"

在世界范围内,虽然由于各国社会制度不同、社会政治、经济、历史与文化背景各不相同,对公共利益的认识也有所不同,但公共利益目的的范围有许多共同之处。例如:道路、军事设施、国家机关用地、学校、医院等设施建设。公共利益目的是有特殊含义的,它不是指将私有财产让公众使用,而是指政府行使权利的目的是出于公众利益的考虑,以造福于公众的健康、安全、伦理及福利。公共利益排除政府利用权力损害某一主体利益使另一主体获利;但公共利益也不意味着政府征收只能用以公用或给一般公众使用。政府征收财产又立即转给多数私人使用,同样可以构成公共使用。

三、美国关于土地征收之正当程序的规定①

土地和房屋问题事关人民群众的根本利益和社会长期稳定,各国政府和立法机构均给予特别的重视。为了衡平公权与私权的冲突,限制土地征收权被滥用,保护所有权人的私人利益,世界各国都在规定了土地征收权的同时,对土地征收规定了限制条件,其中之一就是土地征收必须按法定程序进行。

美国的征收主要分两种形式。第一种是政府为了保护公众健康、安全、伦理以及福利而无偿对所有人的财产施以限制乃至剥夺的行为,通常直译为警察权。警察权准许政府规划私人土地,而不需要支付补偿。这种征收方式的适用范围很小,并受到相关法律的严格制约。第二种是我们要讨论的主要征收形式,即有偿征收,指政府依法有偿取得财产所有人的财产的行为。

在美国,只有通过公正的法定程序后,土地才能被征收。政府需要听证、出公告,采取司法或类似的程序。美国宪法第五条修正案专门规定:"非依正当程序,不得剥夺任何人的生命,自由或财产;非有合理补偿,不得征收私有财产供公共使用。"联邦宪法第十四条修正案则要求州政府依据正当法律程序取得私有财产,并保证不得拒绝法律对公民的平等保护。各州宪法对此问题也有类似规定。

《美国联邦宪法》第 5 条关于有偿征收的规定了征收的三个要件:(1)正当的法律程序(Due process of law);(2)公平补偿(Just compensation);(3)公共使用(Public Use)。

1. 正当的法律程序,征收行为应当遵循如下步骤:(1)预先通告。(2)政府方对征收财产进行评估。(3)向被征收方送交评估报告并提出补偿价金的初次要约,被征收方可以提出反要约(counter. offer)。(4)召开公开的听证会,说明征收行为的必要性和合理性,如果被征收方对政府的征收本身提出质疑,可以提出司法请求,迫使政府放弃征收行为。(5)如果政府和被征收方在补偿数额上无法达成协议,通常由政府方将案件送交法院处理。为了不影响公共利益,政府方可以预先向法庭支付一笔适当数额的补偿金作为定金,并请求法庭在最终判决前提前取得被征收财产。除非财产所有人可以举证说明该定金的数额过低,法庭将维持定金的数额不变。(6)法庭要求双方分别聘请的独立资产评估师提出评估报告并

---

① 刘瑛、乔宁著《房地产开发》,北京大学出版社 2007 年,第 185 – 187 页。

在法庭当庭交换。(7)双方最后一次进行补偿价金的平等协商,为和解争取最后的努力。(8)如果双方不能达成一致,将由普通公民组成的民事陪审团来确定"合理的补偿"价金数额。(9)判决生效后,政府在30天内支付补偿价金并取得被征收的财产。

2. 公平补偿

这一原则主要体现在三个方面:(1)主体的公平,即有权得到补偿的不仅仅包括财产的所有人,还应当包括财产相关的收益人,如房地产的承租人。(2)客体的公平,即取得补偿的对象不仅仅包括房地产本身,还应当包括房地产的附加物,以及与该房地产商誉有关的无形资产(Good will)。(3)估价的公平,指法律要求补偿的价金应当以"公平的市场价值(fair market value)"为依据。至于什么才是公平的市场价值,目前最有效的方式是:双方分别聘请的独立的资产评估师提出评估报告。如果各自的评估报告结论相差悬殊,则由法庭组成的陪审团裁定。虽然资产评估师的报告并非完美和科学,但是除此之外,人们实在也没有什么更好的办法来解决这个问题,至少在现阶段经济科学的发展水平上是这样。

在司法实践中,美国法院通常都认定高出政府补偿价格的评估报告。这种做法无疑有利于财产所有权人,能够保证其从国家征收行为中获得公平合理的补偿。同时,这种做法一方面使得财产所有权人有可供对国家征收行为提出异议的司法途径,另一方面降低了财产所有权人的诉讼风险,从而减少其维护自身权益的诉讼成本。此外,美国的律师制度为维护财产所有权人的利益、限制政府滥用征收权也提供了制度供给,使得职业律师们乐于接受有关政府征收方面的法律案件。因为在美国,与交通肇事案件和医疗事故案件一样,律师承办政府征收方面的案件时,在律师费的收取上,大多采用不胜诉不收费的方式(can be handled on a contingency based on a percentage of theamount the attorney obtains over and above the amount of the condemning agency'S offer)。如果被征收的当事人胜诉,律师可以从当事人期待的政府补偿金中额外获得较大比例的金额。而如果政府一方胜诉,被征收的一方当事人也不需要为此支付政府方的诉讼费用。中国也可借鉴这一制度,帮助在征收过程中处于弱势地位的农民获得公平的补偿。

3. 公共使用

美国法律对公共使用的内涵采用了广义的解释。首先,公共使用的规则并不包括这样一种情形,即政府利用行政权利损害某个个体利益的而使另一个体收益,比如征收 A 的住房给 B 开设零售商店。虽然这种现象在我国土地征用、拆迁过程中司空见惯,并都戴着"公共利益"的帽子,但在美国,这种行为就不能构成公共使用,而是行政权力的滥用。需要说明的是,公共使用并不仅仅意味着政府征收的财产给一般公众使用,因为"公共利益"也包括多数私人的利益,所以政府征收财产后转让给多数私人使用,同样构成公共使用。

四、各国关于土地征收补偿范围之规定①

虽然土地征收带有一定强制性,但它给原土地权利人造成了经济上的损失,为公平起见,世界各国都规定土地征收后必须给原土地权利人一定的经济补偿。《美国联邦宪法修正案》第 5 条规定:"非有合理补偿,不得征收私有财产供公共使用"。《日本宪法》第 29 条规定:"私有财产,在正当的补偿下得收归国有"等。

(一)关于土地征收补偿合理性的标准

虽然各国关于土地征收的立法都强调给予被征收人公平合理的补偿。但是由于各国的社会制度与经济发展的不同,X 寸于土地征收的合理补偿理解有差异。关于土地征收补偿标准,从各国或地区的情况来看,大致可分为三类:

1. 按市场价格补偿

这种方式是以被征收土地征收时在公开市场上能得到的出售价格为补偿标准,包括财产的现有价值和财产的未来盈利。例如,英国、美国、我国香港地区等。

2. 按裁定或估定价格补偿

这种方式是指按法定征收裁判所或土地估价机构裁定或估定的价格补偿。如法国以征收土地周围的土地交易价格或所有者纳税时的申报价格为参考,由征收裁判所裁定补偿标准。

3. 按法定价格补偿

这种方式是指按法律规定的基准地价或法律条文直接规定的标准补偿,前者例如韩国,在执行公示地价的地域,土地补偿额以公示的基准地价为准(有时要根据实际情况予以修正);后者如瑞典等国有关法律规定。我国系采取后一种方式作为补偿标准。

---

① 刘瑛、乔宁著《房地产开发》,北京大学出版社 2007 年,第 188 页 – 190 页。

（二）关于土地征收补偿的价值组成

在多数国家和地区，为了保证土地征收方都能给土地所有者以较为满意的补偿，通常规定征收补偿由两部分组成：土地征收费和土地赔偿额。其中土地征收费相当于土地价值，一般按照征收时的市场价格给足补偿；土地赔偿额是对土地权利人因征收而造成的经济及其他损失的补偿。

在很多国家，法律给予被征地者的补偿往往要超过土地的市场价值，这既有利于保证被征地者原有的生活水准不至于降低，也有利于土地资源的优化配置。

（三）土地征收中的社会保障

在很多国家的土地征收补偿制度中，还设立被征地农民社会保障基金，这有助于降低他们面临的失地风险，促进社会稳定发展。该社会保障基金一般交由私营机构而非政府机构经营管理，这些非政府经营管理机构并不是处于独家垄断地位的"二政府"，而是在有多家经营机构共存的竞争市场中的经营主体，这种市场机制能够促使这些私营机构勤勉尽责地履行经营管理农民社会保障基金的义务。失地农民社会保障的内容应包括失地农民最低生活保障、失地农民养老保障、失地农民医疗保障，并为失地农民提供受教育和培训的机会、为失地农民提供法律援助。美国、日本等国家都非常重视教育和职业培训在社会保障中的作用，以发挥非物质性的社会保障对现代化的重要作用。

五、各国关于土地征收补偿原则之规定

（一）英国的土地征收补偿原则

英国的土地征收补偿采用完全补偿原则。

英国1845年的《土地条款法》，对土地强制收买所定补偿标准为："土地所有权人的价值原则"。1981年后，变更为以需用土地人与被收买人双方协议的市价为补偿基础。再后来，随着长期实践经验与判例的累积，逐步建立了"补偿以相等为原则，损害以恢复原状为原则"的补偿制度。

根据英国土地征收的补偿原则，其补偿项目及补偿标准为：

（1）地价的补偿。以公开市场的市价为标准；（2）因征收分割的残余地或其他因征收因素而导致的损害，以市场价值的贬值额为补偿基础。（3）因征收干扰而影响被征收人经济收入的缩减，采用"所有权人的价值"原则给予补偿；（4）因征收措施所生各种必要支出费用，如迁移费、其他与征收事实具有相当因果关系的支出等,均在补偿的范围。

(二)德国的土地征收补偿原则

德国的征收补偿,基本上也采用完全补偿原则。虽然从 19 世纪开始,其补偿原则经历了全额补偿、适当补偿,再到公平补偿三个阶段,但其一贯秉承平衡被征收人损失的立法精神,使被征收人有能力购得与被征收前同品质、同价值的土地。

该国当前适用最主要征收法律为 1987 年 7 月 1 日修正施行的《联邦建设法》,该法规定的补偿标准及范围与英国法基本相同。

根据以上英德两国法律规定,可见完全补偿特别重视私人权益的充分保障,避免因征收所获得的全民的幸福建立在个人的痛苦之上,而将个人的特别牺牲转化为一般牺牲,由社会全体共同来负担。

(三)我国台湾地区的土地征收补偿原则

我国台湾地区采用不完全补偿或相当补偿的原则。采用不完全补偿或相当补偿原则的还有新加坡等国。

我国台湾地区“土地法”规定,土地征收的补偿及批准,主要包括如下四个方面的范围:一是被征收土地的地价补偿及负担清算;二是被征收土地的改良物经一并征收的,其改良物的补偿费;三是被征收土地的改良物由其权利人自行迁移的;其改良物的迁移费;四是因征收土地致使其接连土地受有损失的,其损失的补偿。

对此,我国台湾地区许多学者认为,不完全补偿原则所补偿的幅度偏低,容易引起频繁的纠纷和诉争,影响作业进度,造成迟延成本与社会成本,行政成本与个体成本均因此增加,故也似有参考各发达国家立法例进行改革的必要。

应当说,在我国社会主义经济发展的初期,由于国家经济力量薄弱,采取不完全补偿原则有利于国家以较低成本和较快的速度进行大规模的经济建设,发展国民经济;但是另一方面,我国目前由于征地补偿不足引起的纠纷频繁发生,有的失地农民甚至采取自焚等极端的手段,严重影响了社会的安定。我国目前的经济增长迅速,综合国力显著提高,较之建国初期的经济条件已经不可同日而语,初步具备了实行完全补偿原则的经济基础,因此,在制定集体土地征收方面的法律时,也应考虑借鉴国外的补偿制度和原则。

综上所述,目前世界各国关于土地征收补偿的立法例,多采用完全补偿原则。

那些采取不完全补偿原则的地区和国家,也有向完全补偿原则转变的趋势。因此,在我国目前的经济发展状况和条件下,借鉴国外的先进经验,在土地征收中实行完全补偿原则,无疑有利于保护私人的合法权益,稳定社会秩序。

第四章

房地产交易法律制度

基本理论

一、房地产转让分类

房地产转让是指房地产权利人通过买卖、赠与或其他合法方式将其房地产转移给他人的行为,是房地产在不同主体间的转移。

(一)依转让的方式不同可以分为房地产买卖、房地产赠与、房地产继承及房地产转让的其他方式。

(二)依转让标的的不同可以分为私房转让、公房转让和商品房转让。

(三)其他分类方式

另外,依据转让的房地产所处的区域的不同可将房地产转让分为城市房地产的转让和农村房地产的转让。由于两种房地产的土地所有权权属不同,两种房地产的转让适用不同的法律规则,而且农村房地产还不能完全商品化,因此本书所讨论的房地产转让如无特别说明专指城市的房地产转让。依据土地使用权的取得方式不同可以将房地产转让分为划拨土地使用权的房地产转让和出让土地使用权的房地产转让。

二、房地产转让合同的主要内容

以房地产买卖合同为例进行说明,一般来说房地产买卖双方使用的合同都是由相关政府部门提供的示范文本。

《城市房地产转让管理规定》认为房地产转让合同应当载明下列主要内容：(1)双方当事人的姓名或者名称、住所；(2)房地产权属证书名称和编号；(3)房地产坐落位置、面积、四至界限；(4)土地宗地号、土地使用权取得的方式及年限；(5)房地产的用途或使用性质；(6)成交价格及支付方式；(7)房地产交付使用的时间；(8)违约责任；(9)双方约定的其他事项。

《商品房销售管理办法》规定商品房买卖合同应当明确以下主要内容：(1)当事人名称或者姓名和住所；(2)商品房基本状况；(3)商品房的销售方式；(4)商品房价款的确定方式及总价款、付款方式、付款时间；(5)交付使用条件及日期；(6)装饰、设备标准承诺；(7)供水、供电、供热、燃气、通讯、道路、绿化等配套基础设施和公共设施的交付承诺和有关权益、责任；(8)公共配套建筑的产权归属；(9)面积差异的处理方式；(10)办理产权登记有关事宜；(11)解决争议的方法；(12)违约责任；(13)双方约定的其他事项。

(一)标的物条款

原来只设立一个所有权的房屋分割出售(如将一栋楼房中的一套或一套公寓中的一间出售)，如果欲出售的部分在物理属性上能成为一个独立的物并能在其上设立一个独立的所有权，那么在房屋产权上进行变更登记并在欲出售的部分设立独立的物权后方可将这一部分视为独立的物进行出售。

在房地产买卖合同中，应该明确房地产的坐落位置、部位、户型、结构、房屋朝向、门牌号码等，应该明确房屋附属设施一同转让。同时，根据《城市房地产管理法》的规定，合同中应当载明土地使用权取得的方式和土地使用权的剩余年限。

(二)面积条款

对大多数人来说房地产是一种价值昂贵的商品，房地产面积的或多或少对交易双方当事人的权益都有重要的影响，因房地产面积发生的争议也一直是房地产纠纷中的重要内容，因此，房地产转让的双方应尽量在买卖合同中对有关面积的问题作出明确约定，以免以后发生纠纷。合同中应使用明确的量词注明建筑面积、公用面积、套内建筑面积(或专用部分建筑面积)的具体数字。

(三)价格条款

价款是受让人取得房地产产权所付的代价，是房地产买卖合同必备的条款。

国家对房地产实行以市场为主政府调控为辅的价格形成机制,房地产交易除向居民销售的经济适用房价格、拆迁补偿房屋价格等实行政府定价外,其他各类房屋的买卖、租赁等房地产交易的价格均实行市场调节,由房地产转让双方根据房地产的质量、位置、结构及市场行情在平等协商的基础上确定房地产转让的具体价格。为了加强对房地产价格的宏观调控,国家定期确定并公布地产的基准地价、标定地价及各类房屋的重置价格,实行房地产价格评估制度和房地产价格成交申报制度。

由于商品房买卖的特殊性,我国部门规章规定开发商应该向购房者提供《住宅质量保证书》,就商品房的质量状况对购房人进行明确的说明。此外,为了证明开发商申请的房屋质量检验申请文件合法手续合法,检验机关依法检验等,合同中还应明确约定:开发商应当向购房者提供证明其质量的申报手续及质量评价报告等,购房者有权委托相关机构对商品房质量进行评价。

(五)定金条款

依据《担保法》和相关司法解释,我国法律承认的定金形式有成约定金、证约定金、立约定金、违约定金和解约定金,不同的定金形式具有不同的功能。成约定金,是指把定金的交付作为主合同生效要件的定金,这种定金作为控制主合同是否生效的阀门,如果当事人一方不交付定金,主合同不发生法律效力。证约定金是作为证明主合同是否存在的证据的定金,它的主要功能是为了证明双方当事人之间存在合同上的权利义务关系,如果当事人不能提供已经支付定金的证明即认为当事人之间不存在合同关系。立约定金是以将来订立合同作为担保内容的定金,它的主要功能在于促使当事人在将来订立合同,如果合同的不能订立是由于给付定金一方的原因则其将失去定金,如果合同的不能订立是由于接受定金一方的原因则他应该双倍返还定金。解约定金是为了使当事人获得单方解约权而支付的定金,它赋予人通过放弃或双倍返还的定金罚则获得单方解除合同的权利或机会。违约定金是最典型的定金形式,为了担保合同债务的履行,在一方违约时执行定金罚则,即当给付定金的一方违约时无权要求返还定金,接受定金的一方违约时应该双倍返还定金。

在房地产买卖合同中经常涉及的是立约定金和违约定金,由于定金在调控双方利益维护交易安全方面起着重要作用,交易双方应在合同中对定金的种类和内容作出明确约定。有些条款虽然没有冠以定金的概念,但实质内容却是不折不扣的按定金罚则设计的,对此应视为定金对待。

(六)违约责任条款

在房地产买卖中最常见的责任方式是违约金,即由违约方向守约方支付一定数额的金钱补偿。

违约金的数额既可以由合同双方的约定产生,也可以直接来源于法律的规定。房地产买卖双方可以在房地产买卖合同中约定违约金的数额或者违约金的计算方法,当然这两种约定不能同时并存,而且根据《合同法》第116条的规定,违约金条款和定金条款不能同时适用,当事人既约定违约金,又约定定金的,一方违约时,对方可以选择适用违约金或者定金条款。另外,按照公平原则,合同双方对违约金的约定不能过分高于或低于违约造成的实际损失。《合同法》第114条第2款规定:约定的违约金低于造成的损失的,当事人可以请求人民法院或者仲裁机构予以增加;约定的违约金过分高于造成的损失的,当事人可以请求人民法院或者仲裁机构予以适当减少。《最高人民法院关于审理商品房买卖合同纠纷案件适用法律若干问题的解释》第16条进一步明确,当事人以约定的违约金过高为由请求减少的,应当以违约金超过造成的损失30%为标准适当减少;当事人以约定的违约金低于造成的损失为由请求增加的,应当以违约造成的损失确定违约金数额。如果当事方在合同中既没有对违约金的数额也没有对违约金的计算方法作出约定,一旦发生违约事由,受害方可以直接依据法律的规定要求赔偿。《合同法》第113条规定:当事人一方不履行合同义务或者履行合同义务不符合约定,给对方造成损失的,损失赔偿额应当相当于因违约所造成的损失,包括合同履行后可以获得的利益,但不得超过违反合同一方订立合同时预见到或者应当预见到的因违反合同可能造成的损失。通过对该条的解读不难发现,在《合同法》看来违约造成的损失既包括实际损失也包括可得利益的损失,奉行的是对受害方进行全面补偿的原则。但是《最高人民法院关于审理商品房买卖合同纠纷案件适用法律若干问题的解释》(以下简称《解释》)的相关规定似乎与《合同法》的精神相违背,《解释》第17条规定:商品房买卖合同没有约定违约金数额或者损失赔偿额计算方法,违约金数额或者损失赔偿额可以参照以下标准确定:逾期付款的,按照未付购房款总额,参照中国人民银行规定的金融机构计收逾期贷款利息的标准计算。

逾期交付使用房屋的,按照逾期交付使用房屋期间有关主管部门公布或者有资格的房地产评估机构评定的同地段同类房屋租金标准确定。第18条在规定由于出卖人的原因,买受人在合理期限未能取得房屋权属证书出卖人应当承担违约责任时认为:合同没有约定违约金或者损失数额难以确定的,可以按照已付购房款总额,参照中国人民银行规定的金融机构计收逾期贷款利息的标准计算。在《解释》的这两条规定里,违约方并没有赔偿受害方的全部损失,因为仅就房地产买卖中的弱势一方——购房人来说,《解释》确定的赔偿额就很难涵盖他们的全部损失。一般来说,购房人因出卖方违约遭受的损失可能包括:第一,实际损失,主要有购房人已经支付的购房款、因贷款而向银行支付的利息、购买房地产而产生的交通费、保险费、查阅资料费、公证费、误工费、仲裁费、诉讼费、律师费等。第二,预期损失,主要有因房价上涨产生的价格损失、重新购置房产所支付的相关费用、因商品房质量缺陷造成的损失、因租赁其他商品房产生的损失等。严格来说,作为最高法院的司法解释,《解释》的效力应该远远低于全国人大制定的《合同法》,《解释》与《合同法》不一致的规定应该无效,但是为了避免这种法律冲突的出现,房地产买卖双方应该尽量对违约责任作出明确具体的约定。

(七)解约条款

《合同法》的规定确立了合同解除的一般规则,对所有受《合同法》调整的合同解除都适用。对房地产买卖合同来说,合同的解除不仅要受《合同法》的规制,还要受房地产领域相关法律法规的调整。在这些规定中具体规定了房地产买卖双方可以解除合同的情形。

具体来说,在下列情况下,买受人享有解除合同的权利:(1)商品房买卖合同订立后,出卖人又将该房屋出售给第三人或者在未告知买受人的情况下将该房屋抵押给第三人,这两种情形都有可能使买受人取得房屋所有权的权利遇到重大障碍,甚至于无法实现订立房地产买卖合同的目的。(2)因房屋主体结构质量不合格不能交付使用,或者房屋交付使用后,房屋主体结构质量经核验确属不合格。(3)因房屋质量问题严重影响正常居住使用。(4)出卖人交付使用的房屋套内建筑面积或者建筑面积与商品房买卖合同约定面积不符,面积误差比绝对值超出3%的。(5)出卖人迟延交付房屋经催告后在3个月的合理期限内仍未履行。(6)商品房买卖合同约定或者《城市房地产开发经营管理条例》第33条规定的办理房屋所有权登记的期限届满后超过一年,由于出卖人的原因,导致买受人无法办理房屋所有权登记的。(7)商品房买卖合同约定,买受人以担保贷款方式付款、因不可归责于买受人一方原因未能订立商品房担保贷款合同并导致商品房买卖合同不能继续履行的。(8)因商品房买卖合同被确认无效或者被撤除、解除,致使商品房担保贷款合同的目的无法实现,当事人请求解除商品房担保贷款合同的。(9)开发商擅自变更规划设计的,或者经规划部门批准的规划变更、设计单位同意的设计变更导致该商品房结构形式、户型、空间尺寸、朝向变化影响到买受人所购商品房质量或使用功能,出卖人未在有关部门批准同意之日起10日内,书面通知买受人或者买受人在接到通知之日起15日选择退房的。

由于在房地产买卖双方的实力对比中,出卖方特别是开发商处于明显的优势地位,所以法律对出卖方的解除合同的权利进行了严格的限制,没有赋予出让方像购买受方那样广泛的解除合同的权利,只有在下列情况下:出卖方才可行使解除合同的权利:(1)买受人迟延支付购房款,经催告后在3个月的合理期限内仍未履行。(2)商品房买卖合同约定,买受人以担保贷款方式付款、因不可归责于出卖人一方原因未能订立商品房担保贷款合同并导致商品房买卖合同不能继续履行的。(3)因商品房买卖合同被确认无效或者被撤销、解除,致使商品房担保贷款合同的目的无法实现,当事人请求解除商品房担保贷款合同的。

另外,解除权属于形成权,其行使有一定的除斥期间,权利人应该在解除权的有效期内行使解除权以尽快稳定社会关系,依据《解释》的规定,法律没有规定或者当事人没有约定,经对方当事人催告后,解除权行使的合理期限为3个月。对方当事人没有催告的,解除权应当在解除权发生之日起1年内行使;逾期不行使的,解除权消灭。

三、商品房现售

商品房现售是指房地产开发企业将竣工验收合格的商品房出售给买受人,并由买受人支付房价款的行为。

依照《商品房销售管理办法》第7条的规定,商品房现售应当符合以下条件:

(一)现售商品房的房地产开发企业应当具有企业法人营业执照和房地产开发企业资质证书。

(二)取得建设用地使用权证书或者使用土地的批准文件。

(三)持有建设工程规划许可证和施工许可证

(四)已通过竣工验收

(五)拆迁安置已经落实

(六)供水、供电、供热、燃气、通讯等配套基础设施具备交付使用条件,其他配套基础设施和公共设施具备交付使用条件或者已确定施工进度和交付日期。

(七)物业管理方案已经落实。

四、商品房的计价方式与面积计算

依照《商品房销售管理办法》第18条的规定,商品房销售中的计价方式可以采取按套(单元)、套内建筑面积或按建筑面积等三种方式进行。其中,建筑面积由套内面积和分摊的共有建筑面积组成。按套(单元)计价的现售房屋,当事人在对现售房屋实地勘测后,可以在合同中直接约定总价款。但是,商品房的所有权登记方式应按建筑面积方式进行。商品房计价方式用于确定商品房销售的总价款,按套(单元)、按套内建筑面积计价并不影响使用建筑面积进行所有权登记。

为减少不必要的纠纷,保护当事人的合法权益,当事人在签订合同时应当约定商品房面积的计算方法。按套内建筑面积或者建筑面积计价的,当事人应当在合同中约定合同约定面积与产权登记面积发生误差的处理方式。如果按建筑面积计价的,当事人还应当在合同中约定套内建筑面积和分摊的共有建筑面积,并约定建筑面积不变而套内建筑面积发生误差以及建筑面积与套内建筑面积均发生误差时的处理方式。

按套内建筑面积或者建筑面积计价时,经常会发生约定面积与登记面积不符的情况,如果当事人在合同中没有约定,事后也没有达成补充协议,依照《商品房销售管理办法》第20条、最高人民法院《关于审理商品房买卖合同纠纷案件适用法律若干问题的解释》第14条的规定,可以按照以下规则来处理:

(1)面积误差比绝对值在3%以内(含3%)的,按合同约定的价格据实结算房价款,买受人不得要求解除合同。

(2)面积误差比绝对值超出3%,买受人有权请求解除合同、返还已付购房款及利息。买受人同意继续履行合同,房屋实际面积大于合同约定面积的,面积误差比在3%以内(含3%)部分的房价款由买受人按照约定的价格补足,面积误差比超出3%部分的房价款由出卖人承担,所有权归买受人;房屋实际面积小于合同约定面积的,面积误差比在3%以内(含3%)部分的房价款及利息由出卖人返还买受人,面积误差比超过3%部分的房价款由出卖人双倍返还买受人。

面积误差比按如下公式计算:

面积误差比 = [(产权登记面积 − 合同约定面积)/合同约定面积] × 100%

五、商品房预售与相关制度的比较

商品房预售俗称"卖楼花",是指房地产开发企业将正在建设中的商品房预先出售给买受人,并由买受人支付定金或者房价款的行为。相对于一般的现房买卖,商品房预售被称为期房买卖,出卖人被称为预售人,买受人被称为预购人。商品房预售尽管在性质上还有一些争议,但其本质上仍属于房屋买卖。

（一）商品房预售与预约

预约是与本约相对应的概念。预约是为将来订立合同的合同,而本约则为履行该预约而订立的合同。确认商品房预售合同为预约还是本约,对于双方当事人利益影响重大。如果认定商品房预售合同为预约,在预售人出现违约时,预购人仅得请求预售人履行订立本约的义务,不能径行依预订之内容请求履行,即预购人不得请求预售人交付房屋、转移房屋所有权。我们认为,商品房预售合同是本约而不是预约,这是因为:在商品房预售合同中,预售人与预购人关于房屋的位置与面积、价款的支付、房屋的交付期限、房屋的质量、违约责任等都进行了明确的约定,双方也无须在将来房屋建成之后再另行订立一个房屋买卖合同,可以直接按照商品房预售合同交付房屋并办理房屋权属转移登记手续。因此,商品房预售合同为本约,如果预购人届期不履行合同,则预售人可以直接诉请强制预购人交付房屋、转移所有权。

（二）商品房预售与期货买卖

虽然商品房预售也被称为期房买卖,但该种买卖并非期货买卖,预售合同也并非期货买卖合同。所谓期货买卖合同,是指期货交易所为进行期货交易而制定的统一规定商品的等级或证券的种类和数量、交货期限和地点等的合同,通常采用格式合同的形式。期货买卖合同具有如下主要特点:第一,期货买卖的标的物的价格不是当事人事先约定的,而是在期货交易所通过公开竞价的方式确定的。第二,期货买卖的标的是合同本身,而不是期货买卖合同中所约定的货物。第三,期货买卖的主要目的是为了套期保值和价格发现,而不在于获取现实的货物。所以,在期货买卖中,极少进行实物交割。第四,期货买卖的商品必须具备数量大、价格波动大、便于储存、易于标准化等条件,如粮食、石油、钢材等。但是在商品房预售合同中,首先,商品房的价格是双方在订立合同时就已经明确的,而不是通过公开竞价的方式确定的;其次,商品房预售合同的标的是商品房将来的所有权,而不是合同本身;再次,商品房预售合同的目的在于获取房屋,不具有标准化的特征,所以在国际惯例上,房屋不是期货交易的商品,不能用于期货交易。可见,商品房预售合同与期货买卖合同是有很大区别的,商品房预售合同不是期货买卖合同。明确商品房预售合同不是期货买卖合同,可以避免利用商品房预售合同进行变相的期货交易,以维护房地产市场交易秩序。

(三)商品房预售与分期付款买卖

在分期付款买卖中,标的物应当于合同生效时交付给预购人,属于预售人对预购人融资;而在商品房预售中,预售人在合同生效时无法将标的物交付于预购人,属于预购人对预售人融资。并且,分期付款买卖往往与所有权保留结合在一起,而商品房预售不可能与所有权保留相结合,因为预售时尚不存在现实的所有权。在分期付款买卖中,预购人是在接受标的物后才付款,且至少应分两次以上支付剩余价款;而在商品房预售合同中,预购人是在取得标的物之前付款,并且其既可以在取得房屋前一次性支付全部价款,也可以在取得房屋前分期支付价款,这同分期付款买卖中的分期付款是不同的。

六、房屋租赁合同

房屋租赁合同,主要体现为出租人和承租人所承担的义务。

1. 出租人的主要义务

(1)交付房屋并在租赁期间保持房屋符合约定的用途。房屋租赁合同生效后,出租人立当按照合同约定,将房屋交付于承租人占有,并且在租赁关系存续期间应保持房屋符合合司约定的用途。否则,即构成违约,需要向承租人承担违约责任。

（2）维修租赁物。除法律另有规定或当事人另有约定外，出租人应承担租赁关系存续期间对租赁物进行维修的义务，此项义务的目的在于使房屋符合租赁合同所约定的用途。在房屋需要维修时，承租人可以要求出租人于合理期间内进行维修；如果出租人未于合理期间内维修房屋，则承租人可以自己的资金、劳动对房屋进行维修，因维修所支出的必要费用应由出租人承担。因出租人维修房屋而影响承租人使用房屋的，应当相应地减少租金或者延长租期。

（3）瑕疵担保义务。出租人应当保证其所交付的房屋符合合同约定的用途，能够使承租人依合同约定正常地对房屋进行占有、使用、收益。如果房屋存在瑕疵，则出租人应当对承租人承担物的瑕疵担保责任，承租人可以要求出租人对房屋进行修理、更换，或者请求减少租金、解除合同。同时，出租人还应保证承租人不会因第三人对房屋主张权利而影响对房屋正常的占有、使用、收益。否则，如果承租人因此而不能依约对房屋进行占有、使用、收益，承租人可以要求出租人减少租金，或者不支付租金。但是，第三人主张权利的，承租人应当受时通知出租人，承租人未及时通知而给受到的损失，无权要求出租人赔偿。

（4）负担税负及费用返还义务。当租赁房屋有税负等负担时，由于这些负担是由租赁房屋而发生的，而租赁房屋的所有权属于出租人，因此，出租人应当承担租赁房屋的税负负电。出租人除应负担租赁房屋的税负外，对于承租人为租赁房屋所支出的有益费用和必要费用也有偿还的义务。所谓有益费用，是指承租人支出的使租赁房屋价值增加的费用。对比，《合同法》第223条规定："承租人经出租人同意，可以对租赁物进行改善或者增设他物。""承租人未经出租人同意，对租赁物进行改善或者增设他物的，出租人可以要求承租人恢复原状或者赔偿损失。"可见，只有在经出租人同意的情况下，出租人才负有益费用的返还义务。所谓必要费用，主要是指为维持租赁物的使用收益状态所支出的费用，如房屋的维修费用等。这种费用，也应由出租人负担。

2. 承租人的主要义务

（1）支付租金。租金是承租人使用租赁房屋的对价。因此，支付租金是承租人的主要义务。依照《合同法》第226条的规定，承租人应当按照约定的期限支付租金。对支付期限没有约定或者约定不明确，并且当事人无法协议补充的，应依照交易习惯或者合同条款进行确定。如果仍不能确定，租赁期间不满一年的，应当在租赁期间届满时支付;租赁期间一年以上的,应当在每届满一年时支付,剩余期间不满一年的,应当在租赁期间届满时支付。如果承租人没有正当理由未支付或迟延支付租金的,出租人可以要求承租人在合理期限内支付。承租人逾期不支付的,出租人有权解除租赁合同。

(2)依照约定方法或房屋的性质使用房屋。承租人应当按照约定的方法使用所租赁的房屋,如果没有约定或约定不明,则应由当事人协商补充,不能补充的,则依交易习惯或合同条款进行确定,仍不能确定的,应当按照租赁房屋的性质进行使用。例如,如果房屋为住宅的,则应只作居住之用,而不能作为生产车间使用。承租人按照约定的方法或者房屋的性质对房屋进行使用,致使房屋受到损耗的,不承担损害赔偿责任。但是,若承租人未按照约定的方法或者房屋的性质使用房屋,致使房屋受到损失的,出租人可以解除合同并要求赔偿损失。

(3)妥善保管房屋。承租人应当妥善保管房屋,不得擅自拆改、扩建或增添,确须变动的,必须征得出租人的同意并签订书面合同。承租人因保管不善造成房屋毁损、灭失的:应当承担损害赔偿责任。

(4)返还租赁的房屋。在房屋租赁合同终止之后,承租人应向出租人返还租赁的房屋。并且承租人所返还房屋的状态应符合按照约定或者房屋的性质使用后的状态,否则应向出租人承担违约责任。

案例实务

案例 4.1①

[案情]

2013 年 9 月 1 日,金隅公司在其发布的客户通讯 3 期宣传资料中,描述其销售楼盘:"建筑的英伦优雅……暗红色的砖石流露着暖意。……暗红色砖墙与优质天然火烧面黄金麻花岩干挂石材完美结合的外立面,在阳光里流光溢彩。"在宣传页、金隅公司微博中也有同样的文字描述。金隅公司在销售时沙盘显示楼盘为

---

① 1. 北京市海淀区人民法院(2014)海民初字第 27472 号民事判决书

暗红色。2013 年 9 月 23 日,金隅公司与国凌宇签订《北京市商品房预售合同》正式本,国凌宇购买该项目 12 幢 302 号房屋。双方约定,出卖人应当在 2015 年 5 月 16 日前向买受人交付该商品房。合同附件六关于装饰和设备标准的约定中显示:外墙材料为:墙砖、涂料、石材。合同附件十《补充协议》第十一条第(四)款约定,对于本合同订立以及对于该商品房价格有重大影响的因素,出卖人与买受人均已在本合同及本补充协议中进行了约定,因此,出卖人与买受人的权利义务及责任均以本合同及本补充协议的约定为准,凡在本合同及本协议签订之前出卖人或买受人通过口头、书面、实物及其他形式(包括但不限于口头讲解、广告、楼书、示范单位、沙盘、模型等)所表达或提供的信息都不作为确定出卖人与买受人权利义务及责任的依据。出卖人的售楼书、售楼广告中的资料、数据以政府主管部门的批准文件为准,如有变化不另行通知。实楼房屋与示范单位可能存在平面、空间尺寸及布品差异,出卖人无需就实楼房屋与示范单位空间尺寸的差异承担责任。买受人对以上内容已经完全知悉并认可。合同附件六所列的装饰、设备标准如因供应短缺或其他原因导致出卖人未能采用该材料和设备,为保证按时完成建筑工程,出卖人可采用质量、档次不低于附件六所列材料和设备代替。第十五条约定:本补充协议根据出卖人根据 2010 年修订的《北京市商品房预售合同》范本发布后,至本合同签订前市政府、市住建委发布的新的规章、政策,为明确合同当事人的权利义务,便于合同履行,减少、避免争议而预先拟订。买受人确认,出卖人的销售人员就补充协议的内容逐条与买受人进行了充分的协商,向买受人作出了解释和说明,条款中没有减轻、免除出卖人责任,加重买受人义务的内容,签订本协议是双方的真实意思表示。合同签订后,国凌宇支付了购房款。现小区 11—15 号楼主体均已完工。国凌宇等业主因对墙体颜色持有异议。涉案项目建设工程规划许可中没有外墙颜色的内容。项目设计图及施工图中关于外墙颜色均标注为红色面砖。经现场勘验,该项目楼宇外墙远观为黄色,外砖为黄色与暗红色墙砖相结合。

现交房时间未到,国凌宇等业主以金隅公司在售房宣传时对外墙颜色及效果进行了具体描述,上述宣传已构成合同约定,并对购房人购买该楼盘产生一定影响为由,要求金隅公司就此承担违约责任即将涉案楼盘外立面变更为与约定一致的暗红色砖石面墙。

［案例分析］

结合双方当事人庭审陈述及本案现有证据材料,对国凌宇主张金隅公司构成违约的理由不予支持。具体理由如下:第一,就外墙颜色问题双方当事人并未在合同中进行明确约定,且双方当事人在补充协议中特别约定,"凡在本合同及本协议签订之前出卖人或买受人通过口头、书面、实物及其他形式(包括但不限于口头讲解、广告、楼书、示范单位、沙盘、模型等)所表达或提供的信息都不作为确定出卖人与买受人权利义务及责任的依据"。第二,虽国凌宇称上述条款为格式条款,应对制作格式条款的一方作不利解释,但格式条款的不利解释原则应当适用于合同双方对于合同条款的理解有争议的情形,上述条款内容表述清晰、易懂,显然不应适用于上述原则;且国凌宇在签订合同之前,就合同条款已进行了阅读。合同的草稿、补充协议中均已在最后一条用加黑、加粗的方式注明:"买受人确认出卖人的销售人员就本补充协议的内容逐条与买受人进行了充分的协商,向买受人作出解释和说明,条款中没有减轻、免除出卖人责任,加重买受人墨务的内容,签订本协议是双方的真实意思表示",故上述条款应视为金隅公司已就买卖合同的条款向国凌宇进行了提示、说明。第三,金隅公司微博、宣传册所描述的外墙的具体颜色:"暗红色砖墙与优质天然火烧面黄金麻花岩干挂石材完美结合的外立面,在阳光里流光溢彩",经现场勘验及所照图片显示,现金隅公司建成的11—15号楼外墙颜色为黄色与暗红色砖墙穿插结合,与金隅公司在售楼沙盘、视频资料中展示二期楼盘外墙颜色相对比,从视觉观感角度上看,并无明显背离其所作宣传的描述;从居住使用角度来看,亦不构成对涉案楼盘使用功能的障碍。综上,金隅公司在楼书或沙盘、微博中就房屋外墙颜色作出的展示或描述不应视为涉案房屋买卖合同的内容,对金隅公司在房屋建设中就外墙颜色的处理不具有法律约束力。

退一步而言,假使金隅公司的宣传展示内容构成合同条款,现金隅公司已完成涉案楼宇的建设并办理竣工验收,外墙面变更的履行成本过高,且外墙面变更的履行涉及所在楼宇中其他共有权人的利益,故国凌宇等部分业主主张更换外墙面砖,在事实上亦不具备可执行性。

案例4.2①

[案情]

2009年9月9日,陈孔明与宏康公司签订《商品房买卖合同》,约定由陈孔明购买宏康公司开发的"宏康浩宇"小区房屋一套,该房为清水房,面积为85平方米,房款为221100元。宏康公司应于2010年4月30日前交房,逾期交房的应自合同约定的交付期限第二天起至实际交付之日止,按日向陈孔明支付房款万分之五的违约金。合同签订后,陈孔明支付了房款。2011年3月19日,宏康公司交房。因宏康公司逾期交房,陈孔明遂起诉请求宏康公司按照合同约定支付违约金35154.9元。诉讼中,宏康公司辩称,因逾期交房给陈孔明造成的损失应当按照同地段同类房屋的租金来认定,双方约定的违约金过高,应当予以降低,并申请对房屋在逾期交付期间的租金标准进行评估。经法院委托评估,评定涉案房屋在逾期交付期间的同类房屋租金标准为每平方米4元至8元。重庆市璧山县人民法院经审理认为:根据合同约定,被告应于2010年4月30日之前交房,但实际上却于2011年3月19日交房,被告应当承担逾期交房的违约责任。诉讼中,被告认为双方约定的违约金过高并请求予以调减。在无证据证明逾期交房给原告造成具体损失的情况下,应参照逾期交房期间同地段同类房屋租金标准作为陈孔明遭受损失的依据。根据评估意见,确定租金标准按每平方米8元计算,故逾期交房期间房屋的租金为7230.67元。而根据合同约定,宏康公司应当支付的违约金为35000元余,双方合同约定的违约金确属过高,应予酌情减少。法院遂判决宏康公司应当向陈孔明支付违约金7230.67元×130%＝9400元。

重庆市璧山县人民法院依照《中华人民共和国合同法》第一百一十四条第二款、第一百三十条、《最高人民法院关于审理商品房买卖合同纠纷案件适用法律若着干问题的解释》第十六条和《中华人民共和国民事诉讼法》第一百四十二条之规定,作出如下判决:

一、重庆市宏康置业有限公司在判决生效后十日内支付陈孔明逾期交付房屋违约金9400元;

二、驳回陈孔明的其他诉讼请求。

_____

① 重庆市第一中级人民法院(2013)渝一中法民终字第01939号民事判决书。

陈孔明持原审起诉意见提起上诉。重庆市第一中级人民法院经审理认为,宏康公司认为约定的违约金过高,请求予以降低,应当由宏康公司就双方约定的违约金过分高于造成的损失承担举证责任。一审法院按照宏康公司的主张及举证,依据同地段同类房屋的租金标准对违约金进行调整并无不当。

重庆市第一中级人民法院法院依照《中华人民共和国民事诉讼法》第一百七十条第一款第(一)项之规定,作出如下判决:

驳回上诉,维持原判。

试分析1. 被告逾期交房后主张约定违约金过高而请求调整的举证责任,应分配给何方当事人;2. 被告逾期交房给陈孔明造成损失,应当如何认定。

[案例分析]

关于违约金调整中的举证责任分配的问题。《合同法》第一百一十四条第二款规定,约定的违约金过分高于造成的损失的,当事人可以请求人民法院或者仲裁机构予以适当减少。《最高人民法院关于适用(中华人民共和国合同法)若干问题的解释(二)》规定,当事人主张约定的违约金过高请求予以适当减少的,人民法院应当以实际损失为基础……根据公平原则和诚实信用原则予以衡量,并作出裁决。此条明确指出,法院应以实际损失为基础进行调整,而要确定损失大小,首先涉及举证责任分配问题,即由谁举证。本案将举证责任划分给主张违约金过高的一方。"谁主张,谁举证"是基本的举证责任分配规则,除非法律有特别规定,否则应由主张方负举证责任。在当事人请求法院对约定违约金进行调整的情况下,仍应由主张调整违约金的一方承担举证责任,其举证责任的范围为证明实际损失的大小和约定违约金是否过分高于或低于实际损失。本案中,双方将逾期交房违约金的计算标准约定为日万分之五,被告认为约定违约金过高,应由其对约定违约金过分高于给原告造成的损失承担举证责任。

关于逾期交房给买房人造成损失的认定问题。最高法院审理商品房买卖合同纠纷案件司法解释第十七条,如果合同中对逾期交房违约金未作约定,违约金数额或者损失赔偿额可以按照逾期交付使用房屋期间有关主管部门公布或者有资格的房地产评估机构评定的同地段同类房屋租金标准确定。本案中,被告主张按照同地段同类房屋的租金标准对约定违约金进行调整,并申请对房屋在逾期交付期间的租金标准进行评估。一审法院采信被告意见,通过比较发现,合同约定违约金确实远高于房屋同期的租金标准,便依照租金标准对违约金进行调整。而陈孔明未举示充分证据证明其实际损失大于依照房屋租金标准计算的损失,也未举示充分证据证明除租金损失外,其还存在其他损失。因此法院对约定违约金进行调整。

案例 4.3①

[案情]

2014 年 5 月 21 日,史云峥、雷佳与万瑞公司签订了一份《金第万科·金域东郡房源意向单》(以下简称:《房源意向单》),约定史云峥、雷佳认购 3 号楼某号房屋,还约定逾期未能签署《北京市商品房认购书》《北京市商品房预售合同》及相应的补充协议的,视为客户自动放弃购买该《房源意向单》确定的商品房,史云峥、雷佳所交款项予以退回。同日,史云峥、雷佳向万瑞公司交纳购房定金 100000元。2014 年 5 月 28 日,史云峥、雷佳又向万瑞公司交纳购房首付款 564963 元,并与万瑞公司签订《北京市商品房预售合同(草稿)》(以下简称:《预售合同草稿》),约定房屋总价款为 2204863 元,该《预售合同草稿》对出卖人及买受人情况、商品房基本状况、商品房的销售方式、付款方式、交付条件、市政基础设施交付日期等进行了明确约定。《预售合同草稿》所附补充协议对相关事项进行了更加明确的补充约定,补充协议尾部附有签章栏。原告史云峥、雷佳在《预售合同草稿》尾部买受人签章处签字确认,在《预售合同草稿》首页的"草稿已阅无异。客户签字"的印章处签字,并在《预售合同草稿》以及补充协议、附件的侧面骑缝处签字,未在《预售合同草稿》所附的补充协议签章处签字。后双方未签订正式的《北京市商品房预售合同》。

史云峥、雷佳认为《预售合同草稿》并非正式合同且双方没有对补充协议的内容进行确认,所以《预售合同草稿》不发生房屋买卖合同的效力,请求万瑞公司依据《房源意向单》的约定退还定金和首付款。万瑞公司则认为《预售合同草稿》与正式的预售合同内容一致,双方签字确认时《预售合同草稿》即生效,同时认为史云峥、雷佳在《预售合同草稿》以及补充协议、附件侧面骑缝处签字的行为视为其认可《预售合同草稿》以及补充协议、附件的全部内容。试分析预售合同"草稿"

① 北京市大兴区人民法院(2014)大民初字第 12521 号民事判决书

是否具备正式的房屋买卖合同的效力。

［案例分析］

依法成立的合同,对当事人具有法律约束力。史云峥、雷佳与万瑞公司签订的《房源意向单》的内容不违反国家相关法律、法规的强制性规定,应认定合法有效,双方均应全面履行自己的义务。对于史云峥、雷佳与万瑞公司签订的《预售合同草稿》,虽然文本中有"草稿"二字,但该文本对于合同当事人、标的物、价款、付款方式、交付条件等合同基本内容进行了明确约定,说明史云峥、雷佳与万瑞公司对于房屋买卖一事达成了一致意思表示,同时结合史云峥、雷佳已支付房屋首付款且万瑞公司已经接受的事实,可以认定史云峥、雷佳与万瑞公司之间的房屋买卖合同关系已经成立。史云峥、雷佳以未签订正式的《北京市商品房预售合同》为由要求退还定金和首付款的诉讼请求,无事实及法律依据。

案例 4.4①

［案情］

2009 年 12 月 28 日,丁旭作为买受人与作为出卖人的国信公司签订商品房买卖合同一份,合同约定了以下内容:买受人所购商品房基本情况,买受人购买的商品房为龙湖世家一期第 x 幢某房等;价款总金额 381079 元;出卖人应当在 2011 年 10 月 31 日前依照国家和地方人民政府的有关规定,将具备该商品房取得商品住宅交付使用批准文件,并符合本合同约定的商品房交付买受人使用(合同第八务);出卖人逾期交房的违约责任,逾期不超过 60 日,自合同第八条规定的最后交付期限的第二天起至实际交付之日止,出卖人按日向买受人支付已交房价款万分之二的违约金,合同继续履行;逾期超过 60 日,买受人要求继续履行合同的,自本合同第八条规定的最后交付期限的第二天起至实际交付之日止,出卖人按日向买受人支付已交付房价款万分之二的违约金;关于产权登记的约定,出卖人应当在商品房交付使用后 180 日内,将办理权属登记需由出卖人提供的资料报产权登记机关备案. 如因出卖人的责任,买受人不能在规定期限内取得房地产权属证书的,双方同意按买受人不退房,出卖人按已付房价款的银行同期活期存款利息支付违约金等。合同签订后,至国信公司将房屋转移丁旭占有之前,丁旭付清了

----

① 江苏省徐州市中级人民法院(2014)徐民终字第 536 号民事判决书

房款。

涉案房屋在竣工验收合格后,国信公司于2011年10月25日交给丁旭转移占有。2012年3月30日,国信公司取得涉案房屋的交付使用通知书。

试析国信公司是否存在逾期交房行为,如存在逾期交房行为,丁旭主张的逾期交房违约金数额应否调整。

[案例分析]

关于是否存在逾期交房行为的问题,1.《最高人民法院关于审理商品房买卖合同纠纷案件适用法律若干问题的解释》第十一条之规定"对房屋的转移占有,视为房屋的交付使用,但当事人另有约定的除外。"从双方签订的商品房买卖合同来看,双方当事人并未在合同中明确约定"对房屋转移占有,不视为房屋的交付"的除外条款,结合上述规定,出卖人将房屋转移给买受人占有,则完成了房屋的交付使用。2. 从双方签订的商品房买卖合同第八条关于"交付期限"的约定内容来看,出卖人应当在2011年10月31日前,依照国家和地方人民政府的有关规定,将具备该商品房取得商品住宅交付使用批准文件,并符合本合同约定的商品房交付买受人使用。据此约定,双方当事人对于房屋的交付期限和交付条件的约定是明确无误的。出卖人不仅应当在2011年10月31日前向买受人交付房屋,否则,即为逾期交付房屋,构成违约;而且出卖人在交付房屋时,应当向买受人提供商品住宅交付使用批准文件,且符合双方的合同约定,否则,即为瑕疵交付,亦属违约。本案中,涉案房屋在竣工验收合格后,出卖人于2011年10月30日交给丁旭转移占有,按照双方合同的约定,国信公司并不存在逾期交付房屋的行为,只是在交付房屋时尚未取得商品住宅交付使用批准文件,当然这种交付亦不符合双方合同的约定,该交付行为属于瑕疵交付行为,买受人丁旭有权予以拒绝,同时要求上诉人采取补救措施,如不能实现合同目的,可以行使合同解除权,并要求出卖人承担违约责任。事实上,买受人在国信公司未取得商品住宅交付使用批准文件的情况下,并未加以拒绝,而是出于自己的意思表示选择收房,只能说明本案双方当事人以各自的行为变更了合同约定的房屋交付的条件和方式,且这种变更合同履行的方式,不损害国家和社会公众利益,且不违反我国法律法规的效力性禁止性规定,应当予以准许。因此,丁旭主张逾期交房违约金无事实和法律依据,既然无权主张违约金,对于原告丁旭主张的逾期交房违约金数额应否调整的问题,已无分析必要。

案例4.5①

[案情]

王选荣、胡月凤原系杭州市滨江区某小区1幢1单元1602室房屋所有权人。2012年5月15日,该房产进行抵押登记,抵押权人为王宝昌。同日,王选荣、胡月凤通过公证委托王宝昌办理与上述房屋转让有关事宜(包括签订房屋转让合同、交付房屋、领取所有售房款等)2012年7月初,梅玺、吴丹通过杭州卓家房产咨询有限公司的中介,于2012年7月31日与王选荣、胡月凤的委托代理人王宝昌就涉案房屋签订房屋转让合同,合同落款处甲方(出卖方)由王宝昌签署"王选荣(王宝昌代)胡月凤(王宝昌代)"并在甲方代理人处签名。合同签订后,2012年7月26日、8月1日梅玺支付全部购房款,涉案房屋的所有权证、国有土地使用证、契证于2012年8月2日全部办理完成,登记房屋所有权人为梅玺、吴丹。2012年3月,王选荣通过他人介绍向刘伟借款,刘伟提出王选荣、胡月凤将涉案房屋长期出租给刘伟,双方签订房屋租赁合同。后双方于2012年5月18日修改租赁合同,合同约定该房屋租赁期20年,租赁期限自2012年5月18日开始,房屋租金20年内不变,租赁期限内租金总计40万元。2012年6月,刘伟在得知王选荣将房屋抵押给王宝昌后,双方又对2012年5月18日签订的租赁合同进行了修改,主要内容未变,将租赁期限改为自2012年3月18日至2032年3月17日止。刘伟于2012年3月19日、3月28日、3月29日、4月1日分别通过工商银行向王选荣汇款20万元、5万元、5万元、10万元。后因梅玺、吴丹购买涉案房屋并办理了产权过户手续,而刘伟主张履行租赁合同,发生纠纷。梅玺、吴丹诉至杭州市滨江区人民法院,请求确认与王选荣、胡月凤签订的房屋转让合同有效,王选荣、胡月凤立即交付房屋并支付延迟交房违约金38万元;刘伟腾退房屋。

一审审理期间,第三人刘伟亦提出诉讼请求,要求确认王选荣、胡月凤与其签订的房屋租赁合同有效。

试分析原审第三人刘伟提交与王选荣、胡月凤之间的租赁合同能否产生对抗买受人梅玺、吴丹的效力。

---

①　浙江省杭州市中级人民法院(2013)浙杭民终字第1145号民事判决书

[案例分析]

一方面,从合同签订目的来看,王选荣辩称签订租赁合同是为了向刘伟借款的担保,而刘伟在庭审中也自认其签订合同之初系为了确保王选荣按约归还借款。可见,双方订立合同之时不具有建立租赁关系的真实意思。再从合同的修改、重签过程来看,双方的真实意思也并非建立房屋租赁关系。另一方面,从双方当事人签订后合同的履行行为来看,刘伟未能举证证明其曾向王选荣支付过房屋租金,双方签订房屋租赁合同,一方却迟未履行租赁合同的主要义务,另一方亦不行使其权利,显然与一般生活经验法则相悖,结合双方当事人同时期存在债务关系等事实,可以认定该租赁合同不具备房屋租赁的实质,双方当事人并无建立房屋租赁关系的真实意思表示。因此房屋买卖合同有效,不存在真实租赁关系,驳回刘伟的确认租赁合同有效的请求。

案例4.6

[案情]

A工厂作为甲方,B公司作为乙方签订了房屋租赁合同。合同约定,甲方将其位于某市某大街23号楼房两栋出租给乙方,租期五年,年租金700万元。乙方有权在合同有效期内对出租楼房根据经营需要进行内外装修和改造。乙方必须按照合同约定的日期向甲方交纳房屋租金、水、电、暖等费用,每逾期一天,乙方应按迟付金额的千分之三向甲方支付违约金。逾期支付租金超过60日,视为严重违约,以乙方单方解除租赁合同论处,甲方有权收回房屋,乙方应向甲方支付最高不超过当年年租金4倍的违约金。非因甲方原因,乙方拖欠房租达60天,甲方有权终止合同,收回楼房,损失由乙方自行负责。合同签订后,B公司与他人合资成立C物业管理有限公司(以下简称C公司),并由C公司实际享有并履行上述房屋租赁合同中B公司的全部权利和义务。C公司在承租过程中,对房屋进行了改建、装饰、装修,加建了部分设施。经评估,该装修改造的工程和增建工程的现值为23,230,008元。在履行合同过程中,C公司累计拖欠房屋租金3,234,109.60元,拖欠水费、电费、暖气费、蒸汽费、电话费共计3,559,115.08元。因C公司欠租,A工厂于合同到期前自行将房屋收回。C公司因此向法院起诉,要求A工厂返还财产并赔偿其因房屋被提前收回所遭受的经济损失,A工厂不同意C公司的诉讼请求,并反诉要求解除租赁合同,判令C公司支付拖欠房租和承担违约金。

一审法院判决如下：解除 C 公司与 A 工厂签订的房屋租赁合同；A 工厂给付 C 公司房屋改建、装饰装修费共 200 万元；C 公司给付 A 工厂房屋租金 3,234,109.60 元，同时支付违约金 3,234,109.60 元；C 公司给付 A 工厂水费、电费、蒸汽费、采暖费、电话费 3,559,115.08 元，并支付逾期付款违约金，至付清时止；驳回双方的其他诉讼请求。一审法院判决后，C 公司不服提起上诉。二审法院将一审判决的第二项变更为：A 工厂给付 c 公司房屋改建、装饰装修费 9,292,003 元，其余全部维持一审判决。

[案例分析]

本案虽然是由于承租人不支付租金违约引发的纠纷，但却涉及租赁合同解除后租赁房屋上的增添物如何处置的问题。大陆法上的添附通常包括三种形式，即混合、加工和附合。混合指物体之间的结合；加工主要是指对他人之物做修改，也存在物与物的结合，但限于动产；附合分为动产与不动产的结合、动产与动产的结合、不动产与不动产的结合三种。此处所指增添物，是指在作为租赁房屋的建筑物上增加其他物件，形式上构成了动产与不动产之附合。最高人民法院《关于贯彻．执行〈中华人民共和国民法通则〉若干问题的意见（试行）》第 86 条规定："非产权人在使用他人的财产上增添附属物，财产所有人同意增添，并就财产返还时附属物如何处理有约定的，按约定办理；没有约定又协商不成，能够拆除的，可以责令拆除；不能拆除的，也可以折价归财产所有人；造成财产所有人损失的，应当负赔偿责任。"在司法实践中，处理增添物的归属时，应区分不同的情况具体分析：(1)承租人在没有取得出租人同意或者超出出租人同意范围的情况下，私自对租用房屋所进行的添附，依侵权法处理；(2)承租人在取得出租人同意的情况下对租赁房屋进行添附，双方事先对增添物的处理做了明确约定的，依其约定；(3)承租人在取得出租人同意的情况下对租赁房屋进行添附，但双方未对补偿做约定，且合同属正常终止，按照最高人民法院《关于贯彻执行〈中华人民共和国民法通则〉若干问题的意见（试行）》第 86 条的规定处理；(4)承租人在取得出租人同意的情况下对租赁房屋进行添附，合同非正常终止的，应当依公平原则和过错责任原则处理。

本案中，房屋租赁合同双方当事人在合同中明确约定，承租方可以对出租楼房根据经营需要进行内外装修和改造。之后，C 公司对租赁房屋进行了装修改造。后来,由于 C 公司拖欠租金及相关费用,构成了严重违约,按照合同约定,A工厂有权解除双方的房屋租赁合同。所以,法院判决双方的房屋租赁合同解除,并由 C 公司支付拖欠的费用和违约金,这是正确的。由于 C 公司对房屋进行了装修和改造,房屋租赁合同解除后,这些增添物由于附合于租赁房屋,又不能拆除,由于该添附经出租人同意,但双方未对其处理进行约定,且房屋租赁合同因承租人违约而解除,故对增添物的处理,应当符合公平原则和过错责任原则。本案中,法院都判决由 A 工厂向 C 公司支付的补偿金,只是一审和二审的数额不同。依照双方签订的房屋租赁合同,C 公司的装修和改建行为应属善意。但是,C 公司在租赁合同解除上存在过错,换句话说,A 工厂对 C 公司的添附损失没有过错,只需对 C 公司做出适当补偿;但是,虽然 C 公司存在拖欠租金等违约行为,但是该违约行为并不能改变其善意添附的事实,如果让 C 公司自行负担其改建承租物的损失或负担绝大部分的损失,无疑是不公平的。所以,根据公平原则,在二审判决中,法院增加了 A 工厂向 C 公司支付的补偿金数额,这是恰当的。

学术观点与制度借鉴

一、商品房包销问题①

商品房包销是在将证券包销的相关制度引入房地产销售之后出现的一种新的营销方式,迄今,除了最高人民法院的一个司法解释外,我国的法律、法规都没有对商品房包销问题进行明确规定。2003 年 5 月 7 日公布的《最高人民法院关于审理商品房买卖合同纠纷案件适用法律若干问题的解释》(以下简称《解释》)第20 条规定:出卖人与包销人订立商品房包销合同,约定出卖人将其开发建设的房屋交由包销人以出卖人的名义销售的,包销期满未销售的房屋,由包销人按照合同约定的包销价格购买,但当事人另有约定的除外。《解释》第 21 条规定:出卖人自行销售已经约定由包销人包销的房屋,包销人请求出卖人赔偿损失的,应予支持,但当事人另有约定的除外。《解释》中的这些规定只是涉及了商品房包销的部

---

① 郑瑞琨等著《房地产交易》,北京大学出版社,2007 年第 54 页。

分问题,而且比较笼统,不足以对商品房包销进行很好的规范。在理论界虽然有人对商品房包销进行过研究,但不够深入,在一些基本问题上都没有取得共识。

1. 关于商品房包销的概念

如何界定商品房包销的概念,学术界主要有以下一些观点:

(1)商品房包销是开发商与包销商就特定商品房约定结算基价的销售方式。包销商在一定期限内享有销售代理权,并保证在包销期限届满时买人未售出的剩余商品房。

(2)商品房包销是开发商与包销商就特定商品房约定,由包销商以一定价格和付款条件,在约定期限内向开发商买入全部商品房的一种商业经营行为。

(3)商品房包销是包销商承包销售开发商商品房的行为,在约定期限内包销商以开发商名义或同时以自己的名义对外销售商品房,向开发商支付包销价款并获取销售差价利益。包销期限届满则由包销商购入来售完的商品房的行为。

(4)商品房包销是开发商与包销商约定的,就特定商品房由包销商在一定期限内以开发商的名义销售,向开发商支付包销价款,获取销售差价利益,并保证在包销期限届满时买入未售出的剩余商品房的一种行为。

2. 关于商品房包销的性质

就商品房包销到底是一种什么性质的行为,理论界也有不小的争论,主要有以下一些观点①:

(1)代理说

实践中,不少开发商持有这种观点,他们认为商品房包销就是一种独家代理行为,即包销商以开发商的名义对外销售商品房,并由开发商最终承担商品房销售的法律后果。代理说中又有两种不同的观点:附条件的代理行为说。所附的条件为如果包销期限届满还有未售出的商品房,包销商需按约定的价格全部购买。购买未售出的商品房仅仅是代理行为的解除条件,包销商进行包销的实质不是为了购入未售完的商品房,而是通过实施销售代理行为赚取差价。②附期限的代理行为说。商品房包销是双方约定以包销期限为终期的代理行为,终期来临,代理权限终止。

---

① 高富平、黄武双著《房地产法新论》,中国法制出版社,2002 年第 306 – 308 页。

（2）买卖说

包销行为实际上是一种买卖行为，包销商在包销过程中是以自己的名义而不是开发商的名义销售商品房，包销行为不受开发商意愿的限制。包销商自主决定商品房销售价格，获取完全的差价利益，直接承担由包销引起的民事责任。

（3）附条件买卖行为说

此说认为，包销合同签订后所包销的商品房将由包销商最终处分，同时销售风险也由包销商最终承担。在包销期限内形式上是包销商以开发商的名义代理销售商品房，实际上是包销商在为自己的利益销售商品房。包销合同中包销价格的确定，实质上已经在开发商与包销商之间成立了商品房买卖关系，只不过包销商不愿意参加买卖环节，不愿马上投入买房资金，而是以开发商代理人的身份参与商品房销售活动，因此，商品房包销是一种附延缓条件的买卖行为。

（4）两合行为说

该说认为，商品房包销行为既不是单纯的买卖行为，也不是单纯的代理行为，是一种兼具代理和买卖特征的新型民事法律行为。该说认为，商品房包销具有以下特征：①包销行为是一种附期限的民事行为。以开发商与包销商在合同中约定的期限为界，期限届满则包销商的代销行为结束，商品房买卖合同开始履行。②包销行为具有代理性质。包销期限内，包销商只能以开发商的名义不能以自己的名义销售商品房，在签订的商品房买卖合同中出卖人是开发商。③包销期限届满，包销商必须按约定的价格购买所有未售出的商品房。

二、房地产优先购买权及其竞合

"房地产优先购买权是指民事主体依照法律规定所享有的，在同等条件下优先于其他购买人购买房地产的一种权利。"只有当优先购买权人放弃自己的权利时，同等条件下的其他人才能购买该房地产。优先购买权是法律为保护现有法律关系的稳定和关联关系人的利益，授予与出卖人具有特定民事法律关系的当事人的一种优先的机会权，这种机会权保证优先权人在同等条件下能优先于其他购买人取得标的房地产。房地产优先购买权实质上是一种程序性的权利，它并没有给予优先权人实体上的权利，"但它限制了出卖人选择买受人的自由权，是对意思自治原则的限制，所以，优先购买权的设定必须来源于法律、法规的明确规定，是一种法定的权利"。

依据我国相关法律、法规的规定,房地产优先购买权主要包括以下情形:

(1)共有人的优先购买权。《民法通则》规定了按份共有人的优先购买权,《民法通则》第78条第3款规定:按份共有财产的每个共有人有权要求将自己的份额分出或转让。但在出售时,其他共有人在同等条件下享有优先购买的权利。但《民法通则》没有涉及共同共有的情形,我们可以理解为这是因为在共有关系存续期间,各共同共有人无权单方处理共有财产,也无所谓自己的份额,当然也就谈不上优先购买权了。但在各共有人决定结束共有关系、处分共有财产时,各共同共有人在财产分割上即转变成了按份共有人,自然享有优先购买权,最高人民法院的司法解释对此进行了明确,《关于执行〈中华人民共和国民法通则〉若干问题的意见(试行)》第92条规定:共同共有财产分割后,一个或数个原共有人出卖自己分得的财产时,如果出卖的财产与其他原共有人分得的财产属于一个整体或者配套使用,其他共有人主张优先购买权的,应当予以支持。

(2)房屋承租人的优先购买权。房屋承租人是指交付租金使用他人房屋的人。为了稳定租赁关系进而稳定社会秩序,保护承租人的利益,法律赋予承租人在出租人出售该出租房屋时享有同等条件下的优先购买权。《合同法》第230条规定:出租人出卖租赁房屋的,应当在出卖之前的合理期限内通知承租人,承租人享有以同等条件优先购买的权利。《关于执行〈中华人民共和国民法通则〉若干问题的意见(试行)》第118条规定:出租人出卖出租房屋,应提前3个月通知承租人,承租人在同等条件下,享有优先购买权;出租人未按此规定出卖房屋的,承租人可以请求人民法院宣告该房屋买卖无效。最高人民法院《关于审理城镇房屋租赁合同纠纷案件具体应用法律若干问题的解释》第二十一条规定:"出租人出卖租赁房屋未在合理期限的通知承租人或者存在其他侵害承租人优先购买权情形,承租人请求出租人承担赔偿责任的,人民法院应予支持。但请求确认出租人与第三人签订的房屋买卖合同无效的,人民法院不予支持。"可见最高人民法院新的司法解释取消了3个月的通知期限改为合理期限内通知,同时侵犯承租方优先权不构成买卖合同无效,因为该情形不符合合同法关于无效合同的规定。

(3)公有房屋住户的优先购买权。居住公有房屋的住户,在该房屋出售时,享有优先购买权。对此,1988年国务院办公厅转发国务院住房制度改革领导小组《关于鼓励职工购买公有旧住房的意见》中规定:出售旧房时,原住户有优先购买权。但是随着住房制度改革的深入,这种情况已不多见。

(4)国家职工享受国家补贴取得的房屋出售时,原补贴单位享有优先购买权。国家为了解决城镇职工住房困难采取各种补贴方式帮助职工解决住房问题,职工享有国家补贴而购买的房屋,虽然购买者名义上拥有房屋的全部所有权,但实际上这种所有权是不完全的,国家在一定程度上类似于房屋的共有人。《城市私有房屋管理条例》第 14 条规定:凡享受国家或企业事业单位补贴,廉价购买或建造的城市私有房屋,需要出卖时,只准卖给原补贴单位或房管机关。1991 年公布的国务院住房制度改革领导小组《关于全面推进城镇住房改革的意见》中也明确要求:职工购买公有住房,可以在 5 年后进入市场出售或出租,原产权单位有优先购买权和租用权。

(5)承典人的优先购买权。最高人民法院在 1963 年民事意见中规定:在处理回赎问题时,应照顾双方的实际需要情况,房屋回赎时,出租或出卖的,原承典人在同等条件下有优先购买权、承租权。

当数个优先购买人同时主张优先购买权时,就出现了优先购买权的竞合。对于优先购买权竞合的处理,即谁享有更优先的权利,法律没有作出明确的规定。一般认为应按照如下原则处理:(1)根据物权优于债权的法理,基于物权产生的优先权优于基于债权产生的优先权。(2)有利于更好地发挥房屋的效用,更合理地使用房屋和维修房屋。(3)有利于现有法律关系﹒特别是对房屋占有关系的稳定和社会秩序的稳定。

三、买卖不破租赁①

1. 买卖不破租赁的概念及起源

买卖不破租赁是指在房屋租赁合同存续期间,如果出租人将其租赁房匿转让给第三人则原房屋租赁关系对房屋新买受人仍然有效,即承租人仍有权利继续承租原租赁房屋,房屋买受人则有义务将受让房屋继续出租给承租人使用收益,也就是说,在房屋租赁合同存续期间发生的房屋所有权的变化不影响承租人承租原租赁房屋的权利,原房屋租赁合同继续有效,只是发生了当事人的变更,即出租人发生了变化。买卖不破租赁一般均有狭义和广义两种理解。狭义的买卖不破租

---

① 参见周枏著《罗马法原论》商务印书馆,1994 年,第 779 - 780 页。

赁仅指在房屋租赁合同存续期间出租人将租赁房屋出卖,则承租人的租赁权对房屋买受人继续有效;广义的买卖不破租赁是指承租人的承租权对在房屋租赁关系存续期间发生的房屋因买卖、继承、赠与、遗赠、互易等原因产生的新的房屋所有人继续有效。

但是,买卖不破租赁制度并非房屋租赁制度产生之初的既有制度。罗马法上的房屋租赁制度中遵循"物权优于债权""买卖破除租赁"的原则,在出租人将租赁物出卖给第三人时,新的所有权人可以驱逐承租人,夺回租赁标的物。这一传统原则一直沿袭到19世纪米20世纪初,是符合当时社会需要和法律发展的阶段性特征的。当时市场上交易的主体主要是农民、手工业者、小业主和小作坊主,他们之间无论规模、经济实力都相差不大,即使存在着实力上的差距或优势,也会因频繁交易过程中不断互换其地位而被抵消。当时的民法都基于"人是自己利益的最佳判断者",充分强调和保障意思自由。那样的社会背景下,人与人之间的贫富悬殊并不明显,社会联系也并不密切,每个人按照现有的法律生活。并未察觉出法律对自身的不公平。买卖不破租赁制度没有产生的社会条件。买卖不破租赁制度的首次确立是在1900年的《德国民法典》中。《德国民法典》第571条(1)项规定"使用出租的土地在交付使用承租人之后由使用出租人让与第三人的,受让人取代使用出租人加入在其所有权存续期间由使用租赁关系产生的权利义务关系"。第580条"除另有规定外,关于土地租赁的规定也适用于住房和其他房屋的租赁"。《日本民法典》第605条"不动产租赁实行登记后,对以后就该不动产取得物权者,亦发生效力",将买卖不破租赁制度确立了下来,并限于适用在不动产的租赁上。经过了两次世界大战的疲惫和创伤,为缓解社会矛盾,《法国民法典》进行了修正,于1945年其第1743条"如出租人出卖其出租物,买受人不得辞走已订立经公证或规定有确定期日的租赁合同的土地承租人、佃农或房屋承租人",首次确立了"买卖不破租赁"制度。

2. 买卖不破租赁的适用条件及法律效力

时至今日,买卖不破租赁制度已是各国房屋租赁制度中的普遍原则。但是,租赁关系毕竟是基于房屋租赁合同产生的债权关系,而买卖导致的所有权变动则是典型的物权关系,买卖不破租赁,实质是对物权优先与债权这一基本法则的突破,可以说是一种原则中的例外,而法律中的例外规定必是基于某种特殊的考量,是为了保护某一特殊的利益,同时也会兼顾到利益之间的平衡,予以这种例外一定的限制,使这种特殊不至于成为一种一般。因此,买卖不破租赁的适用需要具备一定条件。通说认为,买卖不破租赁的适用有三个构成要件:租赁关系有效存在、租赁物已交付于承租人及出租人将租赁物所有权让与第三人。①

(1)须存在有效的租赁合同。如果租赁物让与后,租赁合同因意思表示有瑕疵经撤销而使之自始无效,或因解除而溯及失其效力时,则无此原则之适用可言。

(2)须租赁物已交付并为承租人现实占有。在租赁物交付前,所有权让与所引发的问题只会是所有权让与人(出租人)给付不能或权利瑕疵担保的问题,而与"买卖不破租赁"制度无涉;同时,交付又分为现实交付、简易交付、指示交付和占有改定。在指示交付和占有改定情形下,亦不适用该原则。因为指示交付使得出租物由让与人以外的第三人占有,让与人本人未占有让与标的物,但因该第三人与让与人并无租赁关系,受让人难以查证租赁关系是否存在;占有改定情形下,仍由让与人现实占有标的物。因此,仅在现实交付和简易交付下,租赁物为承租人现实占有时,方有"买卖不破租赁"原则适用之可能。

(3)须出租人将租赁物所有权让与第三人。即该出租物所有权由让与之所有权人(即出租人)移转到第三人手中,此第三人也包括次承租人在内。然而,非让与人为出租人时,则不适用此原则。如典权人将典物出租,而出典人将典物出卖时,其租赁虽为有效,然典物之受让人不当然承受其租赁关系。受让人可向占有租赁物之承租人请求返还租赁物。

当出租人将租赁房屋出卖时,在出租人(出卖人)、承租人与买受人三方

当事人之间存在着房屋租赁关系和房屋买卖关系这样两种法律关系。对于这两种法律关系而言,由于买卖不破租赁,故房屋租赁关系和房屋买卖关系互相独立存在,各自有效;而对于三方当事人的法律效力,现分述之如下:其一,出租人与承租人之间。由于出租人将租赁房屋出卖于买受人,房屋的所有权发生了转移,出租人对租赁房屋不再具有支配权,也就无权作为该租赁房屋的出租人,故原出租人从房屋租赁关系中退出,与承租人之间的原房屋租赁关系结束。当然,出租人与承租人之间房屋租赁关系的结束并不意味着二者之间所有法律关系的终

---

① 史尚宽著《债法各论》,中国政法大学出版社,2000 年,第 222 – 224 页。

结,原房屋租赁关系存续期间产生的租金请求权、损害赔偿请求权等债权债务关系仍然有效;其二,出租人(出卖人)与买受人之间。出租人与买受人之间就是买方与卖方的关系。买受人有权取得房屋所有权并应当支付价金,出卖人则有义务将该房屋所有权转移于买受人并负有瑕疵担保义务。如果买受人明知该房屋上存在租赁关系仍买受该房屋,表明其愿意承受该所有权上的负担;如果买受人为善意,即买受人不知道该房屋上的权利负担,出卖人应当承担违约责任并赔偿损失;其三,承租人与买受人之间。买受人取得了房屋的所有权之后,成为新的出租人。从广义上说,原房屋租赁关系的主体发生了变更,由买受人取代了原出租人;从狭义上说,原房屋租赁关系消灭,买受人与承租人之间形成了新的房屋租赁关系。但无论如何,买受人与承租人之间的房屋租赁关系是基于法律的规定直接形成,无需另行签订房屋租赁合同,原房屋租赁合同的权利义务由新的出租人即买受人当然既受。

我国《合同法》第229条、最高人民法院《关于贯彻执行〈中华人民共和国民法通则〉若干问题的意见(试行)》第119条均有关于买卖不破租赁的规定。尤其是最高人民法院《关于贯彻执行〈中华人民共和国民法通则〉若干问题的意见(试行)》第119条规定"私有房屋在租赁期间内,因买卖、赠与或者继承发生所有权转移的,原租赁合同对承租人和新房主继续有效",使得买卖不破租赁制度不仅适用于房屋买卖的场合,更将其扩大到构成租赁物所有权有效移转之所有原因行为,包括互易、赠与、遗赠,甚至合伙之出资。故"买卖不破租赁"准确地说,应为"所有权的变动不破租赁"。由于现实生活中买卖是使所有权变动的最为典型的交易方式,故就以买卖不破租赁来指代了,但应当明确,其外延已不限于买卖。

买卖不破租赁制度的确立,突破了物权优于债权的一般原则,使得租赁权具有了物权的某些特征,这就使得原本就有争议的租赁权的性质更加众说纷纭。

四、次承租人的优先购买权问题[①]

优先购买权是承租人的一项法定权利。在合法转租的情况下,如果出租人要转让租赁房屋,由于该房屋上存在两个租赁关系,承租人与次承租人是否都享有优先购买权? 如果是,其效力如何? 如果不是,究竟谁享有优先购买权? 这个问

---

① 郑瑞琨等著《房地产交易》,北京大学出版社,2007年,第158-159页。

题一直是学界争议的焦点。有观点认为,二者均有优先购买权,且后者的优先购买权优于前者①。对此,本书作者不敢苟同。承租人的优先购买权是以租赁权为基础的,是承租人所特有的,并不能单独转让。在房屋转租中,承租人没有将其租赁权转让给次承租人,只是为了取得收益,行使其对租赁房屋在租赁期间有限的收益权,而将租赁房屋的占有使用权再次以出租的形式暂时转让给次承租人,承租人并未退出其与出租人之间的房屋租赁合同,次承租人与出租人之间不构成房屋租赁关系,次承租人相对于出租人不享有租赁权,故在出租人转让租赁房屋时,不享有优先购买权。从国外立法看,优先购买权也是承租人的专属权,不能转让,如《德国民法典》第514条规定:"除另有其他规定外,先买权不得转让,亦不得移转于先买权的继承人。"《瑞士民法典》第681条第3款规定:"法定先买权既不能继承,亦不能转让。"所以,本书的观点是,次承租人不享有优先购买权。

五、商品房交付条件的判断标准

商品房交付条件指在商品房具备何种条件时,开发商取得与购房者办理交房关于商品房的交付条件问题,我国《合同法》《建筑法》《建设工程质量管理条例》等法律法规的规定是"验收合格"。在当事人未作明确约定的情况下,如何确定"验收合格"的标准,是指工程质量验收合格、综合验收合格还是备案登记合格并取得《商品房竣工验收备案表》,法律、法规对此并未作出明确规定,这就导致司法实践中的认识千差万别。

(一)商品房交付条件的判断标准

关于商品房交付条件的判断标准问题,司法实践中存在不同观点:

第一种观点认为,"只要开发商在工程竣工后组织了勘察、设计、施工、监理四方共同参加的竣工验收,并形成了竣工验收合格的确认文件,就达到了商品房交付使用的条件,可以交付"②。该观点又称为竣工验收说。

第二种观点认为,"未经过验收备案并取得《商品房竣工验收备案表》是不符合法律规定的验收合格交付使用条件的,开发商应承担逾期交房违约金"③。相较于竣工验收合格来说,购房者基于自己的利益考虑,更愿意将商品房的验收合

---

① 高富平、黄武双著《房地产法新论》,中国法制出版社2000年,第278页。

② 王洋、刘艳生:《浅析商品房交付使用条件》,载《泰州职业技术学院学报》2010年第2期。

③ 王洋、刘艳生:《浅析商品房交付使用条件》,载《泰州职业技术学院学报》2010年第2期。

格标准理解为商品房经过建设行政主管部门的备案登记,并取得备案合格的证明文件《商品房竣工验收备案表》。《商品房竣工验收备案表》是经建设部确认可以交房的相关文件,具有高度的可信度。该观点又称为备案登记说。

第三种观点认为,在司法实践中,部分购房者对商品房交付条件的理解,指商品房经综合验收合格才符合交付使用的条件。商品房"除了通过工程质量验收外,还应通过监督、规划、消防、人防、环保等有关部门或有关单位的验收合格。住宅小区的还要在竣工验收合格的基础上,增加对城市规划设计条件、拆迁安置方案、配套设施和公共设施、物业管理等方面的要求"。①《城市住宅小区竣工综合验收管理办法》曾对综合验收合格的内容作出过详细的规定。该观点又称为综合验收说。

我们同意上述第二种观点。虽然综合验收说具有全面保护购房者权益、加强对开发商违反房屋交付条件行为的规制作用,但综合验收权全权由建设行政主管部门行使,容易造成建设行政主管部门审批权过大,不利于建设单位相关权益的保护。另外,庞大而繁杂的审批程序也极易导致行政效率低下。尽管取消综合验收后,建设行政主管部门的审批权部分交由建设方行使,但建设单位仍然要接受勘察、设计、施工、监理等单位组织的竣工验收,仍然要接受相关政府部门的监督和审查。

备案登记合格并取得《商品房竣工验收备案表》是商品房"验收合格"标准,也是交付的先决条件。

首先,根据备案过程的有关规定,在备案过程之中,若建设行政主管部门或者其他有关部门发现建设单位在竣工验收过程中有违反国家有关建设工程质量管理规定行为的,责令停止使用,重新组织竣工验收。可见,建设行政主管部门是在对开发商的申报资料及其他文件进行审查后才决定同意备案或者重新组织竣工验收。这说明对建设工程是否验收合格最终有审查权和监督权的机关是建设行政主管部门,其颁发的《商品房竣工验收备案表》才是证明商品房经验收合格的依据。

其次,商品房在由施工单位交付给建设单位的过程中,经过了设计、勘察、施

---

① 张海涛等:《浅析商品房交付中的几个法律问题》,载《河北青年管理干部学院学报》2006年第1期。

工、监理等部门的竣工验收,取得了验收合格的确认文件。建设单位在组织竣工验收备案的过程当中,又经过了规划、环保、消防等部门的认可,取得了相应的确认文件。这些都是备案登记合格的前提,因此备案登记合格说明房屋质量、消防、环保等方面都得到了国家的认可。

再次,从购房者的知情权来分析。根据《合同法》的相关规定,买受人对买卖合同的标的物享有知情权。而商品房作为商品房买卖合同的标的物,不同于其他大宗物品,它有严格的质量要求,有严格的行业标准,只有具备相应的专业知识才能够独自检查验收,由于商品房的特殊性,购房者作为非专业人士很难充分行使自己的知情权。而知情权又是很重要的一项权利。若根据竣工验收说,由开发商自己组织验收,无异于自己给自己打分,这种自我监督的形式对购房者来说是缺乏保障的。那么购房者的知情权如何行使—商品房竣工验收备案表。商品房竣工验收备案表是建设行政主管部门在对建设工程进行严格审查的基础上核发的,审查权由政府部门行使,具有可信赖性。

(二)商品房验收相关法律问题

根据我国现行法律法规的规定,商品房的验收包括:工程质量验收和综合验收,综合验收是指质量监督、规划、消防或公安消防、人防、环保等有关部门或单位验收等部门进行的验收。

1. 商品房工程质量的验收的规定

主要是《建筑法》《建设工程质量管理条例》。《建筑法》第 61 条规定:"交付竣工验收的建筑工程,必须符合规定的建筑工程质量标准,有完整的工程技术资料和经签署的工程保修书,并具备国家规定的其他竣工条件。建筑工程竣工经验收合格后,方可交付使用;未经验收或者验收不合格的,不得交付使用。"《建设工程质量管理条例》第 16 条规定:"建设单位收到建设工程竣工报告后,应当组织设计、施工、工程监理等有关单位进行竣工验收。建设工程竣工验收应当具备下列条件:(一)完成建设工程设计和合同约定的各项内容;(二)有完整的技术档案和施工管理资料;(三)有工程使用的主要建筑材料、建筑构配件和设备的进场试验报告;(四)有勘察、设计、施工、工程监理等单位分别签署的质量合格文件;(五)有施工单位签署的工程保修书。建设工程经验收合格的,方可交付使用。"第 49 条规定:"建设单位应当自建设工程竣工验收合格之日起 15 日内,将建设工程竣工验收报告和规划、公安消防、环保等部门出具的认可文件或者准许使用文件报建设行政主管部门或者其他有关部门备案。建设行政主管部门或者其他有关部门发现建设单位在竣工验收过程中有违反国家有关建设工程质量管理规定行为的,责令停止使用,重新组织竣工验收。"

2. 商品房综合验收的规定

《城市房地产开发经营管理条例》第 17 条规定:"房地产开发项目竣工,经验收合格后,方可交付使用;未经验收或者验收不合格,不得交付使用。房地产项目竣工后,房地产开发企业应当向项目所在地的县级以上地方人民政府房地产开发主管部门提出竣工验收申请。房地产开发主管部门应当在收到竣工验收申请之日起 30 日内,对涉及公共安全的内容,组织工程质量监督、规划、消防、人防等有关部门或者单位进行验收。"第 18 条规定:"住宅小区等群体房地产开发项目竣工,应当依照本条例第十七条的规定和下列要求进行综合验收:(一)城市规划设计条件的落实情况;(二)城市规划要求配套的基础设施和公共设施的建设情况;(三)单项工程的工程质量验收情况;(四)拆迁安置方案的落实情况;(五)物业管理的落实情况。住宅小区等群体房地产开发项目实行分期开发的,可以分期验收。"

建设工程竣工验收备案制是加强政府监督管理,防止不合格工程流向社会的一个重要手段。《建筑工程施工质量验收统一标准》中的第 6.0.7 条规定:"单位工程质量验收合格后,建设单位应在规定时间内将工程竣工验收报告和有关文件,报建设行政管理部门备案。"建设部在《关于发布国家标准〈建筑工程施工质量验收统一标准〉的通知》中明确规定编号为 6.0.7 的条文为强制性条文,必须严格执行。上述国家标准条文说明中明确规定,建设单位应依据《建设工程质量管理条例》和建设部有关规定,到县级以上人民政府建设行政主管部门或其他有关部门备案。否则,不允许投入使用。

3. 商品房交付的验收条件应为综合验收,而不仅仅是质量专项验收

《建设工程质量管理条例》规定的是建设工程质量专项验收,主要反映了建设工程质量验收情况。《城市房地产开发经营管理条例》规定的是综合验收,是强调了要求政府部门和开发商要严把商品房的使用关,坚决杜绝不合格的商品房进入市场。商品房验收产生的法律关系的主体是开发商与政府主管部门、工程质量监

督、规划、消防、人防等有关部门或单位;客体是指商品房的质量;内容是商品房的质量是否合格;产生的法律后果是商品房可以进入市场,可以交付给业主使用。商品房竣工验收不仅包括该工程土建部分和配套设施安装部分的验收,还包括建设工程档案的验收、消防设施的验收、特种设备的验收、防空工程的验收、环境质量的验收、规划验收等,涉及许多其他专业部门必须参与的强制性的验收,而以上验收内容不合格的直接法律后果是申请验收的工程不能交付使用,不具备工程竣工验收备案的条件,无法取得《竣工验收备案证》,且建设行政机关在审查备案资料时,对不符合备案要求的工程,有权责令建设单位重新组织竣工验收,并给予行政处罚。因此,商品房质量的验收仅有开发商自行组织的验收是远远不够的,不仅其公信力受到质疑,而且也不可能完成对房屋和相关配套设施进行全面的验收。

为此,商品房作为居住物首先要符合建设工程质量验收,同时其又是房地产市场中特殊商品,还应符合综合验收的标准,为此商品房的交付条件应为通过商品房综合验收。

4. 商品房买卖合同示范文本关于交付条件的约定应如何理解

国家为加强对商品房买卖行为的管理,强制性的要求开发商提供《商品房买卖合同(示范文本)》(以下简称示范合同),2000 年由原建设部、国家工商行政管理总局制定,地方工商行政管理局监制。示范合同第 8 条第 1 款约定了房屋交付的条件,包括四种情况下可以交付:该商品房经验收合格;

该商品房经综合验收合格;该商品房经分期综合验收合格;该商品房取得商品住宅交付使用批准文件;且合同另有一空白栏以便双方当事人自行约定交付的条件。

如果当事人约定的交房条件是第一种,那么以开发商是否取得其当地建设管理机构发出的《竣工验收备案证》为标准。开发商在合同约定的交房时间取得了备案证,就具备了合同约定的交付条件,否则,视为不具备合同约定的交付条件

如果当事人约定的交房条件是第二或第三或第四种,则都以开发商是否取得当地房地产开发管理机构发出的《房地产开发经营项目交付使用许可证书》为标准。开发商在合同约定的交房时间取得了该证书,就具备了合同约定的交付条件,否则,视为不具备合同约定的交付条件。

　　如果商品房买卖双方在示范合同约定的除以上四项以外的其他交付条件,应该如何认定呢? 我们认为,商品房经验收合格唯一有效法定的证明文件是《建筑工程竣工验收备案证》。如开发商在办理房屋交接手续时,不能根据合同约定和法律规定取得并出示拟交付房屋的《建筑工程竣工验收备案证》,买受人有权拒收该房屋,由此产生的逾期交房的违约责任由开发商承担。如果开发商与购房人约定的交付条件低于商品房综合验收的标准,那么以综合验收为交付条件标准,如果双方约定的标准高于商品房综合验收的标准,则以双方的约定为交付条件标准。

　　六、开发商不具备交付条件交房承担违约责任分析[①]

　　在不具备商品房交付使用条件的情况下,开发商交付房屋是否应承担逾期违约责任。在实践中主要存在两种情形:一是在约定交付日期内,开发商将不具备商品房交付条件的房屋交付使用,购房者拒收房屋,交付期满后开发商具备条件,购房者同意收房。一是在约定交付日期内,开发商将不具备商品房交付条件的房屋交付使用,购房者接收房屋,交付期满后开发商具备交付条件

　　关于开发商不具备交付条件交房是否承担逾期违约责任的问题,司法实践中存在不同观点:

　　第一种观点认为,"如果购房者直接接收了房屋,应视作购房人放弃了约定的交付条件,因此应以交钥匙之日作为交付之日"。[②] 按照第一种观点,开发商已实际完成了房屋的转移占有,根据《商品房买卖合同解释》,开发商已于约定最后交付日期之前交付了房屋,因此不存在逾期违约的情况。

　　第二种观点认为,开发商在交付时未经验收合格,应以实际符合交付条件之日作为交付日期,开发商应承担违约责任。按照第二种观点,开发商虽按时交付,但不构成有效交付,交付义务于符合条件时完成,开发商仍然要承担逾期违约责任。

　　我们认为,开发商不能交付经验收合格的房屋,就是指开发商于交付期满前未取得建设行政主管部门核发的《商品房竣工验收备案表》。这又区分为以下两种情形,一是交付期满前,房屋虽不具备交房条件但已交付给购房者使用。二是

[①]　奚晓明、韩延斌、王林清著《房地产纠纷裁决思路与规范指引》(下),人民法院出版社,2014 年,第 643 – 657 页

[②]　汤栖钧:《浅析商品房交付纠纷中的若干法律问题》,载《海南师范学院学报》2004 年第 3 期。

交付期满后,购房者由于房屋不具备交房条件而拒绝收房。因此,上述两种情况开发商都应承担逾期违约责任。

首先,根据《商品房销售管理办法》的相关规定,开发商应按期将具备商品房交付条件的房屋交付给购房者使用。这包含两层意思,一是开发商应按照约定期限将商品房交付使用;二是开发商应交付具备商品房交付条件的房屋。根据上文的分析,也就是交付验收合格的房屋。只有上述两项同时具备,才是房屋的有效交付。而上述两种情形都无法构成房屋的有效交付,都是逾期履行行为,都要承担逾期违约责任。

其次,购房者对房屋的接收不影响开发商在不具备交付条件时交房应承担的违约责任。法律对商品房交付条件的规定是强行性的,任何违反法律法规强行性规定的约定应属无效,即便购房者在开发商交房时做出了同意收房的意思表示,也不能免除开发商对逾期交房违约责任的承担。

最后,开发商应承担的责任属于延期履行责任。根据《城市房地产开发经营管理条例》以及相关判例,商品房的交付日期在商品房不符合交付条件,但"已实际交付的情况下,如果出卖人能够完成办理房地产权证的,以符合交付条件之日为交付日,不能完成办理房地产权证的,以未交付论"。[①] 说明符合交付条件的转移占有日期才是合法有效的"交付日期",上述两种情形中,合法的"交付日期"都迟于约定的交付日期,因此都属于逾期交付行为,都要承担逾期交付违约责任。

(二)风险责任的确认及分担

风险责任是因不可抗力或意外事件等不可归责于当事人的事由而导致标的物毁损、灭失。根据《合同法》第 142 条规定:"标的物毁损、灭失的风险,在标的物交付之前由出卖人承担,交付之后由买受人承担,但法律另有规定或者当事人另有约定的除外。"风险责任从法理上讲,是随着标的物的所有权转移而转移的。如前所述,由于我国房屋所有权的转移是以办理登记为生效要件,所以,房屋所有权的转移时间和标的物的交付时间存在差异,在房屋交付使用后至办理所有权登记手续前的时间内,标的物发生意外风险的责任如何承担,现行法律法规均无明确规定。我们认为,既然《合同法》第 142 条是针对所有买卖合同标的物作的规定,

---

① 李长吉:《关于商品房交付使用条件的法律探讨》,载《知识经济》2008 年第 5 期。

并没有明确区分动产和不动产,而且,根据该条"法律另有规定或当事人另有约定的除外"的规定,在法律法规没有规定或者当事人没有约定的情况下,房屋的风险转移应适用该条规定。因此,《商品房买卖合同解释》第 11 条第 2 款明确规定:"房屋毁损、灭失的风险,在交付使用前由出卖人承担,交付使用后由买受人承担;买受人接到出卖人的书面交房通知,无正当理由拒绝接收的,房屋毁损、灭失的风险自书面交房通知确定的交付使用之日起由买受人承担,但法律另有规定或者当事人另有约定的除外。"

(三)开发商逾期交房的责任认定

交房即"房屋的交付"是商品房买卖合同履行中的重要环节,交房不同于普通买卖合同中的交货,而是具有显著的合同程序性与专业技术性的活动。具体而言,从程序上是由开发商的通知收房、房屋交付与购房者的质量验收、书面确认四个基本环节组成,专业技术方面则涉及房屋质量验收、相关房地产资料交付与出示两大基本问题。我们认为,开发商的交房义务实际上是由书面通知义务、交付房屋的主义务及交付、提示必要文件资料的附随义务组合构成的义务群。根据司法解释规定,在当事人没有特别约定的情况下,"转移占有"视为交房完成,交房在法律上是房屋毁损、灭失风险划分的标志,同时在实践中也是开发商开始承担保修责任,购房者开始缴纳物业费的时间点。

1. 正确区分及审查逾期交房的两类情况

(1)开发商未按约定期限交房

这一类情况是开发商方的主动违约,未能完全按照合同约定的方式、程序、期限提出交房。"交房"具体落实在开发商按照约定通知购房者,且将房屋交与购房者初步验收的行为,凡不具备完备形式、程序的行为均不属于合格的"交房"。在这类情形中,需要重点审查开发商是否违反了合同对交房期限、程序的细节约定,且是否有免责事由。

目前的预售合同范本一般规定,开发商需在交房前的一定期限内书面通知购房者,并由购房者预留送达地址,这一程序是为了保障购房者的知情权和准备期限。因此,开发商按期交房,首先应当是以书面形式及合同约定的送达方式向购房者告知,若开发商未完整履行合同所约定的通知义务,如未以书面形式、未按购房者预留的地址或未在规定期限内告知购房者,购房者可相应延后或不收房,逾期责任由开发商承担。反之,如开发商履行了书面送达义务,收房通知已经按期到达预留地址,因购房者自身的原因未能及时阅读知晓,则应自行承担风险、责任。在举证责任方面,购房者只需主张己方没有在约定期限内收到书面交房通知,开发商如辩称未逾期,则需举证证明己方已经按期书面通知。

另外,当前实践中有部分开发商要求购房者先签署收房文件后验房,而购房者不同意,从而导致未能进行验房程序,引发纠纷,这种情况是开发商违背了交房程序,购房者当然有权拒绝,也应视为开发商未"交房",应认定开发商承担逾期交房责任。当然,对这一事实的存在应由购房者举证证明。

(2)购房人合理拒绝收房视为开发商未按期交房

第二类情况是开发商已经按期提出交房,但购房人拒绝收房。购房人拒绝收房,首先是实际未接收房屋,如购房者已收取钥匙,实际使用房屋或有其他可以被认为是认可交房完成的情形,均不能再主张开发商的逾期交房责任;其次是必须基于合理理由,即根据法律可认定开发商的交付的房屋或资料不合格,如购房者的拒绝理由经法院审查不成立(不属司法解释所指的"正当理由"),则需要自行承担风险。《商品房买卖合同解释》第11条明确规定,买受人接到出卖人的书面交房通知,无正当理由拒绝接收的,房屋毁损、灭失的风险自书面交付通知确定的交付使用之日起由买受人承担。此类情况具体又可以分为两种。

第一,开发商未提供应当提供的文件致购房人拒绝收房。根据合同约定和相关法规规定,开发商在交房时应该主动出示、提交部分文件,这类文件又可分为两种:一种是用以证明房屋已处于法律适格的可交付状态的文件(如住宅交付许可证、物业维修基金缴纳证明),另一种是符合规范的房屋保修书、使用说明,这是为了保证购房者充分享有收房后的使用利益。

应当注意到,当前购房人的权利意识逐渐成熟,在验房过程中也可根据合同或相关规定,选择性地要求开发商提供相关文件,如开发商拒绝提供,则容易引发纠纷。如房屋实测面积的有关资料。另外,根据相关法规,房地产项目竣工后,经验收合格方可交付使用,因此,项目的竣工验收备案表也是目前实践中购房者一般要求提供的材料,且备案表中的每二项均应当通过验收备案,(住宅小区的验收应当按照《城市房地产开发经营管理条例》第18条规定的五项内容综合验收),如开发商未能提供完全合格的验收备案表,则无法证明房屋已经竣工验收合格,购房者可拒绝收房。

此类当事人可要求提供，而开发商应当提供的文件需有两个条件：一是，合同中未明确约定应由开发商提供；二是，相关规范性文件规定的证明房屋具备交付使用条件的文件。不属此类文件的，当事人要求提供而开发商未提供的，不构成购房者拒绝收房的合理理由。如果购房者主张开发商未主动出示第一类文件，诉讼中应该由开发商举证己方已主动出示、提交。而后者，则应该由购房者举证证明己方在交房验收过程中向开发商方面主张出示相关文件，而开发商未能提供，法院应审查购房者主张的文件是否可以被认定为是前述应当提交的文件。

第二，房屋质量问题。《合同法》规定，标的物质量不符合质量要求，致使不能实现合同目的的，买受人可拒绝接受标的物。一般认为，标的物在交付时被发现无法满足基本合同目的的，买受人可拒绝接受，视为卖方未能交付，承担相应逾期给付责任，而普通的质量问题，应当通过出卖人的物之瑕疵担保责任制度（如履行维修义务）来解决。

商品房的交付，实际上也是购房者对房屋质量进行初步验收的过程，随着验房程序愈来愈被购房者重视，在交房验房程序中可能被购房者提出的质量问题也越来越多，易发生纠纷。何种程度的质量问题可以成为购房者拒绝收房的"合理理由"。司法解释中列明了"房屋主体结构质量不合格"与"房屋质量问题严重影响正常居住使用"两项可以由购房者解除合同的情形。实践中一般认为，这两类情形下购房者也可拒绝收房，前一标准直接源自《合同法》的规定，较为明确，而对后者的理解在司法实践中则存在较大争议。我们认为，在适用这一标准时，需要对根据购房人收房后的使用方式及不同的房屋类型来区分进行。

一种是毛坯房。毛坯房不带装修；购房者通常需在收房后进行装修，在适用司法解释"严重影响正常居住使用"的标准时，应当更加注重购房人实际使用利益，即便质量问题对居住不构成严重影响，但如果将导致装修无法正常进行，也可以认为构成购房人拒收房屋的合理理由。另一种是全装修房。全装修房是开发商已经完成装修的房屋，应当达到交房后即可适宜居住的标准，在适用司法解释"严重影响正常居住使用"的标准时，应更注重居住需求，考虑到装修工程的必要质量要求，比如目前上海相关规定要求装修后房屋的空气质量必须达到强制性最低标准，否则可拒绝收房。我们认为，对全装修房的收房验收，实际上是对房屋工程及装修工程的双重验收,可根据装修的附加要求审查购房人提出的质量问题是否构成合理拒收理由。

如购房者主张质量问题而拒绝收房,应当负责举证物业人员在验收单上明确记载了验房过程中发现的问题,且不得收取钥匙或实际使用房屋、办理合同约定的交接手续。凡属在收房后发现的质量问题,都属于瑕疵担保责任范畴,而不是逾期交房责任,购房者可另行主张权利。对于判断购房者提出的质量问题理由是否成立,应在诉讼中首先通过专业鉴定确认具体的质量问题,再由法院判定质量问题是否达到了可拒绝接收的标准。

总体而言,我们认为,在质量问题上适当地扩大司法解释中的认定标准,在当前购房人相比开发商实际处于弱势地位,且开发商往往不积极履行维修义务的情况下,有利于保护购房人利益,敦促开发商尽快解决房屋质量问题。在具体认定时,可以参照相关的工程标准,正确区分开发商的交房义务与瑕疵担保责任。

2. 逾期交房的责任承担方式

对于逾期交房的责任承担,应本着"有约定从约定,无约定从法定"的原则处理。商品房预售合同中约定了逾期交房的违约处理方式,则应按合同办理,在司法实践中只存在约定的违约金是否过高而请求调整的问题。如果合同中没有约定逾期交房的违约责任,买受人只能主张损失赔偿,应由买受人举证证明因开发商逾期交房而给他带来的直接损失。这里应注意一个时间节点的问题,即开发商逾期交房的期间应从合同约定的最迟交房日起至业主实际收房日止。

3. 开发商免责情况的审查

如开发商对于逾期交房的事实主张免责,则对免责事由负有举证责任。司法实践中,开发商主张免责的事由主要集中在因不可抗力而导致逾期交房以及因第三人的原因造成开发商逾期交房这两种情况。对此应区别审查。

(1)对于不可抗力的免责审查

我国《合同法》规定,所谓不可抗力,是指不能预见、不能避免并不能克服的客观情况,因不可抗力不能履行合同的,根据不可抗力的影响,部分或者全部免除责任。商品房预售合同中出现的不可抗力事件主要集中在房屋建设施工中的突发情况,如重大自然灾害和特殊社会事件导致的停工。经审查,如确实存在不可抗力事件而致开发商不能按期交房的,应根据不可抗力造成的影响免除开发商相应的民事责任。在认定过程中值得考虑的是,开发商是否在不可抗力出现后及时告知了购房人以减轻购房人的损失,如未及时告知,导致购房人的利益受损,仍应承担相应违约责任。(如购房人根据预期收房时间,签订了到期向租赁人交房的房屋出租合同)。

(2)对于因第三人的原因而主张免责的审查

在商品房预售合同纠纷中,司法实践中,开发商提出的所谓第三人的原因主要有:因工程队的施工质量问题而造成施工停工、因拖欠民工工资致民工停工而延误工期、因工地周边居民抗议而暂缓施工、因政府规划改变而延缓工期等。根据合同相对性原则及《合同法》第121条的规定,开发商不能请求免责,仍应向业主承担逾期交房的违约责任,开发商与第三人间的纠纷由双方另行解决。

但有一种特殊情形值得注意,即因政府政策的原因或规划改变而导致开发商不能按期交房的情形,房地产开发项目与政府行为密切相关,政府的规划变更往往会直接影响项目进度,这种情形虽不能直接归类于不可抗力范畴,但可考虑归类于情势变更。对于因此类情况而致使开发商逾期交房的,开发商能否免责,实务上存在很大争议。有观点认为,我国《合同法》确立的是严格责任制度,一方当事人违反合同规定,除不可抗力外,均应向合同相对方承担违约责任。我们不同意这种观点,因为此类情况也是开发商不能预见、不能避免并不能克服的客观情况,不能归责于开发商,完全刚性地适用《合同法》的严格责任制度,在处理这类纠纷时会造成明显不公,应根据情势变更原则和公平原则并结合案情实际认定开发商免责。根据《合同法解释(二)》第26条规定的精神,继续按合同约定的期限交房对开发商而言是明显的不公平,开发商可以请求法院对该条款予以变更。①

(四)开发商逾期交房应依法承担违约责任?

1. 购房人有权要求开发商支付违约金并继续履行交付房屋的义务

根据《合同法》的规定,当事人就迟延履约定违约金的一违约方支付违约金后,还应当履行债务。

2. 购房人有权要求支付违约金并解除合同

(1)法定解除。依据《合同法》第94条规定,有下列情形之一的,当事人可以

①　周峰、李兴:《商品房买卖合同纠纷中开发商的几类违约责任认定》,载《法律适用》2010年11期。

解除合同:在履行期限届满之前,当事人一方明确表示或者以自己的行为表明不履行主要债务;当事人一方迟延履行主要债务,经催告后在合理期限内仍未履行;当事人一方迟延履行债务或者有其他违约行为致使不能实现合同目的的。如果商品房始终未具备交付条件或长期无法履行交房的义务,导致购房人无法实现购房目的,购房人有权解除合同。

(2)约定解除。《商品房买卖合同(示范文本)》第9条第2款规定,出卖人逾期超过一定期限,买受人有权解除合同,买受人解除合同的,出卖人应自买受人解除合同通知到达之日起一定期限内退还全部房款,并按买受人累计已付款的一定比例支付违约金。

(3)合同解除的法律后果。《合同法》第97条规定,合同解除后,尚未履行的,终止履行;已经履行的,根据履行情况和合同性质,当事人可以要求恢复原状、采取其他补救措施,并有权要求赔偿损失。

3. 购房人有权要求赔偿损失

《合同法》第114条规定,当事人可以约定一方违约时应当根据违约情况向对方支付一定数额的违约金,也可以约定因违约产生的损失赔偿额的计算方法。约定的违约金低于造成损失的,当事人可以请求人民法院或者仲裁机构予以增加;约定的违约金过分高于造成的损失的,当事人可以请求人民法院或者仲裁机构予以适当减少。

《商品房买卖合同解释》第16条规定,当事人以约定的违约金过高为由请求减少的,应当以违约金超过造成的损失30%为标准适当减少;当事人以约定的违约金低于造成的损失为由请求增加的,应当以违约造成的损失确定违约金数额。第17条规定,商品房买卖合同没有约定违约金数额或者损失赔偿计算方法,违约金数额或者损失赔偿额可以参照以下标准确定:逾期交付使用房屋的,按照逾期交付使用房屋期间有关主管部门公布或者有资格的房地产评估机构评定的同地段同类房屋租金标准确定。根据私法自治原则,如果当事人约定了违约金,应当优先适用违约金条款,只有在双方没有约定违约金的情况下,才能适用第17条规定。

实务中,常见买受人诉出卖人未向其发出交付通知,致使其迟延收房,因而向出卖人主张迟延交付违约金。此时法院通常要求出卖人提供通知的证据,而且不认可电话、短信、电子邮件、普通信函、报纸公告等通知形式,甚至连特快专递取得了交寄回执的,只要没有买受人本人签收,也不认可通知到达了买受人,结果大多都是出卖人承担不利后果,支付给买方一大笔违约金。这种做法,显然是把通知当作交付的要件。实务中有的法官认为,卖方的交付义务主要就是两项:竣工验收合格、书面通知买受人。凡不能证明通知了买受人,致使交付迟延,就要由出卖人承担责任。这种认识,可能来自建设部《商品房买卖合同(示范文本)》第11条:商品房达到交付使用条件后,出卖人应当书面通知买受人办理交付手续《商品房买卖合同解释》第11条规定的"买受人接到出卖人的书面交房通知",也强调了"书面交房通知"。我们认为,交付必须经书面通知,既不合法理,也不符合客观实际,只会导致无谓纠纷增加。

实务中,开发商一次交付往往有数百套房屋,买受人有的在当地,有的在异地,有的急于收房,有的意在转手,开发商的书面通知要一个个取得买方本人的签收,几乎是不可能的。即使当时工作很细致,一个个客户都通知到了,时过境迁之后,客户声称没有收到通知时,开发商再要回头找到一两年前的通知证明非常困难。所以这种案件,只要买方起诉,卖方大都会陷于举证不能的困境。这种情况鼓励了一些买受人恶意诉讼,谋求不正当的利益。

交付通知的意义仅在于告知买受人交付的时间和地点。就算没有通知,买受人是否就无法接收房屋呢?显然不是。商品房买卖都有书面合同,合同中都会约定房屋竣工交付的时间,至于交付的地点,就是商品房坐落的地点,买受人不可能找不到。如果把书面通知作为交付的要件,实际上给买受人不诚信提供了机会。在司法解释没有改变的情况下,出卖人可以与买受人通过明确的约定来排除风险、避免纠纷。出卖人可以与买受人约定如下补充条款:本商品房于×年×月×日前交付,如买受人未收到出卖人的交付通知,应当以上述交付期间届满之目为交付日期,以商品房所在地为交付地点。①

七、商品房"一房数卖"合同效力认定②

"一房数卖"是我国房产制度改革中出现的突出问题,在我国住房制度改革以前,虽然存在,但问题并不突出。这缘于我国当时住房大部分为公房,私房相对较

---

① 颜雪明:《商品房交付纠纷的法律分析》,载《仲裁研究》2011年第3期。
② 奚晓明、韩延斌、王林清著《房地产纠纷裁判思路与规范指引》(下)人民法院出版社,2014年,第613-616页。

少，从而导致私房买卖较少。各个单位建造的是公房，企业拥有的是公房，职工分配的是公房，公房的所有权人是国家或者单位，流转非常缓慢，并且流转多为国家或者单位分配的一种利益流转，买卖较少。住房制度改革后，我国的住房向私有房发展，"一房数卖"才变得日益突出。近年来，随着我国房价的不断走高，不少人为牟取更高的经济利益，将自己所有的商品"一房数卖"，这带来的一系列法律问题正日益引起我们的深思。

商品房"一房数卖"，为一物数卖的一种形式，也称二重买卖，是指房地产开发商将同一房屋出售给不同的两个或两个以上的买受人，并分别与之签订商品房买卖合同的情况。"一房数卖"包括两种情况：1. 出卖人尚未将房屋所有权转移给前买受人之前，又将该房屋出卖；2. 出卖人已将房屋交付并转移所有权给前买受人后，又签订买卖合同出卖该房屋。有人认为，对于第二种情形，依据《城市房地产管理法》的规定，第一买受人已经依法取得了房屋的所有权，房地产开发商在这之后再与第三人签订以该商品房为标的的买卖合同，实际上是无权处分他人财产的行为，并不是将自己所有的房屋"一房数卖"的行为，他们所签的合同为效力待定合同。取得房屋所有权的先买方可以以物权排他性的效力取得房屋，而第三人并不能主张取得房屋所有权，只能向出卖方主张债权，故在先买方已经办理房屋过户手续后，售房人再次将房屋出卖给他人的行为并不属于"一房数卖"。

据此，商品房"一房数卖"具有以下特征：第一，商品房的"一房数卖"的主体是特定的，即销售方为房地产开发企业。在商品房的"一房数卖"中，要出售房屋的是房地产开发商，而受让方则可以是任何自然人、法人，也可以是其他组织。第二，商品房"一房数卖"中房地产开发商与不同买受人签订的两个合同中，标的是具有特定性的物，是以同一房屋为标的签订的两个买卖合同，同时存在两个债权，但不能并存两个物权，这才会引起旁屋所有权的归属纠纷。第三，商品房的第二次买卖是在先买人签订买卖合同之后，办理过户登记手续之前发生的，如果先买人已经办理了登记手续，也就依法取得了对房屋的所有权，房地产开发企业若又与他人签订房屋买卖合同，不构成"一房数卖"。第四，在前后两个房屋买卖合同中，房地产开发商存在违约或欺诈，而第一买受人一般无过错，第二买受人可能是被欺诈，也可能存在主观恶意。第五，房地产"一房数卖"的行为必然导致买受人利益受损，一方买受人的债权得不到实现。

关于商品房"一房数卖"合同效力如何认定的问题,司法实践中主要有三种观点:

第一种观点认为,我国《合同法》第 132 条第 1 款"出卖的标的物,应当属于出卖人所有或者出卖人有权处分"的规定为强制性规定,依据《合同法》第 52 条第(5)项的规定,违反强制性规范的合同为无效合同。该观点属于无效说。

第二种观点认为,出卖他人之物的买卖合同属于《合同法》第 51 条所规定的无权处分合同,依据该条规定:"无处分权的人处分他人财产,经权利人追认或者无处分权的人订立合同后取得处分权的,该合同有效。"该观点属于效力待定说。

第三种观点认为,商品房"一房数卖"的合同应当认定有效,此观点属于有效说。该学说又有两种主张,一是主张我国应采取物权行为理论。认可负担行为与处分行为的区分,从而使出卖他人之物的买卖合同成为生效合同。二是认为在我国立法采取的债权形式主义的物权变动模式下,债权合同效力的发生并不直接引起物权变动的法律效果,物权变动法律效果的发生,需以生效的债权合同与交付行为或者登记行为的法律事实构成为前提。因此,买卖合同中,标的物所有权能否发生转移,是出卖人能否依约履行合同的问题。

我们同意上述第三种观点。

根据我国《民法通则》第 72 条、《合同法》第 133 条的规定,标的物的所有权自标的物交付时起转移,但法律另有规定或者当事人另有约定的除外。另据《城市房地产管理法》《城市房地产开发经营管理条例》等法律法规规定,房屋所有权转移、变更应当办理登记。依此规定,动产买卖标的物所有权的转移以交付为准,不动产买卖标的物房屋的所有权转移以登记为准。从法学理论上讲,我国民事立法采用的是债权形式主义的物权变动模。此模式的特点是:一方面区分债权变动与物权变动的法律事实基础,认为当事人之间生效的债权合同仅能引起债权变动的法律效果。即生效的债权合同结合交付或者登记手续的办理,方能发生物权变动的法律效果。另一方面,它不认可在债权合同之外独立存在有引起物权变动的物权合同,认为交付或者登记手续的办理只是事实行为。因此,在此模式下,当出卖人与买受人订立买卖合同后,如未向买受人交付标的物或者办理登记手续,标的物所有权就不发生转移。此时,作为标的物所有权人的出卖人就同一标的物与其他人另行订立的买卖合同均为有效合同。在出卖人将标的物交付与前买受人或者办理登记手续后，买受人取得标的物所有权，成为所有权人。出卖人在将标的物交付或者办理登记手续后，又出卖该标的物与他人的行为，则属于无权处分行为，根据《合同法》第51条的规定，无权处分行为为效力待定合同。因此，不动产"一房数卖"中的数个买卖合同均可确认为有效，出卖人只是承担不能交付标的物的违约责任。我国在债权形式主义模式下，物权要发生变动，不但当事人之间需有债权意思表示，标的物还须履行登记或交付的法定方式，动产的物权变动以交付为准，而对于不动产所有权的取得，我国房地产管理规定中则以登记注册为要件。此外，《买卖合同解释》第9、10条对"一物数卖"亦采取的是合同均有效的观点，对统一司法实践的意义重大。

需要注意的是，《商品房买卖合同解释》中第8、9、10条规定的内容与一房多卖纠纷案件的处理有关。通过对第8、9、10条的分析，可以被认定为无效的合同有以下两种情况：第一，出卖人故意隐瞒合同标的物为拆迁补偿安置房屋的事实而就该房屋签订的合同无效；第二，出卖人与第三人恶意串通，另行订立商品房买卖合同并将房屋交付使用，导致在先购房人无法取得房屋，经在先购房人请求，可以确认出卖人与第三人订立的商品房买卖合同无效。之所以得出以上结论是因为：第一，第8条规定的是可被请求解除的合同的情况，可被解除的合同在被解除前，应为有效合同。第二，第9条将无效合同与可被撤销、解除的放在一起进行规定，但不难看出，拆迁补偿安置房屋因其对买受人的特殊要求，其他人是被禁止购买的，所以如买受人为非被拆迁人，则该购房合同当然无效。如果该拆迁补偿安置房屋有数个买卖合同，则除被拆迁人签订的合同外，其他合同均无效。第9条规定的另外一种情况是出卖人故意隐瞒所售房屋已经出卖给第三人的事实而签订的合同，即基于出卖人的欺诈而签订的合同，根据《合同法》第52、54条的规定，因欺诈所签合同属于可撤销的合同，只有该合同损害国家利益时，才为无效合同。所以，通常情况下，出卖人故意隐瞒所售房屋已经出卖给第三人的事实而签订的合同为可撤销合同，而非无效合同。第三，第10条规定的是因恶意串通导致合同无效的情况，这与《合同法》第52条的规定相符。

第五章

房地产抵押与按揭法律制度

基本理论

房地产抵押是指抵押人以其合法的房地产以不转移占有的方式向抵押权人提供债务履行担保的行为。债务人不履行债务时,抵押权人有权依法以抵押的房地产拍卖所得的价款优先受偿。

一、房地产抵押的形态

从我国现行法的规定来看,房地产抵押如下有两种形态:

(一)无地上定着物的土地使用权抵押

1. 建设用地使用权抵押

在国有土地上所设定的建设用地使用权包括出让建设用地使用权和划拨建设用地使用。依照《担保法》和《物权法》的规定,出让建设用地使用权可以抵押,法律并未对其设定多的限制,只要不违反禁止性的规定,抵押人与抵押权人签订书面形式的抵押合同、办理押登记手续,即可以在出让建设用地使用权之上设定抵押权。但是,划拨建设用地使用权则上不得抵押,只有在符合法律特别规定的情况下,才能进行抵押。依照《城镇国有土地用权出让与转让暂行条例》和《划拨土地使用权管理暂行办法》的规定,符合以下条件的拨建设用地使用权可以抵押:(1)建设用地使用权人为公司、企业、其他经济组织和个人;领有建设用地使用权证;(3)具有地上建筑物、其他附着物合法的产权证明;(4)签订设用地使用权出让合同,向当地市、县人民政府补交建设用地使用权出让金或者以抵押所收益抵交建设用地使用权出让金;(5)经市、县人民政府国土资源管理部门和房产管理部批准。可见,划拨建设用地使用权只有是转变为出让建设用地使用权之后才能用于抵押。

2. 土地承包经营权抵押

依照《物权法》第180条的规定,以招标、拍卖、公开协商等方式取得的荒地等土地承包营权可以抵押。《农村土地承包法》第49条规定:"通过招标、拍卖、公开协商等方式承包农村土地,经依法登记取得土地承包经营权证或者林权证等证书的,其土地承包经营权可以依法采取转让、出租、入股、抵押或者其他方式流转。"

(二)房屋与建设用地使用权一并抵押

房屋与建设用地使用权一并抵押是房产与地产一体处分原则的具体体现。房屋与建设用地使用权一并抵押,既可以是房屋与国有土地上的建设用地使用权一并抵押,也可以是房屋与集体土地上的建设用地使用权一并抵押。关于前者,《担保法》第36条中规定:"以依法取得的国有土地上的房屋抵押的,该房屋占用范围内的国有土地使用权同时抵押。以出让方式取得的国有土地使用权抵押的,应当将抵押时该国有土地上的房屋同时抵押。"《物权法》第182条规定:"以建筑物抵押的,该建筑物占用范围内的建设用地使用权一并抵押。以建设用地使用权抵押的,该土地上的建筑物一并抵押。""抵押人未依照前款规定一并抵押的,未抵押的财产视为一并抵押。"关于后者,《担保法》第36条中规定:"乡(镇)、村企业的土地使用权不得单独抵押。以乡(镇)、村企业的厂房等建筑物抵押的,其占用范围内的土地使用权同时抵押。"《物权法》第183条规定:"乡镇、村企业的建设用地使用权不得单独抵押。以乡镇、村企业的厂房等建筑物抵押的,其占用范围内的建设用地使用权一并抵押。"

二、房地产抵押的标的物

(一)可以抵押的房地产

依照《担保法》第34条和《物权法》第180条的规定,下列房地产可以抵押:(1)建筑物即房屋;(2)建设用地使用权;(3)以招标、拍卖、公开协商等方式取得的荒地等土地承包经营权;(4)正在建造的建筑物。

（二）不得抵押的房地产

依照《城市房地产抵押管理办法》的规定,下列房地产不得设定抵押:(1)权属有争议的房地产;(2)用于教育、医疗、市政等公共福利事业的房地产;(3)列入文物保护的建筑物和有重要纪念意义的其他建筑物;(4)已依法公告列入拆迁范围的房地产;(5)被依法查封、扣押、监管或者以其他形式限制的房地产;(6)依法不得抵押的其他房地产。例如,《担保法》、《物权法》均规定,土地所有权不得抵押;耕地、宅基地、自留地、自留山等集体所有的土地使用权不得抵押(法律另有规定的除外)。以法律禁止抵押的房地产设定抵押的,抵押无效。

（二）房地产抵押登记的效力

在房地产抵押登记问题上,我国现行法采取了登记生效主义,即以抵押登记作为房地产抵押权成立的条件。未经登记的,房地产抵押权不能设立。对此,《物权法》第187条规定,以建筑物、建设用地使用权、土地承包经营权、正在建造的建筑物抵押的,应当办理抵押登记,抵押权自登记时设立。

三、房地产抵押权的效力

（一）房地产抵押权担保的债权范围

依照《担保法》第46条和《物权法》第173条的规定,除当事人另有约定外,房地产抵押权担保的债权范围包括主债权及利息、违约金、损害赔偿金和实现抵押权的费用。主债权是指于房地产抵押权设定时当事人决定为之担保的债权;利息为原本债权的法定孳息,包括约定利息、法定利息与迟延利息;违约金是债务人不履行债务时依法律规定或者合同的约定应向债权人一方支付的一定数额的款项;损害赔偿金是债务人违反合同而给债权人造成损失时,应向债权人支付的赔偿款项;实现抵押权的费用是指为依法实现抵押权所支出的费用,如抵押物的拍卖费用、抵押物的评估费用等。

（二）房地产抵押权效力所及的标的物范围

房地产抵押权效力所及的标的物范围,是指于抵押权依法实现时抵押权人得以变价的标的物的范围。在房地产抵押权成立后,抵押权的效力不仅及于用于设定抵押权的物即抵押原物,而且还可及于抵押物的从物、从权利、附合物以及孳息等。

（三）房地产抵押人的权利

抵押人的权利，是抵押权对抵押人的效力。在房地产抵押权中，抵押人主要享有如下权利：

1. 抵押物的处分权

房地产抵押权成立后，抵押人并没有丧失对房地产的所有权，其仍为抵押房地产的所有人。因此;抵押人享有对抵押物的处分权，但这里的处分只能是法律上的处分，而不能是事实上的处分，因为事实上的处分会导致抵押物价值的灭失。

抵押物法律上的处分是指于抵押权设定后，抵押人将抵押物转让给第三人。对此，《物权法》作了不同于《担保法》的规定。《担保法》第49条第1款规定："抵押期间，抵押人转让已办理登记的抵押物的，应当通知抵押权人并告知受让人转让物已经抵押的情况;抵押人未通知抵押权人或者未告知受让人的，转让行为无效。"但《物权法》第191条第2款则规定："抵押期间，抵押人未经抵押权人同意，不得转让抵押财产，但受让人代为清偿债务消灭抵押权的除外。"可见，依照《物权法》的规定，只能经抵押权人同意的，抵押人才能处分抵押物。

2. 抵押物的设定担保权

抵押物的设定担保权，是指抵押人于抵押权设定后再以同一财产设定担保物权。在房地产抵押权设立后，抵押人有权就同一房地产再设立抵押权。抵押人在同一房地产设立两个以上抵押权时，应当按照抵押登记的先后顺序确定各抵押权的顺序。

3. 抵押物的出租权

抵押物的出租权，是指抵押人于设定抵押权后得将抵押物出租的权利。房地产抵押权设立后，抵押人有权将用于抵押的房地产出租。在这种情况下，同一房地产上就存在着抵押权和租赁权两种权利。对此，《物权法》第190条中规定："抵押权设立后抵押财产出租的，该租赁关系不得对抗已登记的抵押权。"就是说，在房地产先抵押后租赁的情况下，租赁权不得对抗抵押权，即在房地产抵押权实现时租赁合同当然终止，抵押物的受让人不承受该财产上原有的租赁权负担。与房地产先抵押后租赁的情形相反，在房地产已出租的情况下，房地产权利人也有权再设立抵押权。对此，《物权法》第190条中规定："订立抵押合同前抵押财产已出租的，原租赁关系不受该抵押权的影响。"就是说，在房地产先租赁后抵押的情况下,租赁权可以对抗抵押权,即在抵押权实现时,抵押物的受让人应当承受原有租赁权负担。

4. 抵押物上用益物权的设定权

抵押物上用益物权的设定权是指抵押人于抵押权设定后,抵押人可以在抵押物上设定用益物权的权利。例如,在建设用地使用权设立抵押权后,建设用地使用权人有权在建设用地设立地役权。在抵押物上设立用益物权的情况下,应当依照物权的效力规则确定它们的先后顺序。由于抵押权成立在先,故后设立的用益物权,在效力上不能优于先设立的抵押权。就是说,在抵押权实现时,于房地产抵押后设定的用益物权应归于消灭。

5. 抵押物的占有权

抵押物的占有权是指抵押人于抵押权设定后仍得占有抵押物的权利。房地产抵押权是不转移房地产占有的担保物权,因此,抵押人于抵押权设定后,有权对抵押物继续为占有、使用、收益。抵押人不仅可以自己占有抵押物,而且也可让他人占有抵押物。

四、房地产抵押权人的权利

抵押权人的权利,是抵押权对抵押权人的效力,这是抵押权的主要效力。在房地产抵押权成立后,抵押权人的权利主要有以下几项:

(一)抵押权的保全权

抵押权的保全权是指在抵押期间于抵押物的价值受到侵害时,抵押权人享有的保全其抵押权的权利,亦即抵押权受到侵害时抵押权人得采取的救济措施。对此,《物权法》第193条规定:"抵押人的行为足以使抵押财产价值减少的,抵押权人有权要求抵押人停止其行为。抵押财产价值减少的,抵押权人有权要求恢复抵押财产的价值,或者提供与减少的价值相应的担保。抵押人不恢复抵押财产的价值也不提供担保的,抵押权人有权要求债务人提前清偿债务。"

(二)抵押权的处分权

在房地产抵押权中,抵押权人的处分权主要有如下几项:

1. 抵押权的抛弃

抵押权是抵押权人的权利,且不具有人身从属性,因此,抵押权人有权抛弃抵押权。所谓抵押权的抛弃,是指抵押权人放弃其优先受偿的担保利益。在抵押权抛弃后,抵押权人的债权即成为不受抵押权担保的债权。在房地产抵押权中,抵押权人抛弃抵押权的,应向抵押人为抛弃的意思表示,并应办理注销登记。如果债务人以自己的房地产设定抵押,抵押权人放弃抵押权的,则其他担保人在抵押权人丧失优先受偿权益的范围内免除担保责任,但其他担保人承诺仍然提供担保的除外。

2. 抵押权的转让

抵押权的转让是指抵押权人将抵押权让与他人。抵押权具有从属性,因此,抵押权不能与主债权分离而为转让。《担保法》第50条规定:"抵押权不得与债权分离而单独转让或者作为其他债权的担保。"《物权法》第192条规定:"抵押权不得与债权分离而单独转让或者作为其他债权的担保。债权转让的,担保该债权的抵押权一并转让,但法律另有规定或者当事人另有约定的除外。"依照这一规定,抵押权可以与债权一同转让或者作为其他债权的担保。但是,在法律另有规定或者当事人另看约定时,抵押权并不随债权一并转让。"法律另有规定",如《物权法》第204条规定:"最高额抵押担保的债权确定前,部分债权转让的,最高额抵押权不得转让,但当事人另有约定的除外。""当事人另有约定",既可以是抵押权人在转让债权时,与受让人约定,只转让债权而不转让担保该债权的抵押权;也可以是第三人专为特定的债权人设定抵押的,该第三人与债权人约定,被担保债权的转让未经其同意的,抵押权因债权的转让而消灭。

3. 抵押权顺位的抛弃

抵押权的顺位又称为抵押权的次序,是指同一财产上有数个抵押权时,各个抵押权人优先受偿的先后次序。因此,抵押权顺位的抛弃就是指抵押权人放弃其顺序利益。与抵押权抛弃不同的是,抵押权顺位抛弃后,抵押权人仍享有抵押权,只不过其抵押权位于抛弃前已有的各抵押权的最后顺序。因此,抵押权顺位的抛弃对于抵押权顺位抛弃后设定的抵押权不生效力,即于抵押权顺位抛弃后成立的抵押权的顺位不能位于抛弃人的抵押权顺位之前。如甲、乙、丙均为同一债务人的抵押权人,其抵押权分别为第一、二、三顺序,甲抛弃抵押权的顺位后,乙、丙的抵押权分别为第一、二顺位,而甲的抵押权为第三顺位。于此后,在同一抵押物上又设定丁的抵押权时,丁的抵押权只能为第四顺位,而不能位于甲的抵押权顺位之前。

如果债务人以自己的房地产设定抵押,抵押权人放弃抵押权顺位的,则其他担保人在抵押权人丧失优先受偿权益的范围内免除担保责任,但其他担保人承诺仍然担保担保的除外。

(三)优先受偿权

抵押权人的优先受偿权是指于债务人不履行债务时,抵押权人得以抵押物的变价优先受清偿。抵押权人的优先受偿权是抵押权的根本效力,是抵押权的基本权能。一般地说,抵押权人的优先受偿权主要表现为以下几个方面:

1. 有抵押权的债权优先于无担保权担保的债权,即抵押权人优先于一般债权人受清偿。在一般情形下,同一债务人有多个债权人的,抵押权人得优先于其他债权人从抵押物的变价优先受清偿。

2. 抵押权优先于执行权。《担保法解释》第 55 条规定:"已经设定抵押权的财产被采取查封、扣押等保全或者执行措施的,不影响抵押权的效力。"这就是说,已设定抵押权的抵押物即使被查封、扣押的,抵押权人也仍可就该财产行使抵押权;抵押物被强制执行的,抵押权人也得优先从执行的抵押物的价值中优先受偿,其他债权人只能就抵押权人实现抵押权后的余额受偿。

3. 抵押权人享有别除权。在抵押人被宣告破产时,抵押财产不列入破产财产,抵押权人有别除权,得就抵押物的变价于其受担保的债权额内受偿,而不是与其他债权人按比例受偿。

4. 先顺位抵押权优先于后顺位抵押权。在同一房地产上设定有数个抵押权的,各个抵押权之间有顺序性,即顺位在先的抵押权人得就抵押物的变价优先于顺位在后的抵押权人受偿,后顺位抵押权人只能就前一顺位的抵押权人就担保债权额受偿后的余额受偿,同一顺位抵押权人只能按其被担保的债权额比例受偿。依照《物权法》第 199 条的规定,同一房地产上存在的数个抵押权,其顺位按照登记的先后顺序确定;同日登记的,顺位相同。

应当指出的是,即使后顺位的抵押权实现时,先顺位的抵押权未到实现期,后顺位的抵押权人也不能优先于先顺位抵押权的抵押权人受偿。对此,《担保法解释》第 78 条规定:"同一财产向两个以上债权人抵押的,顺序在后的抵押权所担保的债权先到期的,抵押权人只能就抵押物价值超出顺序在先的抵押权所担保的债权的部分受偿。""顺序在先的抵押权所担保的债权先到期的,抵押权实现后的剩余价款应予提存,留待清偿顺序在后的抵押担保债权。"

五、房地产抵押权的实现

(一)房地产抵押权的实现条件

房地产抵押权的实现是指债务人不履行到期债务或者发生当事人约定的实现抵押权的情形时,抵押权人依照法律规定的程序直接处分抵押的房地产,以抵押的房地产变价并从中优先受偿其债权的法律现象。抵押权的实现使抵押权设立的目的达到,抵押权归于消灭。

《物权法》第195条规定:"债务人不履行到期债务或者发生当事人约定的实现抵押权的情形,抵押权人可以与抵押人协议以抵押财产折价或者以拍卖、变卖该抵押财产所得的价款优先受偿。"依照上述规定,房地产抵押权的实现条件包括两个:一是债务人不履行到期债务。债务履行期未届满,债务人就没有清偿债务的责任,债权人也不能请求债务人清偿。因此,在债务履行期未届满的情况下,抵押权人无权实现抵押权。只有在债权不能如期受清偿时,债权才受到了侵害,抵押权人才有权实现抵押权。二是发生了当事人约定的实现抵押权的情形。这是《物权法》的一个新规定,主要是为了满足抵押权人的特殊利益需要。

(二)房地产抵押权的实现方式

依照《担保法》和《物权法》的规定,抵押权的实现方式包括折价、拍卖和变卖三种。

1. 折价

所谓折价,即以物抵债,指在双方协议的基础上,抵押人以抵押财产折价,以该价款偿还债务,抵押权人取得抵押财产的所有权,如果抵押财产所折价款超过其所担保的债权数额,超过部分归抵押人所有;若所折价款不足以清偿所担保债权,则不足部分转为普通债权由债务人清偿。

由于折价的方式仅涉及抵押关系双方当事人,他人往往无从知晓,故可能损害其他利害关系人(如后顺位抵押权人和其他普通债权人)利益,因此应为其设定一定的条件:其一,须由抵押权人与抵押人达成有效的折价清偿(代物清偿)协议,抵押权人或抵押人不能单方决定。该协议只能在债务清偿期届满、抵押权实现条件成就后订立,否则属于法律禁止的"流押契约",不具法律效力。其二,不得损害其他债权人利益。例如,双方协议以明显不合理的低价将抵押财产折价转移于抵押权人,则构成对其他债权人(无论是否抵押权人)利益的侵害。对此,《担保法解释》第 57 条第 2 款规定:"债务履行期届满后抵押权人未受清偿时,抵押权人可以与抵押人协议以抵押物折价取得抵押物。但是,损害顺序在后的担保物权人和其他债权人利益的,人民法院可以适用合同法第七十四条、第七十五条的有关规定。"《物权法》一方面规定"抵押财产折价或者变卖的,应当参照市场价格",另一方面赋予受害的其他债权人撤销权。其三,如果抵押财产属于国有资产,应按照相关规定进行资产评估以确定其价值,不得任意定价。

抵押物折价的法律后果,是债权人取得抵押财产的所有权,而其债权则在折价范围内全部或部分消灭。如果折价抵偿后仍有剩余债务,则由债务人继续清偿,抵押人不再负担保责任;如果所折价款高于债权数额,则超出部分归抵押人所有,债权人应向抵押人偿付。

2. 拍卖

拍卖是指以公开竞价的方式将特定物品或者财产权利转让给最高应价者的买卖方式。由于拍卖具有公开、公平的特性和法定的程序保障,能够最大限度地实现抵押财产的价值,对抵押当事人和利害关系人均较为有利,因此成为各国民法普遍适用的实现抵押权的最佳方法。

根据不同的划分标准,拍卖可分为自行拍卖与委托拍卖、法定拍卖与意定拍卖、强制拍卖与任意拍卖、有底价拍卖与无底价拍卖、定向拍卖与非定向拍卖等类型。对抵押财产的拍卖采取何种方式,《物权法》未作限制性规定,根据抵押权是协议实现还是诉讼实现,抵押财产的拍卖也包括任意拍卖和强制拍卖两种方式。

基于当事人协议而实行的拍卖,属于任意拍卖。此种拍卖既可以是自行拍卖,也可以是委托拍卖,但有关法律、法规要求实行委托拍卖的(如对国有资产的拍卖),应从其规定,任意拍卖应依我国《拍卖法》规定的条件和程序进行。

因抵押权人向法院申请拍卖抵押财产、法院依照民事诉讼法中的强制执行程序进行的拍卖,即为强制拍卖。具体而言,当事人就抵押权的实现没有协商一致的,抵押权人可以向法院提起关于确认抵押权和拍卖抵押物的诉讼,在获得胜诉且判决生效后,如果抵押人仍不履行,则抵押权人有权申请人民法院依强制执行程序拍卖抵押财产。

　　根据《民事诉讼法》及最高人民法院《关于执行工作若干问题的规定》、《关于人民法院民事执行中查封、扣押、冻结财产的规定》、《关于人民法院民事执行中拍卖、变卖财产的规定》等司法解释，作为法院强制执行手段的抵押财产拍卖应遵循以下要求：①人民法院拍卖抵押财产，应当委托具有相应资质的拍卖机构进行，不得自行组织拍卖；②对于被执行人及其所抚养的家属生活所必需的居住房屋人民法院可以查封，但不得拍卖；③拍卖抵押财产时，应当委托依法成立的资产评估机构进行价格评估，对于财产价值较低或者其价格依照通常方法容易确定的，或者双方当事人及其他债权人申请不作评估的，可以不进行评估；④拍卖应当确定保留价，即只能采取底价拍卖；⑤拍卖不得侵害共有人、承租人的优先购买权。

　　抵押财产拍卖的法律后果主要表现在：①财产所有权移转拍定人。如系任意拍卖，其所有权变动以登记或交付为要件；如系强制拍卖，则自拍卖成交时转移；②如果抵押人为第三人，则拍卖完成后，抵押人取得对债务人的追偿权；③若拍卖财产存在瑕疵，给买受人造成损害，拍卖人、委托人未说明的，买受人有权向拍卖人要求赔偿；属于委托人责任的，拍卖人有权向委托人追偿；如系强制拍卖，则应由法院承担国家赔偿责任。

　　3. 变卖

　　变卖是指以一般买卖形式出卖抵押物以使债权受偿的方式。与拍卖相比，变卖具有方便、快捷、成本低的优点，但也因缺乏公开性而蕴含道德风险。因此，尽管此种方式既适用于抵押权的协议实现，也适用于诉讼实现，但在实行过程中应受到一定的限制：其一，采取变卖方式处置抵押财产的，应当参照市场价格；其二，当事人协议采取变卖方式的，其变卖不得损害其他债权人利益（如定价过低）；其三，除非经当事人及有关权利人同意，法院原则上不得采取变卖方式。抵押财产变卖后，其价款超过债权数额的部分归抵押人所有，不足部分由债务人清偿。

　　（三）抵押权实现的特殊规定

　　1. 重复抵押情形下抵押权的实现

　　重复抵押即一物多抵，指抵押人以同一抵押财产向多个债权人抵押，被担保的债权总额超过抵押财产的价值。在此情形下，拍卖、变卖抵押财产所得价款不足以清偿各抵押权人的所有被担保债权，因此必须确立该价款的清偿规则。

根据《担保法》第 54 条、《物权法》第 199 条的规定,同一财产向两个以上债权人抵押的,拍卖、变卖抵押财产所得的价款依照下列规定清偿:①抵押权已登记的,按照登记的先后顺序清偿;顺序相同的,按照债权比例清偿。②抵押权已登记的先于未登记的受偿。③抵押权未登记的,按照债权比例清偿。上述规定,确立了已登记者优先清偿、登记在先者优先清偿和未登记者按比例清偿的抵押物价款清偿规则。

此外,《担保法解释》第 77 条、78 条对一物多抵作了如下补充规定:"同一财产向两个以上债权人抵押的,顺序在先的抵押权与该财产的所有权归属一人时,该财产的所有人可以以其抵押权对抗顺序在后的抵押权。""同一财产向两个以上债权人抵押的,顺序在后的抵押权所担保的债权先到期的,抵押权人只能就抵押物价值超出顺序在先的抵押担保债权的部分受偿。顺序在先的抵押权所担保的债权先到期的,抵押权实现后的剩余价款应予提存,留待顺序在后的抵押担保债权。"根据上述规定,顺序在先的抵押权并不因抵押权发生混同(如抵押权人购得抵押财产)而消灭,而是作为所有人抵押权继续存续,顺位在后的抵押权人仅能对抵押财产在抵偿顺位在先的抵押权人(现为所有人)的债权后的余额主张权利,或在该在先抵押权消灭后主张权利。若顺序在后的抵押权所担保的债权先到期,抵押权人也有权申请拍卖、变卖抵押财产,但只能从扣除在先抵押权所担保债权数额之后的部分价款中受偿,如无剩余,则无从受偿。

2. 土地承包经营权、乡镇建设用地使用权抵押后抵押权的实现

《物权法》第 201 条规定:"依照本法第一百八十条第一款第三项规定的土地承包经营权抵押的,或者依照本法第一百八十三条规定以乡镇、村企业的厂房等建筑物占用范围内的建设用地使用权一并抵押的。实现抵押权后,未经法定程序,不得改变土地所有权的性质和土地用途。"本条是关于"四荒"土地承包经营权和乡镇、村企业建设用地使用权抵押的特别规定,旨在维持农村土地权属关系和承包经营关系的稳定,保障乡镇集体经济的发展,维护农民的基本权益。所谓"未经法定程序,不得改变土地所有权的性质",主要是指在抵押权实现后,未经法定程序(征收程序)不得将集体所有土地变更为国有土地;所谓"不得改变土地用途"是指抵押权实现后,原"四荒"土地仍须用于农业生产,原乡镇、村企业的厂房等建筑物占用范围内的建设用地仍须作为工业用地,未经法定审批程序不得改作

他用。

3. 划拨取得的建设用地使用权抵押后抵押权的实现

《担保法》第 56 条规定:"拍卖划拨的国有土地使用权所得的价款,在依法缴纳相当于应缴纳的土地使用权出让金的款额后,抵押权人有优先受偿权。"根据这一规定,以划拨取得的建设用地使用权抵押的,在抵押物拍卖后,抵押权人并不能就其价款全额优先受偿,而只能在依法向政府有关部门缴纳相当于该幅土地的建设用地使用权出让金后,就其余额优先受偿。本条规定的立法目的是维护国家的土地所有人权益,防止国有资产流失。

六、房地产按揭

按揭最早起源于英国,即英美法中的 mortgage,它是英国普通法中的一种以转移担保物所有权于债权人为特定物的担保制度。至于"按揭"这个词,则是 mortgage 粤语的音译,并由中国香港地区传入内地。房地产按揭是国内外广泛开展的一种房地产业务。简而言之,房地产按揭是指购房者向银行贷款来支付房款,并就所购房屋为贷款设定担保的行为。房地产按揭业务是由中国香港地区传入内地的。但由于中国香港地区与内地实行两套不同的法律体系,加上我国尚无明确的规范按揭制度的法律,按揭在被内地法律制度吸纳过程中发生了一些变化,不完全等同于香港地区的做法。同时按揭这个词也仅是作为商业术语来使用,而不是一个法律属于。实务中则用"个人住房担保贷款"或"住房抵押贷款"等称谓来代替"按揭"。

尽管我国法律将按揭视同抵押处理,但按揭与一般意义上的房地产抵押相比,仍有其特殊性。它表现在:

1. 主体不同

由于按揭主要适用于房地产的买卖,其主体为卖房人、购房人和获准开展按揭业务的商业银行。而房地产抵押适用所有形式的债务担保,其有关法律关系的主体为债权人或抵押权人、债务人和抵押人。按揭的债权人或按揭权人只能是进行按揭业务的商业银行。抵押中的债权人可以是银行,也可以是非银行金融机构,或其他享有债权的人。按揭的按揭人一定是购房人,但抵押中的抵押人可以是债务人,也可以是债务人以外的其他享有房地产权的人。

2. 主合同的法律性质不同

尽管按揭和抵押的主合同均属债务合同,且按揭和抵押均是主债务合同的从合同,但按揭的主合同是贷款合同,而抵押的主合同可以是贷款合同,也可以是买卖合同,或加工承揽合同、或建设工程合同等其他一切形式的债务合同。

3. 涉及的法律关系不同

按揭涉及三种法律关系,购房人与开发商或其他卖房人之间房屋买卖关系,购房人与商业银行之间的借贷关系,以及购房人与银行之间的抵押担保关系。有的按揭还会存在开发商与商业银行的保证担保关系,从而使按揭涉及的法律关系达到四种。而一般意义上的房地产抵押主要涉及两种法律关系:债权人与债务人之间的主合同关系和抵押人与抵押权人、债权人之间的抵押担保关系。

4. 标的物的范围不同

房地产抵押合同的标的是抵押人已经拥有的土地使用权和房屋所有权,按揭合同的标的可以是现有的土地使用权和房屋所有权,也可以是与预售楼有关的权益,即是正在形成的不动产物权的期待权。

5. 登记和设定的方式不同

房地产抵押依法进行抵押登记,房地产证上载明抵押设定的日期、债权金额、抵押范围等,抵押权人取得他项权证书。按揭登记时,标的物已取得产权的,产权过户后进行类似于抵押登记的按揭登记,产权证交商业银行保存,在按揭款付清后发还给按揭人(购房人);标的物未取得产权的,预售合同和按揭贷款合同交房地产登记部门备案登记,备案登记后的预售合同和按揭贷款合同由商业银行保存,在按揭款付清后发还按揭人。按揭期间取得产权证的,产权证由银行保存,在按揭款付清后发还按揭人。按揭期间取得产权证的,产权证由银行保存,在按揭款付清后发还按揭人。

预售合同和按揭贷款合同的备案登记也叫预售登记,是对当事人依合同取得的请求权的一种保全措施,实践中的预售登记已经赋予这些请求权以准不动产物权的性质。对预售合同进行预售登记,购房人对正在建设中的房屋虽然尚未取得物权,却能将对正在形成中的不动产的请求权的内容和顺位予以记载,以排斥顺位在后的对同一标的物转让、抵押、查封等,切实保护购房人的权益。对按揭贷款合同进行预售登记,可以保全商业银行对购房人请求权的请求权,以防止购房人的请求权未经按揭权人的同意而另行处分,并排斥他人侵害该请求权。

6. 实现的方式不同

在按揭房屋取得房地产权证之前,按揭的标的不是所购房屋,而是对所购房屋的请求权。因此,在发生按揭合同纠纷时,按揭权人不是通过处分房屋来实现自己的按揭权,而是通过处分按揭人的请求权来实现自己的按揭权。对发展商来说,按揭权人有代位行使按揭人在购房合同的有关权利的权利。比如,在按揭人不能按期偿还按揭贷款或失去供款能力时,按揭权人则可依按揭合同取得相关代位权,代位行使按揭人依购房合同产生的对发展商的请求权,或继续履行购房合同的义务以取得房屋产权,最终将房屋产权变现以抵押按揭人余下债务,或直接处分该请求权,以处分该请求权之所得抵偿按揭人余下债务。

所以,发展商参加按揭关系的意义不仅在于向按揭银行提供按揭人归还按揭款的保证担保,还在于为按揭银行将来代位行使按揭人在购房合同的请求权给予承诺和确认。

7. 承担担保责任的方式不同

在一般房地产抵押中,抵押人以自己拥有的房地产承担担保责任,抵押人在承担担保责任后丧失的是相应的不动产物权。在按揭的法律关系中,按揭人通常不是以自己拥有的房地产承担按揭责任,按揭人在承担按揭责任后丧失的不是相应的不动产物权,而是对相应的该不动产物权的请求权。

案例实务

案例 5.1①

[案情]

1995 年 4 月 27 日,张某向农行分理处申请贷款 10 万元,同时用定期存单五万元及范某、郝某的房产证做抵押,签订了抵押借款合同,约定借款期限为 1995 年 4 月 7 日至 1995 年 9 月 25 日,月利率 10.98‰,存单及房产证由农行分理处保

---

① 符启林主编《房地产法实例点评》法律出版社,2005 年,第 200－203 页,

管等条款。范某、郝某均未在房产转让证明上签字、临河市公证处以（95）临证字第517号公证书对上述合同和签约行为予以公证。该笔款贷出后由张某全部使用。除1995年12月30日农行分理处将抵押的存单兑现归还部分贷款外，张某尚欠本金53000元及利息未清偿。原审另查明：范某原住房已于1995年3月28日出售给胡某，胡在交清5万元房款后，取得范某的房屋所有权证，但未办理房屋过户手续。

一审法院认为：张某拖欠农行光明街分理处贷款事实清楚，双方借贷关系明确，张某应当承担偿还责任。范某、郝某没有为张某担保签字，事后又否认抵押行为，故抵押关系不能成立，依法不承担民事责任，应驳回农行分理处对范某、郝某的诉讼请求。依照《中华人民共和国民法通则》第84条、第85条、第106条、第108条、第134条第1款第7项，《借款合同条例》第4条、第7条第1款的规定判决：

一、张某偿还农行分理处贷款53,000元，并承担利息，按中国农业银行同期同类贷款利率计算，从1995年12月31日起至还清款之日止，于判决生效后10日内付清；

二、驳回农行分理处对范某、郝某的诉讼请求。

案件受理费2700元由张某负担。

上诉人张某不服原审判决上诉称：原审法院漏列当事人，认定事实不清，判决不妥且违反法定程序，请求改判或发回重审。理由：（1）本案贷款额由郝乙（郝某之兄）取走，张某从未办理过取款手续，亦未取过；（2）张某用5万元定期存单及房屋做抵押，虽在办理房产抵押手续时既未参与亦未签名，但此笔贷款已用房产做抵押，应以抵押物偿还欠款；三、抵押合同系农行分理处与范某、郝某恶意串通所为，合同无效，应由该处承担责任四、原审法院未将开庭传票送达张某本人，缺席判决欠妥。

被上诉人农行分理处在庭审中辩称：张某与该处所签抵押借款合同符合法律规定，合法有效，原审认定抵押关系不成立错误，请求本院判令由张某与范某、郝某承担偿还本案所欠贷款的法定责任。

被上诉人范某在庭审中辩称：本案抵押贷款与其无关。原住房已予1995年3月28日售与胡某，且从未在抵押合同、房产转让声明上签字署名，概不清楚抵押一事,原审判决正确。但请求本院判令农行分理处返还其房产证。

被上诉人郝某以其房产证一直置放于郝乙处,从未在本案所涉抵押贷款的手续中签名,不清楚贷款之事,不应承担任何责任及原审判决正确进行了答辩。

二审法院审理查明的事实与原审审理查明的张某借款、还款的主要事实一致。有借款申请批准书,抵押借款合同书及范某、郝某房产证,抵押借款契约,借款收回凭证,一、二审笔录在卷佐证。另查明:1995 年 4 月 27 日。上诉人张某在与被上诉人农行分理处所签借款 10 万元的契约上署名。次日,上诉人张某从该笔款额中支取现金 1 万元,信汇农行营业部 4 万元。同年 5 月 9 日,又．将余款 5 万元信汇至城关二所。二审期间,被上诉人范某、郝某申请就本案所涉房产抵押证明和房产转让声明上的"范某"、"郝某"的签字进行笔迹监护鉴定。本院委托内蒙古自治区人民检察院巴彦卓尔盟分院予以鉴定,该院出具(2000)巴检技鉴文字第 9 号鉴定书,结论为:上述书证上"范某"、"郝某"签名不是范某、郝某所签。案外人王某在本院审理此案期间,就原审认定"被告范某原住房已于 1995 年 3 月 28 日出售给胡某,胡某交清房款 5 万元后取得范某房屋所有权证"这一事实提出异议,即该房系其向范某之母赵某购买而非胡某,请求本院纠正原审判决的错误书写。

上述事实,有本案所涉中国农业银行抵押借款契约。现金付出传票、信汇凭证、科目为 5801223 的货币管理结算单即张某的存折及鉴定书、调查笔录等在卷为凭。

内蒙古自治区巴彦卓尔盟中级人民法院认为:上诉人张某与被上诉人农行分理处因借款合同形成借贷关系,基于上诉人张某的申请,在双方意思表示真实达成合意下,签字缔约成立,手续完备,形式要件齐全,未违反有关法律规定,合法有效;被上诉人农行分理处依约全面履行了提供贷款的义务,故上诉人张某应对其不按期如数偿还借款本息的行为承担清偿责任。被上诉人范某、郝某未在抵押借款合同及相关房产抵押证明、房产转让声明上署名,且本案所涉房屋的抵押未依有关法律规定进行登记,故该抵押关系不成立,依法不承担民事责任。对被上诉人农行光明街分理处在庭审中所提原审认定抵押关系不成立错误,应判令由上诉人张某与被上诉人范某、郝某承担偿还本案所欠贷款的法定责任的要求,被上诉人范某所提应判令被上诉人农行分理处返还其房产证的请求,依据最高人民法院

《关于民事经济审判方式改革问题的若干规定》,上述两被上诉人要求变更、补充判决内容的,本院不予审查。对案外人王某在二审期间所提异议,因其未在原审期间及时出示相关证据,主张权利,故原审法院基于原审证据所认定的事实并无不当;鉴于王某已就该异议向临河市人民法院提起诉讼,因此,对王某与范某之母赵某房屋买卖纠纷的事实应由临河市人民法院另案重新审查确认。综上,上诉人张某在二审期间对其上诉请求仍未能提供有效证据进行佐证,故其上诉理由不能成立。原审法院依法公开开庭审理此案程序合法,认定事实清楚,适用法律正确,判处适当。依据民事诉讼法第 153 条和第 1 款 1 项之规定,判决如下:

驳回上诉,维持原判。

二审案件受理费 2700 元、鉴定费 300 元由上诉人张某承担。

[案例分析]

本案中,对于张某与农行分理处之间的债权债务关系并没有疑义,纠纷的关键出于范某、郝某是否应当承担抵押担保责任。

我国民法通则第 85 条规定:"合同是当事人之间设立、变更、终止民事关系的协议。依法成立的合同,受法律保护。"

民法通则第 106 条规定:"公民、法人违反合同或者不履行其他义务的,应当承担民事责任。公民、法人由于过错侵害国家的、集体的财产,侵害他人财产、人身的,应当承担民事责任。没有过错,但法律规定应当承担民事责任的,应当承担民事责任。"

民法通则第 108 条规定:"债务应当清偿。暂时无力偿还的,经债权人同意或者人民法院裁决,可以有债务人分期偿还。有能力偿还拒不偿还的;由人民法院判决强制偿还。"

上诉人张某与被上诉人农行分理处均认为范某、郝某为张某贷自农行分理处的款项提供了抵押担保,而范某、郝某则自称对此一无所知,更谈不上提供抵押。故解决本纠纷的关键之处在于确定范某、郝某与农行分理处之间的抵押关系的效力。

房地产抵押是一种要式法律行为,当事人之间应当签订书面的抵押合同。对此,我国担保法第 38 条规定:"抵押人和抵押权人应当以书面形式订立抵押合同。"《城市房地产管理法》第 48 条也规定:"房地产抵押,抵押人和抵押权人应当签订书面合同。"同时,我国法律还规定房地产抵押合同以登记为生效要件。《城市房地产管理法》第 30 条、31 条明确规定:"房地产抵押合同自签订之日起 30 日内,抵押当事人应当到房地产所在地的房地产管理部门办理房地产抵押登记";"房地产抵押合同自抵押登记之日起生效。"这就表明。我国法律明确规定了房地产抵押合同的登记生效原则。

就本案而言,上诉人张某与农行分理处签订贷款协议的同时,还签订了抵押合同。在该抵押合同中,双方约定以范某、郝某的房产作为农行分理处贷款的担保。随后,双方还对借款和抵押行为进行了公证。表面上看来,张某与农行分理处的行为无不当之处。但是,从二审法庭调查的结果可以看出,自张某与农行分理处签订抵押借款协议之时起,直到二审诉讼期间,范某、郝某均未在抵押合同上签字。二审法院的技术鉴定结果也表明,抵押合同上的"范某"、"郝某"的签名系伪造。由此可见,范某、郝某本人并没有为农行分理处的贷款提供担保的意思表示。在未取得房屋所有权人同意的前提下,张某显然无权擅自在这些房产上设定抵押权。没有房屋所有权人的同意,房地产抵押合同也就不能生效。因此,张某及农行分理处均无权要求范某、郝某承担担保责任。

综上所述,张某与农行分理处签订的抵押合同,因为缺少生效要件而没有产生法律效力。范某与郝某没有义务承担担保责任。故张某与农行分理处的相关请求不能得到法院的支持。

本案的法律关系并不复杂。法院在审判期间也没有遇到太多的困难。张某在与原告签订贷款协议之后,又签订了担保协议,在该协议中,张某提出由范某、郝某的房产证同时提供担保,但是问题在于,范某与郝某作为房屋的所有权人根本没有在担保协议与签字,所以,这份担保合同是自始无效的。

案例 5.2①

[案情]

1996 年 7 月 15 日,顺达糖酒部以其原企业名称内蒙古无线电厂经销部名义与呼市信用联社,呼市无线电十一厂(呼市中电纸箱木器厂前身)签订一份抵押借款合同,经销部向信用联社借款 12 万元,利率 11.34‰,期限从签订之日起至 1996

---

① 符启林主编《房地产法实例点评》,法律出版社 2005 年,第 193－196 页。

年10月15日。无线电厂以自己的厂房车间，白松板材作为抵押物，合同签订后，由借款方无线电厂经销部去呼和浩特市房地产管理局和内蒙古自治区公证处办理了房屋他项权证和公证书。信用联社如约将12万元借给了经销部。期限届满后，无线电厂经销部未如期归还借款本息。信用联社于1997年7月10日和9月18日向经销部和无线电十一厂发出催款通知，催要未果故诉至法院。另查明，无线电厂经销部在此次借款前，已于1996年2月14日申请变更了企业名称为"内蒙古无线电厂顺达糖酒经销部"。并领取了新的企业法人营业执照，刻制了新的公章。但在办理借款事项（抵押借款合同、房屋他项权证、公证书）过程中，均使用了变更前企业名称及公章，留给内蒙古自治区公证处的《企业法人营业执照》副本复印件是把现企业法人名称"内蒙古无线电厂顺达糖酒经销部"覆盖后而复印原内古无线电厂经销部的名称，无线电十一厂因改制由集体性质改为股份合作制，于1998年3月19日变更企业名称为"呼和浩特市中电纸箱木器厂"。

一审法院审理认为，借款人顺达糖酒部在办理借款事项（抵押借款合同、房屋他项权证、公证书）中使用了其企业变更前的名称、公章。顺达糖酒部故意隐瞒企业名称，变更的真实情况，与信用联社、无线电十一厂签订的抵押借款合同应为无效，顺达糖酒部对合同无效应负主要责任。信用联社在办理抵押借款合同中没有严格审查借款方主体资格，也有一定责任。纸箱木器厂（无线电十一厂）与信用联社的贷款抵押担保协议因借款合同无效也应无效。担保方纸箱木器厂未对被担保方的资产状况及实际履行能力等有关情况详查而为其提供抵押担保，应承当相应责任。依照经济合同法第7条第1款第2项、第16条第1款，担保法第5条之规定，判决：

一、原告呼和浩特市城市信用合作社联合社与被告内蒙古无线电厂顺达糖酒经销部，被告呼和浩特市中电纸箱木器厂签订抵押借款合同无效。

二、被告内蒙古无线电厂顺达糖酒经销部返还原告呼和浩特市城市信用合作社联合社借款本金12万元及利息（自1996年7月15日起至付清款项之日止，利率按中国工商银行同期贷款利率计算。）于判决生效后10日内付清。

三、被告呼和浩特市中电纸箱木器厂对上述款额负相应的赔偿责任。

案件受理费4485元，财产保全费1286元，共计5771元，由被告内蒙古无线电厂顺达糖酒经销部承担。

一审判决后,原审原告信用联社不服提出上诉,其主要上诉理由,认为抵押借款合同有双,纸箱木器厂应承担连带清偿责任。

二审法院审理认为:内蒙古无线电厂经销部在进行了新的企业名称,工商登记变更后,就应以新的企业名称"内蒙古无线电厂顺达糖酒经销部"对外进行民事行为。而且新的营业执照核法后,旧的营业执照核公章就自动作废,无法对外承担民事责任。借款人在企业名称变更后,隐瞒真实情况仍用变更前的名称和作废的公章签订了抵押借款合同并办理了抵押登记和公证。因此借款人隐瞒真实情况进行贷款的行为是一种欺诈行为,所签订的抵押借款合同为无效合同。抵押担保合同因主合同无效而无效。顺达糖酒部应承担主要过错责任。信用联社在贷款中未对借款方主体进行详查,有审贷不严的责任,担保人纸箱木器厂未对被担保人的名称、贷信等状况详查,而提供担保应承担相应赔偿责任。依据民事诉讼法第 153 条第 1 款第 1 项,判决:

一、维持新城区人民法院(1998)新经初字第 245 号民事判决的第一项及第二项,即原告呼和浩特市城市信用合作社联合社与被告内蒙古无线电厂顺达糖酒经销部,被告呼和浩特市中电纸箱木器厂签订抵押借款合同无效;被告内蒙古无线电厂顺达糖酒经销部返还原告呼和浩特市城市信用合作社联合社借款本金 12 万元及利息(自 1996 年 7 月 15 日起至付清款项之日止,利率按中国工商银行同期贷款利率计算),于判决生效后 10 日内付清。

二、变更新城区人民法院(1998)新经初字第 245 号民事判决的第三项为:被告呼和浩特市中电纸箱木器厂对上述款项偿还不足部分承担赔偿责任。

一、二审诉讼费 8970 元,由内蒙古无线电厂顺达糖酒经销部承担 7176 元,由呼市中电纸箱木器厂承当 1794 元,财产保全费 1286 元由内蒙古无线电厂顺达糖酒经销部承担。

二审判决后纸箱木器厂不服,向二审法院提出再审申请。其主要申诉理由为:认为二审判决适用法律错误,自己不应承担担保责任,而应按照双方当事人的过错各自承担相应的民事赔偿责任。另外,判决认定信用联社有审贷不严的责任,但在判决中没有体现。

内蒙古自治区呼和浩特市中级人民法院认为:借款人顺达糖酒经销部采取欺诈行为签订抵押借款合同,造成合同无效,应承担主要过错责任。信用联社在贷款中未对借款方主体进行详查,有审贷不严的责任。纸箱木器厂对信用联社的代跨抵押担保协议因借款合同无效而无效,担保方纸箱木器厂没有对被担保人的名称、资信等状况详查而提供担保,也应承担一定的过错责任,经本院审判委员会讨论决定,依照民事诉讼法第 184 条,第 153 条第 2 项,《中华人民共和国经济合同法》第 7 条第 1 款第 2 项,第 16 条第 1 款,担保法第 5 条之规定,判决如下:

一、撤销本院(1999)呼经终字第 49 号民事判决和呼和浩特市新城区人民法院(1998)新经初字第 245 号民事判决。

二、呼和浩特市城市信用合作社联合社与内蒙古无线电厂顺达糖酒经销部,呼和浩特市中电纸箱木器厂签订的抵押借款合同无效。

三、内蒙古无线电厂顺达糖酒经销部承担由于合同无效给呼和浩特市城市信用合作社联合社造成经济损失 80% 的责任即 9.6 万元及利息,呼和浩特市中电纸箱木器厂承担由于合同无效给呼和浩特市城市信用合作社联合社造成经济损失 10% 的责任即 1.2 万元及利息,呼和浩特市城市信用合作社联合社自负 10% 的损失责任(利息自 1996 年 7 月 15 日起至付清款项之日止,利率按中国工商银行同期贷款利率计算),上诉款项于判决生效后 10 日内付清。

一、二审及再审案件受理费 13,455 元由内蒙古无线电厂顺达糖酒经销部承担 10,764 元,由呼市中电纸箱木器厂承担 1345,5 元,由呼和浩特市城市信用合作社联合社承担 1345,5 元,财产保全费 1286 元由内蒙古无线电厂顺达糖酒经销部承担。

[案例分析]

本案中存在两份合同,一份为借款合同,另一份为担保合同。其中借款合同是主合同,担保合同是从合同。因此,解决本案的关键在于确定主合同的效力。

我国担保法第 5 条规定:。担保合同是主合同的从合同,主合同无效,担保合同无效。担保合同另有约定的,按照约定。担保合同被确认无效后,债务人、担保人、债权人有过错的,应当根据其过错各自承担相应的民事责任。"

抵押权作为一种担保物权,其典型特征即为从属性。意即抵押权的存在以主债权的存在为前提。抵押权得以设定的目的也在于保证主债权的履行,在主债务于期限届满时仍不能得到清偿时,抵押权人有权将抵押标的物拍卖,以拍卖所得款项优先受偿。因此,主债权债务关系存在与否,直接影响着抵押权是否有继续存在的必要。主合同的效力也就直接决定了抵押合同的效力。

就本案而言,内蒙古无线电厂顺达糖酒经销部在与呼和浩特市城市信用联社签订借款合同之前,已经在工商行政管理部门办理了企业名称变更手续,并刻制了新的公章。此时,顺达糖酒经销部的前身即内蒙古无线电厂经销部在法律上已经灭失,丧失了民事行为能力,没有签订合同的资格。顺达糖酒经销部以其前身的名义与城市信用联社签订借款合同,其目的显然在于规避法律责任,已经构成了欺诈。而且,顺达糖酒经销部的欺诈行为直接导致了借款合同的无效,故其应当对此承担主要责任。而呼和浩特市城市信用联社在签订贷款协议时,没有对借款方的主体资格进行详查,显然是一种疏忽,其应当对其疏忽承担责任。

呼和浩特市中电纸箱木器厂提供的抵押担保,以顺达糖酒经销部与城市信用联社之间的债权债务关系为前提。当主合同无效时,抵押合同当然归于无效。因此,实质上,纸箱木器厂并未对顺达糖酒经销部与城市信用联社之间的债权债务关系提供担保。但是,纸箱木器厂在签订抵押合同时,也没有尽到最大注意的义务,疏忽了顺达糖酒经销部的主体资格问题,故应当对抵押合同的无效承担一定的责任 c

在再审过程中,呼市中级人民法院在查明事实的基础上进行了再审,再审结果符合法律规定,应当支持。而顺达糖酒经销部、城市信用联社以及纸箱木器厂均应当为各自的行为承担法律责任。

案例 5.3

[案情]

1997 年 9 月 6 日,天竺公司与王某签订北京丽斯花园旭日四路房屋认购书,约定王某购买北京丽斯花园旭日四路 4 号房屋,房价款总计 809720 美元。1998 年 7 月 26 日双方签订北京市外销商品房预售契约及补充协议,约定:王某所购房屋建筑面积 482 平方米(该面积为暂测面积,待房屋竣工后以北京市房屋土地管理局实测面积为准),房屋售价每建筑平方米为 1679917 美元,总价款为 809720 美元。在房款支付上,王某于签署认购书或之前付清 117578 美元;于 1997 年 11 月 15 日或之前付清 80972 美元;于 1998 年 1 月 15 日或之前付清 80972 美元;于 1998 年 2 月 15 日或之前付清 40486 美元;于发展商发出房屋交付使用通知书之日起 14 天内付清或之前付清 485832 美元。如王某逾期付款,应自各自约定付款之日起至实际付款之日止,按延期交付房价的1‰/日支付违约金。同时约定,天竺公司须于1998年6月30日前将房屋交付王某,如未按期交付房屋,自房屋应交付之日第2天起至实际交付日止,按房价款总额的1‰/日支付违约金。

上述协议签订后,王某于1997年9月6日支付购房款定金人民币31800元;同年10月10日支付购房款人民币250000元;1998年10月13日支付购房款人民币100000元;1998年11月6日支付购房款人民币1328126.84元,其余房款尚未支付。

2000年3月15日,天竺公司以王某逾期支付购房款造成违约并拖欠物业管理费为由起诉至一审法院,请求判令王某支付尚欠购房款人民币4030000元及该部分延期付款违约金人民币1761110元;王某辩称:因天竺公司承诺凡属前30名买家所购之房应予八折优惠,我为前30名买家之一,但天竺公司未予八折优惠,要求以八折优惠的标准重新确认房价款;我同天竺公司约定了按揭付款方式,现天竺公司未为我办理按揭,致我无法如期支付房价款,不构成违约;天竺公司就此辩称:王某不属于前30名买家,所购之房不享受八折优惠;我公司同王某所签协议约定以分期付款方式支付购房款,而非按揭付款方式。

[案例分析]

楼花按揭,是指银行、预购人、开发商在商品房预售中共同参加的一项融资活动,即由预购人依约向开发商支付部分房款,其余房款以银行贷款垫付,同时预购人就房屋所有权的请求权设定担保,并于房屋建成后在该房屋上设定抵押权取代原担保的融资购房方式。

在楼花按揭中,先后存在两种担保制度。在实际操作中,可将其分为两个阶段。在第一阶段,预购人依其与开发商签订的商品房预售合同交付首期房款后,即与银行办理按揭贷款手续,以该款项垫付剩余房款,其后预购人在商品房预售合同上背书设定担保(实质上是质押担保)并将该背书事项于房管部门备案,然后将合同之影印件交由贷款银行保有。在第二阶段,房屋竣工后,由开发商协助预购人去当地房地产主管部门办理产权过户手续,以便购房人及时取得土地使用权书和房屋产权证书。这两种不同的担保方式以房屋竣工、办理产权过户登记为界,并且按照我国内地实践中的做法,房屋一旦建成,应当在房产上,设定抵押担保。而原来的质押担保,在预购人取得房屋所有权,造成房屋所有权之期待权消灭的事实后,已没有存在的可能。

就法律关系而言,楼花按揭中存在着三个主体、三种法律关系,即开发商与预购人之间的房屋买卖关系、预购人与银行间的借贷法律关系、预购人与银行之间的贷款担保关系,这三种关系相互联系,共同构成完整的楼花按揭法律关系。

本案在天竺公司与王某签订的预售契约中根本没有涉及按揭法律关系中必不可少的第三方当事人——银行,更不要说在预售契约中以书面形式确定按揭法律关系中当事人之间的权利义务关系,另外,王某也没有提供其与天竺公司关于按揭付款形式的书面约定。相反,当事人在预售契约中明确约定由王某分别向天竺公司支付购房款,因此,王某辩称"我同天竺公司约定了按揭付款方式,现天竺公司未为我办理按揭,致我无法如期支付房价款,不构成违约"不成立。

学术观点与制度借鉴

一、房地产抵押制度的新发展[1]

逆年金房地产抵押贷款也称反向抵押贷款,其起源于美国。这是美国房地产金融机构为了防止通货膨胀的影响,而专门为年老退休人员采取的一种房地产抵押贷款方式。这种房地产抵押的前提是他们的住房贷款已还清,住房完全归自己所有。在这种情况下,退休人员可将自己的房屋作抵押,每年从银行取得一定的贷款作为生活补贴。在一定年限后或年老者逝世后,由房地产金融机构将房产变卖给其他家庭。其变卖或者拍卖的钱,首先被用来弥补银行借款及其利息,有剩余时再由其儿女继承。此外,还有终身养老金抵押贷款等模式。

在我国,近期内促成售房养老模式的实现,还有一定的难度。由于人们还不可能接受人未死财产就完全变卖的观念,实施起来遇到的阻力会很大。特别是在农村,老人情愿将房子留给自己的后一代,情愿在世的时候活得艰辛一些,也不愿提前变现房产。此外,由于我国金融市场还很不完善,开展这类业务的经济技术还很难跟得上。但随着人们养老观念的改变和金融业务的成熟,售房养老作为养

---

① 李延荣主编《房地产法原理与案例教程》中国人民大学出版社,2014年,第179–180页。

老的补充形式将会越来越得到老年人的青睐,这样不但完善了养老结构服务体系,而且能刺激房地产市场的发展。2013 年 9 月 6 日国务院印发的《关于加快发展养老服务业的若干意见》明确提出,金融机构要加快金融产品和服务方式创新,拓宽信贷抵押担保物范围……鼓励和支持保险资金投资养老服务领域。开展老年人住房反向抵押养老保险试点。

房地产抵押的证券化,是房地产抵押的另一个发展。传统的民事权利具有自身的特点和局限性,难以适应现代交易高速、快捷的客观需要,因而促进了民事权利证券化的发展。

房地产抵押的证券化,就是将房地产抵押贷款债权转化为房地产抵押证券的过程。具体而言,也就是金融机构将其持有的若干房地产抵押贷款依其期限、利率、还款方式进行汇集重组,形成一系列房地产抵押贷款"资产池"(资产组合),并将该组合出售给从事抵押贷款证券化业务的特殊目的机构,通过担保机构担保实现信用升级后,经信用评级机构评级,由证券承销商将信用级别较高的抵押贷款支持证券出售给投资者的一种证券化模式。这种新的金融工具的真正意义并非在于发行证券本身,而在于它彻底改变了传统金融中介方式,在借贷者之间建立了直接的融资渠道和经济关系。

房地产抵押贷款证券化也起源于美国,其主要动因在于解决住房信贷资金紧张、流动性不足,以及金融自由化对住房信贷机构产生的压力。而近年我国房地产市场活跃,个人住房抵押信贷迅速发展。而国内居民的高额储蓄和日益扩大的保险、养老等机构资金,以及储蓄存款"实名制"的推出,国务院关于经济鉴证类社会中介机构与政府部门实行脱钩改制意见的出台,特别是《证券投资基金法》的制定以及配套的《信托法》《证券法》等法律,为房地产抵押贷款证券化提供了客观条件。此外,个人住房按揭和房地产开发商的抵押贷款占商业银行信贷资产比重不断增加,银行承担了巨大的信用风险,严重影响信贷资金的周转和回笼。通过房地产抵押贷款证券化开发房地产一级市场,支持一级抵押市场的长期发展,既有利于我国房地产资本市场的形成,又能为投资者增加新的投资品种,也增加了金融机构抗击风险的能力。因此,房地产证券化是很有必要的,从国外的情况看来,也是将来我国房地产抵押发展的一个趋势。

二、我国商品房按揭的法律性质问题

自住房制度改革启动以来,我国的房地产业进入了飞速发展阶段,百姓的购房热情得到了很大的激发,但其本身支付力有限,亟须引入一种安全经济的融资模式以扩大其支付力。在前文我们已经分析过了,按揭是一种三赢的制度,它构筑了购房者、房地产开发商和商业银行三者之间的最佳利益组合,满足了三方的不同需要,迎合了房地产业发展的要求。因此,自我国从香港地区引入"按揭"一词以来,按揭制度在我国内地得到了长足运用,银行业务中涌现出了大量的"按揭贷款"。但是我国法律体系一直属于大陆法系,在我国的担保制度中从未出现过"按揭"这样一种担保方式。由于法律体系之间的难以融合,在实践中广泛存在并为人们耳熟能详的按揭始终未能在我国法律制度体系中正式确立下来,而只是作为一个商业术语使用。而在我国立法中,使用的是"商品房担保贷款"以及"住房抵押贷款"的称谓,主要适用抵押法律制度进行规范。但这两种称谓与按揭制度又并非完全重合。因此,在我国现行的法律体系下,对我国目前的按揭制度进行定性显得比较复杂,司法界与学术界的观点不一,争议较大。主要的观点有以下几种:(1)按揭就是按揭,是一种独特的担保方式,区别于我国沿袭于大陆法系的所有担保制度,应当在立法中单独设置,明确引入英美法系中的按揭制度。(2)按揭制度就是大陆法系中的让与担保制度,应当设立让与担保制度以涵盖按揭行为。(3)我国目前实务中所用按揭制度在传入中国时便已改头换面,有按揭其名而无按揭其实,已非英美法系中所言按揭,可用传统的抵押制度予以涵盖。下文拟对这三种观点一一加以分析,以期对我国按揭行为的法律定性有所裨益。

首先,我国目前实践中所运用的按揭制度是否是英美法系中所称的按揭制度值得商榷。英美法中的按揭制度是通过按揭权人获得标的物财产的一定权利,在按揭人清偿债务后,将该权利交还按揭人的权利移转型担保,其核心在于要求特定财产权利的移转。但是我国的按揭中并不要求特定财产权利尤其是所有权的移转。银行仅仅要求将生效的商品房预售合同、首期付款收据、抵押证明登记、保险单或者现房的房屋产权证明、房屋他项权证等权利证书交给其保管,目的在于避免一房多卖的现象发生,防止借款人违反约定处分设立按揭的房屋,从而保障担保物权的实现,而非要求移转房屋的一定财产权利于自己名下。在现阶段我国的法律体系中,单纯的权证移转也不具有表明权利移转的作用,必须经过房产管理部门的变更登记。同时,与英美法中按揭需要移转权利相对应,在按揭人不履行债务时,按揭权人即可确定地取得标的物的所有权。但是在我国按揭中,如果债务人不履行债务,银行不能直接取得标的物所有权,而是应当根据按揭合同中回购条款的约定,通过房地产开发商将按揭标的购回,用回购款清偿债务人未偿付的债务,或者直接通过诉讼的途径,行使担保权利。由此可见,我国的按揭制度已经对由香港传入的按揭制度做出了很大的适应性改造,已经改变了英美法中按揭需要移转特定财产权利的基本特征,并由此引发一系列的操作程序以及法律关系的巨大改变,而成为了不同于英美法中按揭制度的一种担保形式。换言之,我国现在实践中所谓的"按揭"已经不具备按揭制度的实质和内涵要求了。

让与担保是大陆法系一种与英美法中按揭制度颇为近似的担保制度。其相似点主要有以下几点:(1)担保的设立都需要移转权利(主要为所有权),按揭人和让与担保设定人都需要将担保物的特定权利移转给债权人。(2)设立该一制度的目的都在于为债权提供担保的同时,充分发挥担保物的效用。因此,债务人可以继续占有并使用担保物。(3)都具有实现方式上的经济性。在债务人到期不能清偿债务,需要实现按揭权或者让与担保权时,都可以由权利人直接取得担保物的财产权,从而省去其他担保类型实现的麻烦和费用。(4)债权人实现担保权时须履行清算义务,以避免对债务人不公平情况的出现。由于内涵极为相似,且让与担保为大陆法系制度,若将其引入我国,较之"按揭",可去除法系之间融合的困难。因此我国《物权法草案》中舍按揭不用,而规定了让与担保制度,并有学者期望以该制度来涵盖我国实践中的按揭行为。但是,本书以为,将我国现实中的按揭定性为让与担保,首要条件仍然是我国现实中的按揭行为应当满足权利移转和担保权行使的经济性两大主要特征。如上文所述,我国现实中的按揭根本不具备这两个特征,与让与担保制度具有本质上的差别,那么争论适用英美法系的按揭还是使用大陆法系的让与担保就失去了意义。

既然我国实践中的按揭即非英美法中的按揭,又非大陆法系中的让与担保,那么究竟能否被传统的担保制度所吸收呢?我国现行的担保制度主要有抵押和质押两种,质押又分为动产质押和权利质押两种形式。留置权实质上是债权的延伸,而非对债权的担保。由于商品房按揭存在现房按揭与期房按揭两种,其操作上存在较大的区别,因此我们对其分别进行分析。

就现房按揭而言,担保物是已经现实存在的不动产,因此,不满足质押中标的物为动产或者权利的条件,不属于质押应无疑义。就其操作特征以及我国目前法律对其规制来看,比较统一的观点是现房按揭应当属于抵押。主要理由有以下几点:(1)虽然我国现房按揭实务操作涉及的法律关系比抵押所涉及的法律关系显得复杂,增加了保险法律关系,但从担保物的所有权和占有是否转移这一区分担保权利类型的标准来看,我国实务中的现房按揭在办理物上担保的时候,担保物的所有权和占有均不发生转移,究其实质符合我国担保法中抵押的基本特征。(2)在担保权的实现途径上,两者没有实质区别。抵押权作为一种他物权,其实现主要有协议和诉讼两种途径。我国实践中的现房按揭,在债务人无法清偿债务时,首先可以根据商品房预售合同中回购条款的约定,要求房地产开发企业回购按揭房产,用回购款来清偿债务,这实质上是以协议的方式来实现担保权。当协议方式无法实现担保权时,银行也可通过诉讼的方式,实现其担保权利。(3)生效条件相同,均以有权机关的登记作为担保合同的生效要件。在我国实践中,银行一般会要求借款人将房屋所有权证和房屋他项权证交给银行保存,但这仅为双方协定,并非担保合同生效的要件。只有经过有权机关登记之后,担保合同才能正式生效。因此,我国现房按揭与抵押制度不存在本质上的差别,应当归类于抵押的一种发展。

期房按揭的程序则有所不同。根据通行做法,一般可依预购人是否已经取得房屋产权证书为界,将期房按揭分为两个步骤:在预售商品房竣工验收合格并交付给预购人之前,预购人并不拥有房屋的所有权,只能以该房屋的期待权亦即对房地产开发企业的请求权为担保物向银行设定担保。同时,银行为了保证债权的安全,会要求预购人提供保险,并要求房地产开发企业提供阶段性的保证,该保证阶段至预售商品房竣工验收合格并交付给预购人为止。在房屋竣工验收合格并交付完成后,预购人获得了房屋的所有权,此时,房地产开发企业须协助预购人办理房屋产权证书,并帮助银行在该房屋上设定他项权,同时其阶段性保证义务解除。从这两个步骤来看,在房屋竣工验收合格并交付给预购人之后,期房演变为现房,其非现实性特征丧失,因而期房按揭的法律属性与现房按揭趋同,应属抵押无疑。争议的焦点在于,在房屋产权交付之前,预购人以期待权为担保物设立的按揭,应当属于哪一种担保方式,是抵押还是权利质押?抑或是其他?

主张将房屋产权交付之前的期房按揭归入权利质押的观点认为,在房屋产权交付之前,预购人对该房产不具有任何可直接、现实支配的物权而仅仅具有对房地产开发企业的债权请求权和获得将来利益的期待权,预售人与预购人之间的商品房预售合同仅为债权的内容载体和证明凭证。因此,该担保的标的应为对房地产开发企业的房屋交付请求权。抵押人不能就尚未生产出来的产品设定抵押,但是能够就该产品的交付请求权设定债权质押,并将该种质押纳入到《担保法》第75条第4款的兜底条款之中。①但是按照权利质押的观点,银行虽然实现了对房产证的占有,但是这种法律定性不足以有效保护银行的权利。当债务人届时不能清偿债务时,银行取得的只是对于债权的权利,债权是一种相对权,需要相对方的配合才能得以实现,效力上较物权的现实支配性要弱得多。如果能够将该时的期房按揭届定为抵押的话,则债权人取得的是对房屋的变价、折价和拍卖的支配权利,而且无需他人意思和行为的介入即可得到实现。从债权人保护的角度来说,权利质押的定性不如抵押。

从物权法的基本理论来看,传统的抵押权必须直接指向现存的具有一定交换价值的财产或者是物化的权利。请求权或者期待权不能构成抵押物。那么,期房,或称楼花,能不能构成抵押物呢?期房虽然在物理上尚未成形,但是在法律上已经可以特定化,这就是香港将期房称之为公义式产权的原因。同时,由于履行了预售商品房登记备案手续,预购人对预售人的请求权取得了对抗第三人的效力,也即是说,这种债权取得了一定程度上排他的物权的效力,这就是预告登记的债权物权化效力。这样一种具有物权性质的债权,应当可以成为抵押行为的标的物。因此,只需要在我国的不动产登记制度中明确预售商品房登记备案制度的性质为预告登记,赋予该登记备案制度以债权物权化的能力,即可解决我国实践中按揭行为法律定性的问题。

最高人民法院《关于适用〈中华人民共和国担保法〉若干问题的解释》第47条明确规定:以依法获准尚未建造或者正在建造中的房屋或者其他建筑物抵押的,当事人办理了抵押物登记,人民法院可以认定有效。这一规定可以看作是对尚未竣工验收交付的期房按揭的抵押性质在立法上的肯定。

三、按揭合同相关问题分析

(一)抵押担保贷款合同解除问题

在买受人、按揭银行都未提起解除抵押担保贷款合同的请求的情形下,开发商能否单独提起解除抵押担保贷款合同?

商品房买卖合同与商品房担保贷款合同是相互关联,但是又相互独立的两个法律关系:一个是商品房买卖法律关系,一个是商品房担保贷款的法律关系。在后一个法律关系中,借款人是商品房的买方,并且也是以该房产作为贷款抵押的抵押人,作为商品房出卖人则为买受人的贷款提供保证担保,担保权人就是按揭银行。商品房买卖合同的解除往往会影响到后一个法律关系的履行,然而,是否必然导致解除商品房担保贷款合同呢? 司法解释没有具体的直接规定,只是在《商品房买卖合同解释》第 25 条第 2 款规定了两个合同关系都被解除的法律后果,即"商品房买卖合同被确认无效或者被撤销、解除后,商品房担保贷款合同也被解除的,出卖人应当将收受的购房贷款和购房款的本金及利息分别返还担保权人和买受人"。对于该条款,我们认为,商品房买卖合同的解除不必然地得出商品房担保贷款合同应该解除。后者是否解除仍然应该根据《合同法》以及相关司法解释来具体认定。如果借款人和贷款人都没有主张解除商品房担保贷款合同的,对作为商品房担保贷款合同的保证人(开发商)是否可以提出解除商品房担保贷款合同存在分歧。

关于在买受人、按揭银行都未提起解除抵押担保贷款合同的请求的情形下,开发商能否单独提起解除抵押担保贷款合同问题,司法实践中存在不同观点:

第一种观点认为,在与银行的商品房担保贷款合同关系中,开发商处于担保人的地位,其只负有义务,不享有权利,根本无权提出解除商品房担保贷款合同。

第二种观点认为,开发商有权提出解除商品房担保贷款合同。

我们同意上述第二种观点。

在商品房按揭贷款法律关系中,银行出于资金安全的考虑,一般会要求借款人以所购房屋作为抵押,在所购房屋正式建成或者办理抵押登记之前,要求开发商提供阶段性担保,担保在房地产办理产权登记之前承担保证借款人还款的连带责任。因此,在期房办理抵押登记之前,如果买受人与开发商解除商品房买卖合同,此时开发商承担的是保证义务。在商品房买卖合同解除后,买受人对房屋的期待权消灭,开发商将购房款返还给买受人。在此时可以说开发商已经从房屋按揭关系中脱离,其对买受人又无任何约束力。若此时仍让其承担对借款人还款的保证责任,对其不公平。

若在商品房买卖合同解除后,买受人与银行之间的借款合同没有解除,开发商能否单独提出解除同银行间的保证合同? 保证合同是借款合同的从合同,在主合同没有解除的情况下,从合同如何终止或者解除? 我们认为,从合同的解除同样应当符合法定解除的情形,开发商才能以通知的方式解除从合同。《商品房买卖合同解释》第 24 条规定,因商品房买卖合同被确认无效或者被撤销、解除,致使商品房担保贷款合同的目的无法实现,当事人请求解除商品房担保贷款合同的,应予支持。该条款应当被视为《合同法》第 94 条第(5)项规定的其他情形,其理由前文已述。我们认为,第 24 条规定商品房担保贷款合同关系包括保证关系。同商品房买卖合同解除的情况下以通知的方式向银行行使保证合同关系的解除权。

在房屋已经建成交付买受人后,商品房买卖合同履行完毕,开发商是否有权解除抵押担保合同? 因此时商品房已经建成交付,房产已经过户到买受人名下,此时开发商与银行之间的抵押担保关系,一般体现为在买受人不能按期还款时银行要求开发商承担回购责任。在商品房买卖合同解除后,法律后果是互相返还。已经过户的商品房理应由买受人交回给开发商。此时,又发生了一次商品房交易,即买受人再将房屋过户转让给开发商。但此时的房屋已经设定了银行贷款的抵押担保,在转让时依据《担保法》第 49 条规定,应当通知银行,否则转让行为无效。

应当注意的是,在抵押物转让时,《担保法》仅仅设定的是通知义务,并没有设定必须经抵押权人同意的条件。抵押权设定后,抵押人的所有权并没有丧失,只要不影响抵押权人优先受偿权,抵押人有权对抵押物进行法律和事实上的处分。所以在转让人通知银行后即可将房屋交回给开发商。但基于抵押的独立性,房屋抵押关系并不消灭。此时开发商和银行间的回购关系消灭,但同样存在的问题是,开发商如何消除所返还房屋上的抵押关系。我们认为基于和保证同样的理由,开发商可以在商品房买卖合同解除后,通知银行不再承担担保责任,要求解除设在房屋上的抵押登记,若银行不同意解除抵押登记则开发商有权提起诉讼,人民法院出于妥善解决按揭纠纷,减少诉累的需要,应当支持开发商的请求,但前提条件是开发商应当将解除商品房买卖合同应返还给买受人的购房款优先用于代买受人偿还所欠按揭银行的贷款本息,在归还按揭贷款本息有剩余的情况下,才将剩余部分归还给买受人,若不足以归还按揭贷款本息,则开发商与买受人就不足归还部分承担连带清偿责任。

(二)购买商品房的买卖合同与借款合同之间的关系认定问题

商品房买卖合同是买受人与开发商之间形成的买卖合同关系,合同标的是不动产——房屋。商品房买卖合同的成立与生效以双方签订合同为标志,在合同法上该类合同称为诺成合同。商品房买卖实践中,需要避免两个认识上的误区:一是误以为买卖合同以交房为生效要件;二是误以为合同以房屋办理产权证为生效要件。这两种认识误区均属于对房屋买卖合同的诺成性认识不足。从法律角度来看,房屋买卖合同以双方当事人签字盖章为生效要件,除有约定或法定原因外,任何一方不得违反合同约定。是否交房(交钥匙)、是否已经办理产权证均不影响开发商和买受人应当完全、适当地履行合同—买受人选择按揭方式付款的,在签订买卖合同时需要注明通常是在一次性付款、分期付款(与开发商约定的分期付款通常不会超过一至两年)、按揭付款中进行选择。买受人在选择了按揭付款方式后就需要与开发商指定的按揭银行签订借款合同,由按揭银行向买受人发放贷款并应买受人的委托直接将贷款划给开发商。买受人委托银行直接划款的约定一般是直接写在借款合同中的,这已经成为按揭惯例,近似于合同法上的向第三人履行。

购买房屋的买卖合同与借款合同的关系属于关联关系,而且由于借款的目的就是为了购买房屋,按揭银行在签订借款合同和发放贷款时明知开发商和按揭银行之间也存在一对一的销售和融资合作关系,因此,商品房买卖合同成为借款合同的存在前提,购买房屋成为借款合同的直接目的。当买卖合同因无效、被撤销或解除而不能履行时,借款合同也因合同目的落空而随之无效或被撤销、解除。比如,因开发商违约不能按期交房或交付房屋不符合质量要求,房屋买卖合同被依法解除的,借款合同也应解除。开发商应当返还买受人的首付款,按揭银行应当返还买受人已经交付的月供,而开发商应将已经从按揭银行取得的贷款应当向银行返还。在合同解除情况下,如有损失的还应当由违约方承担赔偿责任。

借款合同签订后,开发商与买受人如果协议解除买卖合同,鉴于买卖合同与借款合同之间的关联性,借款合同也只能随之解除。因合同解除属于当事人的主动选择,除与按揭银行有约定的外,开发商与买受人对按揭银行的损失应当承担连带责任。①

（三）借款合同与抵押合同之间的关系认定问题

借款合同签订的同时。买受人需要与按揭银行签订抵押合同,承诺将所购房屋作为抵押物。抵押合同与按揭借款合同之间的关系属于法定的主从合同关系,抵押合同属于借款合同的从合同,借款合同无效、被撤销、解除的,抵押合同也随之无效、被撤销或解除。依照《担保法》第41条的规定,房屋抵押权的成立以办理抵押登记为要件和标志。由于借款合同和抵押合同可能签订在期房阶段,也可能签订在现房阶段,买受人作为抵押人在抵押时可能尚未占有房屋,或者未取得房屋的产权证,因此,按揭贷款中的抵押登记性质上属于抵押预告登记也叫"预登记",登记机关为各地相应的房管部门。有的地方采取向房管部门备案形式代替预告登记。从司法实践看,如此种做法属于当地政府管理上的惯例,在社会上有共同的认识应当作为预告登记的性质予以认定。如果没有进行预告登记的,应当补办登记,抵押权在补办登记后成立。需要注意的是,按揭贷款中抵押权的成立不以开发商是否交钥匙,不以买受人是否取得房产证为条件。

从我国按揭贷款的实践看,按揭贷款关系中存在抵押权担保与让与担保的融合现象。买受人在抵押所购房屋同时,还要将商品房买卖合同押给按揭银行,在办下房产证后,房产证也交押于按揭银行。商品房买卖合同与房产证是买受人拥有房屋产权的重要凭证,在买受人不能履行按揭借款合同时,银行仅凭占有的商品房买卖合同或房产证就可以向人民法院请求拍卖、变卖买受人的房屋。这与以控制所有权作为担保的让与担保近似。实践中,有的按揭银行不履行预告登记手续,不向房管部门办理备案手续致使抵押权不成立的,如其控制有买受人的商品房买卖合同或房产证,不应认为该银行丧失优先受偿权。但由于该按揭银行没有履行登记手续,其优先受偿权不能对抗善意第三人。

如果因买卖合同的解除致使借款合同解除并且导致抵押合同解除的,对按揭银行债权的保护成为关键。《担保法解释》第10条前段规定"主合同解除后,担保人对债务人应当承担的民事责任仍应承担担保责任",该条规定在文义上主要针对保证担保关系,但不排除适用于其他担保关系,如抵押、质押关系等。根据该条

---

① 曹士兵:《商品房买卖中现有法律关系分析》、载《北京房地产》2002年第9期。

解释,借款合同解除后,作为担保人的买受人仍应对其自身欠债承担担保责任。由于是以房屋抵押作为担保,在按揭银行的债权未获得清偿前,按揭银行对作为担保物的房屋仍应享有优先受偿权。①

(四)借款合同与收入证明函之间的关系认定问题

银行在按揭贷款中有一个惯例,即要求买受人出具个人收入证明,证明函上必须加盖买受人所在单位公章。收入证明函是以买受人名义出具给按揭银行的,法律上属于有相对人的单方法律行为。单方法律行为属于法律行为消灭、变更的后果。由于收入证明函中除收入证明外无其他内容,因此出具证明函的单位与按揭银行之间的权利义务关系不明,一旦买受人丧失还款能力,按揭银行无法凭借一纸证明要求单位承担责任。尤其在买受人辞职、被辞退离开原单位的情况下,收入证明函实际已经不能发生证明效力。基于担保意思必须明示的法律原则,收入证明函不构成担保。从法律责任角度看,证明函并不当然发生法律责任,其与借款合同在民事责任上不相干,因此按揭借款合同与收入证明函之间的关系属于各自独立的关系。

如果单位故意出具虚假证明,或者出具不实证明帮助买受人取得贷款,在买受人丧失还贷能力时能否追究单位的责任,这是一个复杂的问题,其复杂性就在于买受人和单位的欺骗行为与按揭银行的发放贷款之间的必然性难以确定。现实中,按揭银行是否向买受人发放贷款所考察的因素并不以收入证明为唯一,买受人提供的担保物价值、购房人职业、所受教育程度的判断,均成为贷款考察因素。收入证明并不起到担保作用,仅是银行判断买受人还贷能力的因素之一。因此,收入证明的不实或虚假与按揭银行发放贷款之间没有直接因果关系,仅凭收入证明的不实或虚假不足以裁判单位承担民事赔偿责任。退一步说,让单位为买受人偿还全部贷款也存在责任性质与范围不明的难题,在现实中也不可想象,因为如果按揭银行在收入证明函中注明,单位出具不实或虚假收入证明将要承担偿还贷款责任的,单位必将拒绝出具收入证明,双方对权利义务的判断起点将截然不同。因此,综合以上分析,收入证明函如未注明法律责任的,只能作为按揭银行在决定发放贷款时的判断因素,而不能单独作为民事责任发生依据。②

---

① 曹士兵:《商品房买卖中现有法律关系分析》,载《北京房地产》2002 年第 9 期。
② 曹士兵:《商品房买卖中现有法律关系分析》,《北京房地产》2002 年第 9 期。

　　商品房买卖合同被确认无效或者被撤销、解除后,商品房担保贷款合同也被解除的、出卖人应当将收受的购房贷款和购房款的本金及利息分别返还担保权人和买受人。

　　(五)商品房买卖合同解除后抵押担保与保证之间的关系认定问题

　　债的担保是指对于可能和已经成立的债权债务关系所提供的确保债权实现的保障。按照担保的客体为标准,债的担保可分为人的担保(即保证)和物的担保(包括抵押、留置、质押)两大类。所谓保证,是指以某人的信用,包括他的财产和创造财产的能力,为他人的义务作担保,在义务人不履行义务时,由其履行。保证的法律形式是保证合同。所谓物的担保,指以某一项特定的物作为担保的客体,对自己或他人的义务作担保,在义务人不履行义务时,权利人可以担保之物,优先清偿自己的债权。保证合同中合同的相对人为第三人与债权人;而物的担保合同中合同的相对人既可能是债权人与债务人,亦可能为债权人与第三人。这里所称的保证和物的担保并存,主要是指对一个合同的义务,既有保证合同,又有抵押或质押合同。

　　在商品房买卖合同解除后,在担保责任承担上还存在"物保"与"人保"关系问题。对此二者的关系如何协调,司法实践中存在以下观点:

　　第一种观点认为,借款人以所购买的房产设定了抵押,并进行了登记,构成了物的担保。因此,依据《担保法》第28条"物保"优于"人保"原则,应当先处理借款人的房产还贷。

　　第二种观点认为,在按揭贷款中,大量的是期房抵押登记,相对于劫抵押,期房的抵押登记实质上只是一种期权合同登记,不构成"物保"。按揭贷款特有的融资操作模式下,在买受人取得房产证以前,严格意义上讲,不存在"物保"与"人保"并存的情形,开发商主张"物保优于人保"没有客观基础,因而也就不适用担保法第28条的规定。按揭贷款合同中,开发商自愿承担第一顺序的连带保证责任是其真实意思的表示。因此,即使存在"物保"与"人保"并存的情形,开发商承诺承担连带保证责任,意味着其放弃了"物保优于人保"的抗辩理由。

　　我们认为,对于这一争议问题,可以先从按揭贷款中要求开发商提供连带保证责任的动因分析。一直以来,国内房屋按揭贷款中实行双重担保,即"抵押"加"保证"。具体而言,即借款人以所购的房屋提供给贷款银行作抵押,在借款人取得该房屋的房产证和办妥抵押登记之前,由开发商提供第二重担保,即连带保证责任。具体做法是:贷款银行按照借款人借款金额的一定比例向开发商提取担保保证金,并划入在该银行开立的"担保保证金专户"内。一旦借款人发生违约情形,贷款人首先有权从该专户中直接扣收保证金,以此作为借款人违约拖欠贷款本息、罚息等的担保。如果保证金不够的,开发商必须继续提供担保。

按揭贷款中,贷款人购买期房与开发商交付合格的现房有一段时间差,这样就出现了一个问题,即在开发商交付合格现房以前,抵押物在实物上和法律上并不存在,对银行而言,承担着一个巨大的法律风险,即抵押物的落空,而这些法律风险恰恰是由于开发商的原因造成的。因此,作为贷款条件之一,银行要求在买受人取得房产证以前,开发商必须向银行提供连带保证责任,也就是承担第一顺序的还款责任。

对开发商而言,为获得银行的资金支持,加速楼盘的销售和及时回笼资金,向银行承诺为购房者提供连带保证责任也是一种无奈的选择。因此,法院在司法实践中,应充分考虑开发商提供连带保证责任的动因,准确处理按揭纠纷。

从按揭贷款中开发商承担连带保证责任的法律规定看,《物权法》实施之前,在按揭贷款中的期房阶段没有完全意义上的抵押物,因此,主张"物保优于人保"缺乏客观基础。楼花按揭期间,买方向银行提供的抵押不是物权的抵押,而是权益的抵押,买方将自己的期待权予以抵押。抵押登记只是预售合同抵押登记,只有买方取得房屋产权证,同时与银行共同办理抵押登记,才是真正的物权抵押。楼花按揭的法律性质有别于我国法律规定的抵押担保方式,属于一种特殊的房屋抵押贷款方式,不能简单地运用担保法调整楼花按揭关系。

因此,开发商主张适用《担保法》第 28 条"物保优于人保"是没有依据的。同时,我们主张即使在抵押物存在的情况下,如果开发商明知存在抵押物,放弃"物保优于人保"的抗辩权,承诺承担连带保证责任,按揭银行有权主张开发商承担第一顺序的还款责任。

(六)"假按揭"合同效力认定问题

所谓"假按揭",主要是"指开发商串通无真实购房意愿的购房借贷申请人或独立伪造购房借贷申请人,以虚假购房交易套取银行个人贷款并可能代替虚拟或不真实的购房借贷人归还贷款的行为"。① 假按揭的目的是利用假按揭套取银行贷款来解决资金周转的问题。"假按揭"的常见手段可以归纳如下:虚拟业主假签购房协议;代付首期款或零首付;虚开收入证明;多头抵押;首期款滚存;在多家银行重复贷款等。可以说,"假按揭"以其手段上的多样性和形式上的合法性已经让我国银行防不胜防。但是,不管形式如何多么多样性,目前主流的"假按揭"贷款基本上还是可以分为以下两大类:

1. 有真实签名的"假按揭"。此"假按揭"通常是开发商请不具有真实的购房意图的员工、亲戚等充当购房者"购买"自己的房产。这些人只是签名,按揭贷款由开发商负责还。当有人买房时,开发商则提前还贷,到房管部门注销抵押登记后转让给真正的购房者。

2. 伪造购房人签名的"假按揭"。此类的"假按揭"贷款是指房产商伪造购房借款人,申请人的签名,用虚假的购房合同和其他虚假的申请资料向银行申请个人住房贷款,如果银行同意申请,房产商继续伪造借款人的签名签订购房合同,并以借款人的名义还款。

关于"假按揭"合同效力问题,司法实践中存在不同观点:

第一种观点认为,只要是"假按揭"的,相应的合同效力都应予以否定。

第二种观点认为,对"假按揭"合同效力的认定,应分不同情况予以认定。

我们同意上述第二种观点。

1. 关于开发商和借款人的楼花买卖合同

无论是有真实签名的"假按揭",还是伪造签名的"假按揭",借款人和开发商之间买卖房屋的行为意思表示不真实,其实质目的是恶意串通骗取银行贷款。《合同法》第 52 条规定:"有下列情形之一的,合同无效:(一)一方以欺诈、胁迫的手段订立合同,损害国家利益;(二)恶意串通,损害国家、集体或者第三人利益;(三)以合法形式掩盖非法目的;(四)损害社会公共利益;(五)违反法律、行政法规的强制性规定。"根据该规定,开发商与借款人之间的房屋买卖合同无效。

2. 关于借款人与银行之间的借款合同

因为商品房买卖合同和借款合同不是主从合同关系,商品房买卖合同的无效

---

① 李延荣主编:《房地产法研究》,中国人民大学出版社 2007 年版,第 140 页。

并不能当然代表借款合同的无效。借款合同的效力可分为以下三种情况：

其一，银行不知情的具有真实签名的"假按揭"借款合同的效力。由于开发商和借款人的真实意图不在于购买住房，而是帮助骗银行贷款，因此开发商和借款人意思表示不真实。我国《合同法》第54条第2款的规定："一方以欺诈、胁迫的手段或者乘人之危，使对方在违背真实意思的情况下订立的合同，受损害方有权请求人民法院或者仲裁机构变更或者撤销。"根据此规定，该种借款合同应属于效力待定的合同，在银行行使撤销权之前，借款合同是有效的。实务中，银行为了自己的债权利益，一般不会行使撤销权，可以认定该类按揭合同是有效合同。

其二，银行知情的具有真实签名的"假按揭"借款合同的效力。贷款人明知借款人没有购房意图而不禁止发放贷款甚至还帮助操作"假按揭"贷款，对此类借款合同的效力问题，我国目前的《合同法》和《民法通则》并没有明确规定。但"串通"在本质上讲是一种"双方互相沟通、达成协议的过程"，从合同自由的原则出发，在没有其他违法因素的前提下，如果银行、借款人和开发商对"假按揭"的事实明知但都愿意承担此后果的，应视为双方的意思表示真实，所以银行与借款人签订的借款合同属于有效合同。另外，银行由于明知借款人的欺诈意图．所以，银行不是善意相对人，其不得以受到欺诈为由，作为受损害方变更或撤销。[①]

其三，开发商伪造借款人签名的"假按揭"合同的效力。由于借款人根本不存在即借款合同主体不存在，故此，无论银行对于"假按揭"是否知情，购房合同和贷款合同均应该是无效合同。

3. 关于担保合同

《担保法》第5条第1款规定："担保合同是主合同的从合同，主合同无效，担保合同无效。担保合同另有约定的，按照约定。"根据该条规定，如果合同双方没有在担保合同另行约定，在主合同即借款合同无效的情况下，抵押合同、保证合同当然无效；如果抵押合同及保证合同有约定"主合同无效，担保合同可以有效"，那么抵押合同及保证合同就可以有效。

因重大误解订立的；

在订立合同时显失公平的。

[①]　张炜主编：《住房金融业务与法律风险控制》，法律出版社2004年版，第193页。

一方以欺诈、胁迫的手段或者乘人之危,使对方在违背真实意思的情况下订立的合同,受损害方有权请求人民法院或者仲裁机构变更或者撤销。

当事人请求变更的,人民法院或者仲裁机构不得撤销。

(七)商品房按揭中提前还贷问题

对于提前还贷这一问题,一方面,对大多数的工薪阶层来说,购房仍需银行的贷款支持;另一方面,买受人对收入和支出的预期难以把握,譬如自然人突发疾病、企业效益不好、子女教育费用等因素的不确定,因而在签订按揭贷款合同时,往往留有一定的余地。当买受人有富余时,又想提前还款,尽早解脱还款负担。在我国的按揭实务中,一方面存在着买受人想提前还款的情况,另一方面也有按揭银行让买受人提前还款的情况。

关于商品房按揭中,买受人提前还贷应当如何处理的问题,司法实践中存在不同观点:

第一种观点认为,银行可对提前还贷的行为收取一定比例的违约金。理由主要是,由于提前还贷增加了银行不少业务量,造成了人力资源的占用,并且由于提前还贷使银行的贷款计划被打乱,银行贷款的中、长期预期收益也受到影响。因此,买受人提前还款是一种违约行为。

第二种观点认为,银行对提前还贷不表示反对,但也不会根据实际用款期限调整利率标准。因为贷款期限越长利率越高,而缩短贷款期限的却仍适用原合同利率标准,就等于为借款人做了补偿。

我们同意上述第二种观点。

在长达数年甚至十几年的期限中,买受人手中如有闲钱要提前还款,这种要求应该是合理、正常的,也符合法律的规定。而且,在当今社会整体信用环境并非良好的情况下,提前还贷这种做法反映了买受人强烈的信用意识,这样的还款行为应该为银行所鼓励。因此,买受人提前还贷是否构成违约,应考虑多种情况加以判定,不应做简单判断。

1. 从实务情况分析,提前还贷并不会给银行造成损失。买受人提前还贷是在借款合同约定的履行期限届满前采取的偿还债务的积极行为,它可以避免合同履行期限过长而给银行带来的债务履行风险,也可以减少买受人未来利息的支出。虽然提前还贷会减少银行预期利息收益,但银行是可以通过采取合理调整贷款结构及数额等措施,消除或减少提前还贷对银行收益的影响。总体上讲,提前还贷有利于各方当事人的总体利益,也有助于实现社会资源的优化配置,这种行为并不违反现行法律、商业规则及道德规范的要求,不应将其归入违约之列。

2. 从《合同法》分则关于借款合同的规定来看,提前还贷是一种适法行为。商品房预售按揭法律关系中,买受人与银行签订的预售商品房按揭贷款合同在性质上当然属于借款合同的范畴,应该受《合同法》关于借款合同的调整。我国《合同法》第 208 条规定:"借款人提前偿还借款的,除当事人另有约定的以外,应当按照实际借款的期间计算利息。"根据该条的规定,在借款合同未做明确约定的场合下,银行无权禁止借款人提前偿还借款,也无权单方面向提前还款者收取费用,更不应向提前还贷者收取违约金。传统民法理论向来鼓励债务人积极、诚信地履行债务,从来就没有禁止借款人提前偿还借款的禁止性规定。因此,若借款合同中没有就提前偿还借款做出禁止性约定,借款人可以选择提前偿还借款,且应按照实际借款的期间向银行缴纳较少的银行利息。①

3. 从债权法总体角度来看,债务人提前偿还债务一般不会增加债权人的负担。从公平角度出发,债权人可以向债务人收取必要的费用,以补偿债

权人的损失。对此,我国《合同法》第 71 条第 2 款也有明确的规定:"债务人提前履行债务给债权人增加的费用,由债务人负担。"然而,借款合同的标的是金钱,不是货物或其他物品,债务人提前还贷在法律上并未增加银行的负担,如管理货物的负担、保管的费用。作为履行标的物为金钱的这类合同,银行擅自要求买受人承担违约金责任或收取其他费用,应视为银行单方面变更合同条款或扩大买受人义务,此类要求对买受人不具有约束力。至于银行声称提前还贷将增加其工作量或减少其预期收入,显然不能作为其单方面增加买受人义务的理由。

(八)地震作为不可抗力免责事由适用于按揭债务问题

关于不可抗力,我国民法学界较为认同的学理解释是:人力所不可抗拒的力量,独立于人的行为之外,并且不受当事人的意志所支配的现象。它是各国民法通行的抗辩事由,通常包括重大的地震、海啸、台风等自然灾害及战争、武装冲突、罢工等重大的社会事件等。②

---

① 陈耀东:《商品房买卖法律问题专论》,法律出版社 2003 版,第 213 员
② 王利明著《民法学》,法律出版社 2008 年版,第 763 页。

　　是否属不可抗力,应从以下几个方面综合加以认定:其一,不可预见律要求构成不可抗力的事件必须是有关当事人在订立合同时,对这个否会发生是不可能预见到的。一般以主客观标准来判断。其二,不可避免性。合同生效后。当事人对可能出现的意外情况尽管采取了及时合理的但客观上并不能阻止这一意外情况的发生,这就是不可避免性。其三不可克服性。不可克服性是指合同的当事人对于意外发生的某一个事件的损失不能克服。构成一项合同的不可抗力事件,必须同时具备三个要件,缺一不可。

　　当地震导致买受人债务履行困难无力还贷时,其按揭债务能否得以减免? 对此,司法实践中存在不同观点

　　第一种观点认为,应以不可抗力及情事变更原则减免按揭债务。

　　第二种观点认为,按揭贷款仍应继续偿还。有学者认为:"房屋虽然已经灭失,业主丧失了房屋的所有权,但其向银行的付款义务并没有消灭。除非国家免除部分债务,否则业主应当继续清偿贷款债务。"①抵押物灭失的,并不当然免除借款人的还款责任,抵押久有还款能力的,还应当继续履行还款义务。

　　我们同意上述第二种观点。

　　依通说,金钱债务一般不适用不可抗力免责条款。《合同法》第109条规定:"当事人一方未支付价款或者报酬的,对方可以要求其支付价款或者报酬。"《合同法》第110条规定,当事人一方不履行非金钱债务或者履行非金钱债务不符合约定的,对方可以要求履行,但法律上或事实上不能履行的除外。也就是说,对非金钱债务法律上或事实上不能履行时,则对方可以不要求实际履行。对金钱债务违约方承担的违约责任是继续履行,不发生履行不能。地震导致了债务人责任财产丧失,但并不等于借款人就事实上不能履行,因为买受人可能还有其他财产来履行贷款债务。有学者就认为,在金钱债务未能及时履行时,无论迟延履行因何种原因引起,债务人都应付迟延责任,即"金钱债务不得因不可抗力而免责"。②

　　《合同法》第117条第1款规定:"因不可抗力不能履行合同的,根据不可抗力的影响,部分或者全部免除责任,但法律另有规定的除外。当事人迟延履行后发

---

①　杨立新:《汶川大地震应急民法思考》,载《光明日报》2008年6月23日。

②　[德]迪特尔。梅迪库斯:《德国债法总论》,杜最林、卢谌译,法律出版社2003年版,第40页。

生不可抗力的,不能免除责任。"即不可抗力是否导致责任的全部免除,关键在于不可抗力的影响程度。如果不可抗力的发生持续地影响合同使其已不可能履行,致使合同目的已不可能实现,则可导致全部责任的免除;如果只是暂时阻碍合同的履行,则可以推迟合同的履行,等到影响合同履行的不可抗力因素消除后,当事人仍有义务继续履行合同。一般而言,地震并不能导致买受人与银行之间贷款合同不能履行,仅是合同的延迟履行,因为买受人可能还有其他财产来履行贷款债务。因此,买受人仍有义务返还贷款,银行也有权向买受人追讨贷款。当然,因地震不可抗力可能导致买受人迟延还款,即买受人迟延履行的可免除迟延责任,特别是迟延赔偿责任。买受人的贷款债务本身不免除。实质上,地震作为不可抗力所破坏的是抵押法律关系,即导致抵押合同部分不能履行,当事人应当按照变更后的合同内容继续履行。银行无权要求买受人提供新的担保,因为买受人(抵押人)对于房屋的灭失无过错,但银行对于毁损房屋的物上代位物及土地使用权仍然享有抵押担保利益。抵押合同的变更履行并不影响主合同即借款合同的存续效力。据此,买受人理应依照借款合同继续履行还款义务。

第六章

农村房地产法律制度

基本理论

一、农村耕地的保护

耕地是人类赖以生存之本,我国向来重视对耕地的保护。《土地管理法》第3条明确规定:"十分珍惜、合理利用土地和切实保护耕地是我国的基本国策。"为使耕地保护得到落实,法律建立了一系列保护耕地的具体制度。

（一）土地用途管制制度

为防止耕地总量减少,我国实行严格的土地用途管制制度(《土地管理法》第4条第1款)。《土地管理法》第4条第2款将土地分为农用地、建设用地和未利用地,并规定:"严格限制农用地转为建设用地,控制建设用地总量,对耕地实行特殊保护。"所谓农用地,是指直接用于农业生产的土地,包括耕地、林地、草地、农田水利用地、养殖水面等。非农业建设必须节约使用土地,可以利用荒地的,不得占用耕地;可以利用劣地的,不得占用好地。禁止占用耕地建窑、建坟或者擅自在耕地上建房、挖砂、采石、采矿、取土等。凡建设涉及农用地转为建设用地的,必须按规定办理农用地转用审批手续。

（二）占用耕地补偿制度

《土地管理法》第31条中规定:"国家实行占用耕地补偿制度。"其具体内容是:非农业建设经批准占用耕地的,按照"占多少,垦多少"的原则,由占用耕地的单位负责开垦与所占用耕地的数量和质量相当的耕地;没有条件开垦或者开垦的耕地不符合要求的,应当按照省、自治区、直辖市的规定缴纳耕地开垦费,专款用于开垦新的耕地。县级以上地方人民政府可以要求占用耕地的单位将所占用耕地耕作层的土壤用于新开垦耕地、劣质地或者其他耕地的土壤改良。开垦耕地计划由省、自治区、直辖市人民政府制定,并监督占用耕地的单位按照计划开垦耕地或者按照计划组织开垦耕地、组织验收。

(三)基本农田保护制度

我国实行基本农田保护制度,《土地管理法》第34条中规定:"国家实行基本农田保护制度。"为切实保护基本农田,国务院于1998年12月制定了《基本农田保护条例》,具体规定了基本农田保护制度。

所谓基本农田,是指按照一定时期人口和社会经济发展对农产品的需求,依据土地利用总体规划确定的不得占用的耕地。所谓基本农田保护区,是指为对基本农田实行特殊保护而依据土地利用总体规划和依照法定程序确定的特定保护区域。依照《土地管理法》和《基本农田保护条例》的规定,各级人民政府在编制土地利用总体规划时,应当将基本农田保护作为规划的一项内容,明确基本农田保护的布局安排、数量指标和质量要求;县级和乡(镇)土地利用总体规划应当确定基本农田保护区;省、自治区、直辖市划定的基本农田应当占本行政区域内耕地总面积的80%以上,具体数量指标根据全国土地利用总体规划逐级分解下达。

依照《土地管理法》和《基本农田保护条例》规定,下列耕地应当根据土地利用总体规划划入基本农田保护区:(1)经国务院有关主管部门或者县级以上地方人民政府批准确定的粮、棉、油生产基地内的耕地;(2)有良好的水利与水土保持设施的耕地,正在实施改造计划以及可以改造的中、低产田;(3)蔬菜生产基地;(4)农业科研、教学实验田;(5)国务院规定应当划入基本农田保护区的其他耕地。根据土地利用总体规划,铁路、公路等交通沿线,城市和村庄、集镇建设用地周边的耕地,应当优先划入基本农田保护区;需要退耕还林、还牧、还湖的耕地,不应当划入基本农田保护区。

(四)闲置耕地禁止制度

《土地管理法》第37条明确规定,禁止任何单位和个人闲置、荒芜耕地。为依法处理和充分利用闲置耕地,保护耕地,国土资源部于1999年4月26日发布了

《闲置土地处置办法》。

（五）土地复垦制度

土地复垦是指对在生产建设活动过程中,因挖损、塌陷、压占等造成破坏的土地,采取整治措施,使其恢复到可利用状态的活动。《土地管理法》第 42 条专门规定了土地复垦制度:"因挖损、塌陷、压占等造成土地破坏,用地单位和个人应当按照国家有关规定负责复垦;没有条件复垦或者复垦不符合要求的,应当缴纳土地复垦费,专项用于土地复垦。复垦的土地应当优先用于农业。"为确保土地复垦工作的顺利实施,国务院于 1988 年发布了《土地复垦规定》。

土地复垦采取"谁开发、谁复垦"的原则。在通常情况下,复垦义务人是从事开采矿产资源、烧制砖瓦、燃煤发电等生产建设活动的企业和个人。从事生产建设活动的企业和个人可以自行复垦,也可以将其承包给其他有条件的单位和个人。从事生产建设活动的企业和个人可以自行复垦,也可以将其承包给其他有条件的单位和个人。承包给他人的,应当签订承包合同,明确双方当事人的权利和义务。土地复垦的费用,应当根据土地被破坏的程度、复垦标准和复垦工程量合理确定。

二、农村建设用地

（一）宅基地使用权

《物权法》第 152 条规定:"宅基地使用权人依法对集体所有的土地享有占有和使用的权利,有权依法利用该土地建造住宅及其附属设施。"根据这一规定,宅基地使用权是指农村集体经济组织成员依法享有的在集体所有的土地上建造住宅及其附属设施的权利。

1. 宅基地使用权人的权利义务

（1）宅基地的占有使用权。宅基地使用权人取得宅基地使用权的目的,在于在宅基地上建造住宅及其他附属设施,所以,宅基地使用权人当然享有占有、使用宅基地的权利,这是宅基地使用权人的最基本权利。例如,宅基地使用权人有权在宅基地上建造住房、有权在宅基地上建造与住房的居住生活有关的其他建筑物和设施、有权在宅基地上从事其他附属行为、有权利用宅基地的地上及地下一定范围内的空间等。

(2)利用宅基地获得收益的权利。宅基地使用权的目的在于满足农村居民的居住需要,因此,宅基地使用权人不能利用宅基地从事经营活动,也不能将宅基地使用权流转以获得利益。但这并不完全禁止在满足居住生活的前提下,宅基地使用权人可以利用宅基地从事一定的家庭生产经营活动。例如,经批准利用住宅开设小商店、小旅店,利用住宅开设家庭手工小作坊,利用庭院饲养供出售的家禽、家畜等。

(3)宅基地使用权的附随流转权。宅基地使用权虽然是一种财产权,但与宅基地使用权人的一定身份密切相关,所以,宅基地使用权的流转受到严格的限制,须随同房屋所有权一同流转,而不得单独流转。但依照《土地管理法》第62条第4款规定,农村村民出卖、出租住房后,再申请宅基地的,不予批准。

(4)征收、征用时的补偿请求权。《物权法》第121条规定:"因不动产或者动产被征收、征用致使用益物权消灭或者影响用益物权行使的,用益权人有权依照本法第42条、第44条的规定获得相应的补偿。"根据这一规定,因宅基地被征收、征用的,宅基地使用权人有权要求给予补偿。当然,这里的补偿也应包括对住宅的补偿。《物权法》第42条第1、3款规定:"为了公共利益的需要,依照法律规定的权限和程序可以征收集体所有的土地和单位、个人的房屋及其他不动产。""征收单位、个人的房屋及其他不动产,应当依法给予拆迁补偿,维护北征收人的合法权益;征收个人住宅的,还应当保障被征收人的居住条件。"第44条规定:"因抢险、救灾等紧急需要,依照法律规定的权限和程序可以征用单位、个人的不动产或动产。被征用的不动产或者动产使用后,应当返还被征用人。单位、个人的不动产或者动产被征用或者征用后毁损、灭失的,应当给予补偿。"

2. 宅基地使用权人的义务

(1)按照批准的用途使用宅基地的义务。宅基地使用权的目的在于满足农村居民的居住生活需要,宅基地只能用于建造住宅及其附属设施,不能用于其他用途。如果宅基地使用权人不按照批准的用途使用宅基地,如在宅基地上建造厂房开设工厂等,国土资源管理部门和土地所有权人应当加以制止,责令其停止不按照用途使用的行为;情节严重的,土地所有权人有权收回宅基地使用权。

(2)按照批准的面积建造住宅及附属设施的义务。我国法在宅基地使用权问题上,不仅实行"一户一宅"原则,而且对于宅基地的面积有严格的限制。各地人民政府均对宅基地的面积有明确的规定,宅基地使用权人必须按照批准的宅基地面积建造住宅及其附属设施。

(3)服从国家、集体的统一规划的义务。宅基地使用权的取得应当服从国家、集体的统一规划,其行使也应服从国家、集体的统一规划。因国家、集体的统一规划而需要变更宅基地时,宅基地使用权人应当配合,不得阻挠。当然,因变更宅基地而给宅基地使用权人造成损失的,国家、集体应当依法给予补偿。

(4)不得妨碍公共利益或他人合法权益的义务。宅基地使用权人在行使宅基地使用权时,一方面不得妨碍社会公共利益,如不得侵占公共道路等;另一方面不得妨碍他人的合法权益,如不得妨碍他人通风、采光,不得给相邻房屋造成危险等。

(二)乡镇企业建设用地使用权

所谓乡镇企业建设用地使用权,是指农村集体经济组织为兴办企业或与其他单位和个人以土地使用权入股、联营等形式共同举办企业而使用集体所有土地的权利。允许农村集体经济组织以土地使用权作为出资,使其可以以土地作为投资吸引外来资金、技术、管理经验,是加快农村建设一条重要途径。

乡镇企业建设用地使用权包含以下三方面含义:(1)乡镇企业建设用地的主体限于农村集体经济组织;(2)乡镇企业建设用地使用权的客体是集体所有的由乡(镇)土地利用总体规划确定的建设用地;(3)乡镇企业建设用地使用权的使用目的是为兴办企业或与其他单位和个人以土地使用权入股、联营等形式共同举办企业。

(三)乡(镇)村公共设施、公益事业建设用地使用权

所谓乡(镇)村公共设施、公益事业建设用地使用权,是指农村基层组织为修建乡(镇)村公共设施和兴办公益事业而使用集体所有土地的权利。

乡(镇)村公共设施和公益事业建设用地使用权包含三层含义:(1)乡(镇)公共设施和公益事业建设用地使用权的主体主要是农村基层组织,具体包括农村集体经济组织、乡(镇)政府、村民委员会、村民小组等;(2)乡(镇)村公共设施和公益事业建设用地使用权的客体是集体所有土地,不包括国有土地;(3)乡(镇)村公共设施和公益事业建设用地使用权的目的是修建乡(镇)村公共设施和兴办公益事业,具体包括为适应群众物质生活需要而投资兴建的农村道路、桥梁、供水、

排水、电力、通信、公共交通、公共厕所等公共设施,以及为满足公众的文化、教育、卫生、医疗、保健等需要而投资兴建的学校、幼儿园、敬老院、卫生所、保健站、体育场、影剧院等公益事业。

依照《土地管理法》第61条的规定,为修建乡(镇)村公共设施和兴办公益事业需要使用土地的,应经乡(镇)人民政府的审核,向县级以上地方人民政府国土资源管理部门提出申请,按照省、自治区、直辖市规定的批准权限,由县级以上人民政府批准。如果占用农用地,还需要依照《土地管理法》第44条办理农用地转为建设用地审批手续。

乡(镇)村公共设施、公益事业建设用地使用权不得转让,也不得设定抵押。

三、土地承包经营权

《物权法》第125条规定:"土地承包经营权人依法对其承包经营的耕地、林地、草地等享有占有、使用和收益的权利,有权从事种植业、林业、畜牧业等农业生产。"可见,土地承包经营权是指土地承包经营权人依法享有的对其承包经营的耕地、林地、草地等占有、使用和收益以及自主从事种植业、林业、畜牧业等农业生产的权利。

土地承包经营权可以从不同角度进行分类,主要如下三种分类:

(一)依据承包方式,土地承包经营权可分为依家庭承包方式取得的土地承包经营权和依其他方式承包取得的土地承包经营权

《农村土地承包法》第3条第2款规定:"农村土地承包采取农村集体经济组织内部的家庭承包方式,不宜采取家庭承包方式的荒山、荒沟、荒丘、荒滩等农村土地,可以采取招标、拍卖、公开协商等方式承包。"可见,依家庭承包方式取得的土地承包经营权,是指本集体经济组织成员采用家庭承包的方式所取得的土地承包经营权。这种土地承包经营权,可以简称为家庭承包经营权;依其他方式承包取得的土地承包经营权,是指对不宜采取家庭承包方式的"四荒"土地,通过采取招标、拍卖、公开协商等方式承包所取得的土地承包经营权。这种土地承包经营权,可以简称为"四荒"承包经营权。

家庭承包经营权和"四荒"承包经营权存在如下主要区别:(1)权利主体的范围不同。家庭承包经营权的主体限于本集体经济组织的成员,且各成员平等地享

有承包土地的权利;而"四荒"承包经营权的主体既可以是本集体经济组织的成员,也可以是本集体经济组织以外的单位或者个人,但本集体经济组织成员在同等条件下有优先承包权。(2)权利主体的表现形式不同。家庭承包经营权的主体是以农户的身份出现的,即承包方是本集体经济组织的农户(《农村土地承包法》第15条);而"四荒"承包经营权的主体可以是单位,也可以是个人,而个人既可以是以农户的形式出现,也可以是单个的自然人。(3)权利客体不同。家庭承包经营权的客体主要是耕地、林地、草地等农村土地;而"四荒"承包经营权客体主要是"四荒"土地。(4)权利取得程序不同。家庭承包经营权采取依承包方案签订承包合同的方式而设立;而"四荒"承包经营权则采取依招标、拍卖和公开协商等方式签订承包合同的方式而设立。(5)权利流转方式不同。家庭承包经营权的流转方式包括转包、出租、互换、转让、入股等;而"四荒"承包经营权的流转方式包括转让、出租、入股、抵押等。可见,家庭承包经营权不得抵押(《物权法》第184条),而"四荒"承包经营权则可以抵押(《物权法》第133条、第180条)。

(二)依承包地的性质,土地承包经营权可分为集体土地承包经营权与国有土地承包经营权。

依照《农村土地承包法》第2条的规定,土地承包经营权的客体为农村土地,而农村土地包括农民集体所有的土地和国家所有依法由农民集体使用的土地。据此,以农民集体所有的土地为客体的,为集体土地承包经营权;以国家所有依法由农民集体经济组织使用的土地为客体的,为国有土地承包经营权。

集体土地承包经营权与国有土地承包经营权存在如下区别:(1)权利客体不同。前者是以集体所有的土地为权利客体的,权利人是在土地所有权的基础上取得土地承包经营权;后者是以国家所有的土地为权利客体的,权利人是在土地使用权的基础上取得土地承包经营权,即先由集体经济组织取得国有土地的使用权,然后再由权利人在此土地使用权基础上取得土地承包经营权。因此,严格地说,后者的权利客体应当是集体取得的国有土地使用权。(2)权利限制不同。由于国有土地承包经营权是以集体取得的土地使用权为基础而设立的,因此,集体在取得国有土地的使用权时所设定的条件,对土地承包经营权人也会发挥作用。但是,由于集体土地承包经营权是以集体土地所有权为基础而设立的,因此,土地承包经营权不会存在如同国有土地承包经营权那样的限制条件。(3)国家在需要使用土地时的权力不同。国家在需要使用集体土地时,可以行使征收权,集体土地承包经营权因征收而消灭。在此情况下,集体土地的所有权人、土地承包经营权人均可以得到征收补偿;而国家在需要使用自己所有而交由集体经济组织使用的土地时,不必行使征收权,通过行使收回权即可以达到目的。在此情况下,国家一般只需对土地承包经营权人进行补偿即可,而无须对集体经济组织进行补偿。

(三)依承包地的分类,土地承包经营权可分耕地承包经营权、林地承包经营权、草地承包经营权、"四荒"承包经营权等。

耕地承包经营权是以耕地为客体的土地承包经营权,这是土地承包经营权的主要部分。所谓耕地,主要是指种植农作物的土地,包括熟地、新开发整理复垦地、休闲地、轮歇地、草田轮作地;以种植农作物为主,间有零星果树、桑树或其他树木的土地;平均每年能保证收获一季的已垦滩地和海涂。

林地承包经营权是以林地为客体的土地承包经营权。所谓林地,是指生长乔木、竹类、灌木、沿海红树林的土地。

草地承包经营权是以草地为客体的土地承包经营权。所谓草原即草地,是指生长草本植物为主,用于畜牧业的土地,具体包括天然草地、改良草地、人工草地。

"四荒"承包经营权是以荒山、荒沟、荒丘、荒滩等为客体的土地承包经营权。荒山、荒沟、荒丘、荒滩(包括荒地、荒沙、荒草和荒水等)必须是农村集体经济组织所有的、未利用的土地,耕地、林地、草原以及国有未利用土地不得作为"四荒"土地承包。同时,对于权属不明确、存在争议的未利用土地不得将其作为"四荒"土地进行承包。

四、集体土地的征收

(一)集体土地征收的概念和特点

依照《宪法》第 10 条第 3 款的规定,国家为了公共利益的需要,可以依照法律规定对土地实行征收或者征用并给予补偿。《物权法》第 42 条规定:"为了公共利益的需要,依照法律规定的权限和程序可以征收集体所有的土地和单位、个人的房屋及其他不动产。"可见,集体土地征收是指国家为公共利益需要,依照法定程序,将集体所有土地变为国有土地的法律制度。在集体土地征收中,土地征收方是国家,其他组织和个人可以作为申请用地的主体,但不能成为集体土地征收方;

被征收的土地是集体土地;土地征收的结果是土地所有权的变更,被征收的土地归属于国家所有。可见,集体土地的征收具有如下特点:

第一,集体土地征收的强制性。征收集体所有土地是国家的一种强行性的行政行为。不论集体土地所有权人是否同意,只要符合法定条件,国家就有权征收集体土地归国家所有。

第二,集体土地征收的公益目的性。国家征收集体土地只能是出于公共利益的目的,这是各国土地征收的通例。我国《宪法》第10条和《土地管理法》第2条、《物权法》第42条都确规定,征收集体所有土地必须是"为了公共利益的需要"。

第三,集体土地征收的补偿性。依照我国现行法的规定,国家征收集体土地的,应当按照被征收的土地原用途给予补偿。《物权法》第42条第2款规定:"征收集体所有的土地,应当依法足额支付土地补偿费、安置补助费、地上附着物和青苗的补偿费等费用,安排被征地农民的社会保障费用,保障被征地农民的生活,维护被征地农民的合法权益。"

(二)集体土地征收的补偿和安置

国家征收集体土地时,对给土地权利人造成的经济损失应当给予补偿。依照我国现行法的规定,集体土地征收的补偿和安置主要包括如下内容:

1. 征收耕地的补偿内容和标准

《土地管理法》第47条第2款中规定:"征收耕地的补偿费用包括土地补偿费、安置补助费以及地上附着物和青苗的补偿费。"《物权法》第42条第2款规定:"征收集体所有的土地,应当依法足额支付土地补偿费、安置补助费、地上附着物和青苗的补偿费等费用,安排被征地农民的社会保障费用,保障被征地农民的生活,维护被征地农民的合法权益。"可见,征收耕地的补偿费用包括土地补偿费、安置补助费、地上附着物补偿费、青苗补偿费。

征收耕地的土地补偿费,为该耕地被征收前三年平均年产值的六至十倍。这里的"耕地",是指实际征收的耕地数量。征收土地的补偿费归农村集体经济组织所有。

征收耕地的安置补助费,按照需要安置的农业人口数计算。需要安置的农业人口数,按照被征收的耕地数量除以征地前被征收单位平均每人占有耕地的数量计算。每一个需要安置的农业人口的安置补助费标准,为该耕地被征收前三年平均年产值的四至六倍。这里的"耕地",是指在被征收土地所在地,被征地单位平均每人占有的耕地数量。这样规定,是将每一个需要安置的农业人口的安置补助费与人均耕地面积挂钩,以被征收土地所在地的人均耕地的平均年产值的倍数计算安置补助费,从而使安置补助费标准的确定更加公平、合理,有利于保护农民利益,维护社会稳定。但是,每公顷被征收耕地的安置补助费,最高不得超过被征收前三年平均年产值的十五倍。需要安置的人员由农村集体经济组织安置的,安置补助费支付给农村集体经济组织,由农村集体经济组织管理和使用;由其他单位安置的,安置补助费支付给安置单位;不需要统一安置的,安置补助费发放给被安置人员个人或者征得被安置人员同意后用于支付被安置人员的保险费用。征收土地的安置补助费必须专款专用,不得挪作他用。市、县和乡(镇)人民政府有义务对安置补助费使用情况进行监督。

被征收土地上的附着物和青苗的补偿标准,由省、自治区、直辖市规定。地上附着物及青苗补偿费归地上附着物及青苗的所有者所有。

2. 征收城市郊区的菜地补偿内容和标准

征收城市郊区的菜地,除土地补偿费、安置补助费、地上附着物和青苗的补偿费外,用地单位还应当按照国家有关规定缴纳新菜地开发建设基金。

3. 征收其他土地的补偿内容和标准

征收其他土地的土地补偿费和安置补助费标准,由省、自治区、直辖市参照征收耕地的土地补偿费和安置补助费的标准规定。

如果支付的土地补偿费和安置补助费,尚不能使需要安置的农民保持原有生活水平的,经省、自治区、直辖市人民政府批准,可以增加安置补助费。但是,土地补偿费和安置补助费的总和不得超过土地被征收前三年平均年产值的三十倍。在特殊情况下,国务院根据社会、经济发展水平,可以提高征收耕地的土地补偿费和安置补助费的标准。

征收土地的各项费用应当自征地补偿、安置方案批准之日起3个月内全额支付。

案例实务①

案例 6.1

[案情]

杜绍惠系菜子地村民小组的村民,户口所在地为菜子地村民小组 74 号,其在菜子地村民小组拥有承包地。2013 年 7 月,92247 海军部队建设征收占用了菜子地小组村民的部分土地,含杜绍惠的部分承包土地。2013 年 8 月,菜子地村民小组就被征收土地补偿款的分配问题召开村民小组成员会议,会议投票表决通过了土地补偿款的分配方案,以签订征用土地协议时村里在册人口 449 人为基数进行分配。但却排除了杜绍惠的分配资格。另外,2005 年 8 月 1 日菜子地村民小组开始施行《嵩明县白邑乡菜子地村村规民约》,其中第六十五条载明:本村村民的女子外嫁或男子到外地招亲,已办理户口迁出手续的,次年起不再享受集体经济利益分配权。超过当年的 12 月 31 号,不办理迁出手续,不再享受村组的各种待遇。

云南省昆明市盘龙区人民法院于 2014 年 4 月 14 日作出(2014)盘法民巡初牢第 29 号民事判决:由被告昆明市盘龙区滇源街道办事处菜子地村委会、昆明市盘龙区滇源街道办事处菜子地村委会菜子地村民小组于本判决书生效之日起五日内支付原告杜绍惠征地补偿款人民币 23635 元。宣判后,菜子地村委会、菜子地村民小组向云南省昆明市中级人民法院提起上诉。云南省昆明市中级人民法院于 2015 年 1 月 30 日以同样的事实作出(2014)昆民一终字第 578 号民事判决,驳回上诉,维持原判。

试分析村集体经济组织是否能以现有村规民约规定或村民代表会议表决决定为由剥夺外嫁女对征地补偿款的分配权。

[案例分析]

对村民组织成员资格问题虽然目前法律尚没有明确的界定,但可以从以下几个方面据以认定:(1)是否具有本集体经济组织的户口;(2)是否享有本集体经济

---

① 本章案例来源于国家法官学院案例开发研究中心编《中国法院 2016 年度案例·土地纠纷》,中国法制出版社,2016 年

组织的土地承包经营权;(3)是否以本集体经济组织的土地为生活来源。本案中杜绍惠已具备上述三个条件,应认定其具有菜子地村民小组村民组织成员资格。本案属承包地征收补偿费用分配纠纷,根据《中华人民共和国土地管理法》的规定,国家保护村民对征地款的分配权利。农村集体土地被征收后所得的补偿是对全体集体成员的补偿,应由土地共有人共同享有,该款的分配应由享有村民待遇的村民共同参与分配。菜子地村民小组部分土地被征收后,不能以村民小组集体讨论为由剥夺杜绍惠的集体组织成员资格,菜子地村民小组的行为侵犯了杜绍惠的民事权利。被告制定的资金分配方案,系村民代表签字认可,属于村民自治行为,但根据《中华人民共和国村民委员会组织法》第二十七条的规定,村民自治机构所设定的事项不得与宪法、法律和国家政策相冲突,不得侵犯村民的人身权、财产权等权利。本案中,因土地被征收而对补偿费用进行分配,是村基层组织的自治事项,可以由村民表决,行政司法权力一般不对该费用分配事项进行干预。但是,对分配土地补偿费用行为不服的村民可依法提起诉讼,法院可以对其分配行为进行审查,在审查时,要充分尊重村民自治权,但同时也应注意保护公民财产权,村民自治权不能对抗公民的财产权和生存权,村民自治不能违反法律的强制性规定,应公平合理地分配征地款。另,《中华人民共和国妇女权益保障法》第三十二条规定,妇女在农村土地承包经营、集体经济组织收益分配、土地征收或者征用补偿费使用等方面,享有与男子平等的权利。

《中华人民共和国农村土地承包法》第十六条第一款第(二)项规定:"承包方享有下列权利:(二)承包地被依法征用、占用的,有权依法获得相应的补偿"。《最高人民法院关于审理涉及农村土地承包纠纷案件适用法律问题的解释》幕二十四条规定:"农村集体经济组织或者村民委员会、村民小组,可以依照法律规定的民主议定程序,决定在本集体经济组织内部分配已经收到的土地补偿费。征地补偿安置方案确定时已经具有本集体经济组织成员资格的人,请求支付相应份额的,应予支持。……"《中华人民共和国村民委员会组织法》第二十七条规定:"村民自治机构所设定的事项不得与宪法、法律和国家政策相冲突,不得侵犯村民的人身权、财产权等权利。"本案中,杜绍惠出生在菜子地村民小组,其自出生就已取得了菜子地村民小组的集体经济组织成员资格。杜绍惠现虽嫁到其他村小组,且其户口至今仍在菜子地村民小组,且仍拥有菜子地村民小组的承包地,也未在其他村小组获得过新的承包地,故其仍具有菜子地村民小组的集体经济组织成员资格,在其承包土地被征用后,杜绍惠作为村集体经济组织成员理应获得相应的征地补偿款,菜子地村委会、菜子地村民小组不得以现有村规民约规定或村民代表会议表决决定为由剥夺杜绍惠对征地补偿款的分配权。

案例6.2

[案情]

潘洵吉系武鸣县泚阳村第十村民小组(以下简称泚阳村第十组)村民,潘天禄系泚阳村第十二组村民。潘天禄系潘长英、潘彩英的父亲,潘爱莲的丈夫,于2012年去世。1996年1月1日,潘洵吉与潘天禄签订一份《合同书》,载明:"本人与十二队潘天禄责任地与责任地交换耕种。即潘天禄马鞍山责任地与本人塘场责任地交换耕作,直至与集体承包期限终止。交换耕种期间,双方需共同遵守合同,不得单方随意更改变换,如有某方非要更改变换的,需负另一方由此造成的一切经济损失。"

潘天禄病故后,潘长英等人多次要求终止互换合同,潘洵吉不同意,双方由此产生纠纷。潘洵吉起诉至法院请求:1.确认潘洵吉与潘天禄签订的土地承包经营权互换合同合法有效;2.判令潘长英等继续履行土地承包经营权互换合同。潘长英等认为《合同书》无效,应驳回潘洵吉的诉讼请求。

另查明:潘洵吉用于交换的承包地属于泚阳村第十组所有,地名为塘场.面积3.4亩,现由潘长英等人种植木薯。潘天禄用于交换的承包地属于泚阳村第十二组所有,地名为"更矮",也叫"马鞍山",潘洵吉实际使用面积为9.12亩,现种植木薯。

试析潘洵吉与潘天禄于1996年1月1日签订的合同书是否有效。

[案例分析]中华人民共和国农村土地承包法》第四十条、《农村土地承包经营权流转管理办法》第十七条规定了土地承包经营权的互换主体仅限于同一集体经济组织内部成员之间,不得与属于其他集体经济组织的土地承包经营权进行交换,互换的法律后果是互换双方对互换土地原享有的承包权利和承担的义务也相应互换。潘洵吉与潘天禄属不同的集体经济组织,两人将分属不同经济组织的土地承包经营权进行互换,不符合上述规定,同时也不符合《中华人民共和国土地管理法》关于"农民集体所有的土地由本集体经济组织以外的单位或者个人承包经

营的,必须经村民会议三分之二以上成员或者三分之二以上村民代表同意,并报经乡(镇)人民政府批准"的规定,合同应无效。

案例6.3

[案情]

林裕友与蔡乖治(已故)系夫妻,林素兰、林素琴是其女儿。

林裕友、林素兰、林素琴诉称,林裕友与蔡乖治系莲花小组集体经济组织成员,依法享有农村土地承包经营权,林裕友已取得责任地1.2亩。林裕友和蔡乖治被送往东孚养老院养老时,责任地曾被收回。东孚养老院将林裕友和蔡乖治送回莲花小组时,莲花小组已补给责任地1.2亩,地点在崎嶙。蔡乖治身故后,莲花小组将该责任地的1.2亩擅自收回,并补给陈德钦、陈金象两人,违反了农村土地三十年延包不变的法律政策,侵犯了林裕友和蔡乖治依法享有的土地承包权益。现上述责任地1.2亩已被征收,土地补偿款17600元已经到位,莲花小组未按规定向林裕友支付土地补偿款:莲花小组拟用后续的其他征地补偿款发放给林裕友,林裕友不同意。现林裕友去向不明,由其女林素兰为法定代理人,林素兰、林素琴系蔡乖治之女,依法享有继承权。故提起诉讼,请求判令莲花小组向三原告支付征地补偿款117600元。

试分析家庭承包农户的诉讼主体及继承问题。

[案例分析]

厦门市海沧区人民法院经审理认为,本案系承包地征收补偿费用分配纠纷,根据《中华人民共和国农村土地承包法》第十五条的规定,家庭承包的承包方是本集体经济组织的农户。由此可见,农村土地承包经营是以"农户"为单位进行的,若产生农村土地承包的民事纠纷,亦应以农户作为民事诉讼的主体。本案林裕友与蔡乖治为一户,承包了莲花小组的责任地1.2亩。蔡乖治去世后,林裕友作为该户唯一成员,在与莲花小组产生土地承包经营的民事纠纷时,林裕友应当依法以户代表的身份作为原告进行民事诉讼。但,现林裕友下落不明,本案《民事起诉状》中"林裕友"的签名并非其本人所签,无法确认本案民事诉讼是林裕友的真实意思表示,因此,对本案"林裕友"的原告资格应不予认可。关于林素兰、林素琴在本案中是否具有民事诉讼原告资格,林素兰、林素琴两人均不是本案所涉农业承包户的成员,因此,不能作为本案承包地征收补偿费用分配纠纷的原告。关于林素兰、林素琴主张在蔡乖治去世后,其作为蔡乖治之女,对讼争承包地征收补偿费用中蔡乖治的份额享有继承的权利,故应作为本案原告参加诉讼。农村土地以户为单位承包,相应的土地收益也应以户为单位享有,虽然本案讼争地被征收时蔡乖治已经去世,但是蔡乖治所在的承包户还存在,因此讼争承包地征收补偿费用也应由林裕友一户享有,不发生继承的问题。且林素兰、林素琴主张的继承关系与本案所涉承包地征收补偿费用分配关系为不同的两个法律关系,不能合并审理。

本案的争议焦点在于家庭承包户以外的人员是否可以向发包的村民小组主张权利。

1. 家庭承包农户的诉讼主体资格

根据《中华人民共和国农村土地承包法》第十五条"家庭承包的承包方是本集体经济组织的农户"之规定,集体经济组织内部的农户,是家庭承包方式中土地承包经营权的唯一权利主体。家庭承包的农户,是指在法律允许的范围内,按照承包合同的规定,使用归集体所有的土地和其他生产资料,从事独立的农业商品生产经营活动的农村集体经济组织的成员。家庭承包的农户具有三个法律特征:第一,家庭承包的农户是具有独立法律人格的经济实体,是集体经济的合法经营者。第二,家庭承包的农户依法律规定和合同约定享有民事权利,可依法自主进行一定的法律行为,其行为的法律后果归其自身承受,其合法权益受法律保护,并依法定或约定承担相应的法律责任。第三,家庭承包的农户在经济上实行独立核算,自负盈亏;在债务承担上,应以家庭共有财产承担无限清偿责任。

家庭承包农户具有民事主体资格,因此在产生农村土地承包的民事纠纷时,家庭承包农户应作为民事诉讼的主体。但是家庭承包农户毕竟只是一个法律名词,诉讼中应明确具体行使诉讼权利和承担义务的人员。根据《最高人民法院关于审理涉及农村土地承包纠纷案件适用法律问题的解释》第四条:"农户成员为多人的,由其代表人进行诉讼。农户代表人按照下列情形确定:(一)土地承包经营权证等证书上记载的人;(二)未依法登记取得土地承包经营权证等证书的,为在承包合同上签字的人;(三)前两项规定的人死亡、丧失民事行为能力或者因其他原因无法进行诉讼的,为农户成员推选的人"之规定,若农户成员不足三人的,则全体成员均可作为诉讼当事人参加诉讼;若农户成员为三人以上的,则根据上述司法解释的规定来确定代表人参加诉讼。

在本案中,林裕友与蔡乖治两人为一户,承包了莲花小组的责任地1.2亩。蔡乖治去世后,林裕友作为该户唯一成员,在与莲花小组产生土地承包经营的民事纠纷时,林裕友应当依法以户代表的身份作为原告进行民事诉讼。但本案在起诉时,林裕友下落不明,《民事起诉状》中"林裕友"的签名并非其本人所签,无法确认本案民事诉讼是林裕友本人的真实意思表示。对本案"林裕友"主体资格无法认可。而林素兰、林素琴两人不是本案所涉农业承包户的成员,因此,不能作为本案承包地征收补偿费用分配纠纷的原告。

2. 家庭承包的继承问题

《中华人民共和国农村土地承包法》第三十一条区分三种不同的情况,对家庭承包的继承问题进行了规定:

第一,家庭承包的土地承包经营权不发生继承问题。家庭承包是集体经济组织内部的农民进行的承包,以农户家庭为承包单位,承包过程强调公平,承包地具有强烈的社会保障功能、系集体经济组织农户的主要经济来源和生活保障。通过家庭承包的方式取得的土地承包经营权,家庭的某个或部分家庭成员死亡的,承包土地的承包户承包合同继续有效,所以经营权不发生继承问题。家庭成员全部死亡的,土地承包经营权消灭,由发包方收回承包地。

第二,承包人应得的收益可以依法继承。在承包期内,承包人死亡的,其依法应当获得的承包收益,按照《中华人民共和国继承法》的规定继承。这里的"承包人"应当理解为承包户中任何一个家庭成员。具体包括两种情况:一是在承包期内,家庭成员之一死亡的(如户主去世)或家庭成员全部死亡的,因死亡成员在生前对该承包土地投入了资金,付出了劳动,依法应得的承包收益属于其遗产,应当按照《中华人民共和国继承法》的规定继承。

第三,林地的承包人死亡后其继承人可以继续承包。考虑到林地具有一定的特殊性,如投资周期长,见效慢等,因此,《中华人民共和国农村土地承包法》在许多方面将林地与耕地、草地区别对待,这是符合实际的。按照该法第三十一条第二款的规定,林地的承包人死亡的,其继承人在承包期内可以继续承包。这里主要是指,家庭承包的林地,在家庭成员全部死亡的情况下,最后一个死亡的家庭成员继承人(可以是本集体经济组织成员,也可以是本集体经济组织以外的继承人),在承包期内均可以继续承包,直到承包期满。而承包林地的家庭成员一个或部分成员死亡,死亡后的承包户以外的继承人不得将林地作为遗产继承。

农村土地以户为单位承包,相应的土地收益也应以户为单位享有,虽然本案讼争地被征收时蔡乖治已经去世,但是蔡乖治所在的承包户还存在,因此讼争承包地征收补偿费用也应由林裕友一户享有,不发生继承的问题。

学术观点与制度借鉴

一、农村集体建设用地流转的基本形式和程序问题

农村集体建设用地使用权流转基本形式应当包括出让、出租、转让、转租和抵押;涉及商业、旅游、娱乐等经营性项目用地的,应通过招标、拍卖、挂牌等公开交易方式取得使用权。就流转程序而言,应当设置两项主要程序:一是初次流转须经本集体经济组织成员的村民会议 2/3 以上成员或者 2/3 以上村民代表的同意,体现村民自治原则下的民主、自愿流转的原则,在一定程度上可减少乡镇村干部滥用权力、暗箱操作等侵犯农民集体土地权益的行径;二是集体建设用地无论是出让、出租、抵押还是转让、转租等,都需要签订书面流转合同并申办登记确认手续,确定为要式法律行为。这种对集体建设用地使用权流转的公示要求,便于土地主管部门的有效监管,也有利于保护其他当事人的权益。

还需要注意的问题是,抵押作为一种准转让行为,集体非农建设用地随同地面建筑物一并抵押时,一旦抵押权实现,也涉及集体建设用地跨越同一集体经济组织进行流转。因此,在当前法律已允许国有土地使用权的使用主体扩展到境内外所有经济组织或自然人的情况下,对农村集体建设用地使用权抵押合同争议,应坚持《物权法》和《担保法》确定的"房地一体化"原则,即:农村集体建设用地使用权抵押的,地上建筑物和构筑物一并抵押,农村集体建设用地使用权具有物权性质,抵押合同自登记生效。

《中华人民共和国土地管理法》第六十三条 农民集体所有的土地的使用权不得出让、转让或者出租用于非农业建设;但是,符合土地利用总体规划并依法取得建设用地的企业,因破产、兼并等情形致使土地使用权依法发生转移的除外。

《中共中央关于全面深化改革若干重大问题的决定》指出　建立城乡统一的建设用地市场。在符合规划和用途管制前提下,允许农村集体经营性建设用地出让、租赁、入股,实行与国有土地同等入市、同权同价。缩小征地范围,规范征地程序,完善对被征地农民合理、规范、多元保障机制。扩大国有土地有偿使用范围,减少非公益性用地划拨。建立兼顾国家、集体、个人的土地增值收益分配机制。合理提高个人收益。完善土地租赁、转让、抵押二级市场。

《中共中央、国务院〈关于全面深化农村改革加快推进农业现代化的若干意见〉》第十八条指出引导和规范农村集体经营性建设用地入市。在符合规划和用途管制的前提下,允许农村集体经营性建设用地出让、租赁、入股,实行与国有土地同等入市、同权同价,加快建立农村集体经营性建设用地产权流转和增值收益分配制度。有关部门要尽快提出具体指导意见,并推动修订相关法律法规。各地要按照中央统一部署,规范有序推进这项工作。

二、农村集体土地使用权租赁合同的期限及效力

在现有物权体系结构之中,建设用地使用权属于他物权之下用益物权中的以国有土地建造建筑物、构筑物及其附属设施的一种物权。建设用地使用权被归为一种用益物权,在物权法定原则之下,其取得方式应需法定,亦即"物权的各类和内容,由法律规定。"《物权法》第137条规定的建设用权设立方式仅限于出让和划拨两种。

建设用地使用权的期限,又称建设用地使用权的存续期间,是建设用地使用权人利用国家或集体所有的土地建造并保有建筑物、构筑物及其附属设施的期间。在我国现行法之下,以出让方式设立的建设用地使用权有期限的限制;以划拨方式设立的建设用地使用权没有期限限制。这与我国土地利用制度的改革是相一致的。国有土地不仅应有偿使用,还要有限期使用,但划拨用地除外。现行法上对建设用地使用权期限作出规定的是《城市房地产管理法》第14条和《城镇国有土地使用权出让和转让暂行条例》第12条。前者规定:"土地使用权出让最高年限由国务院规定。"后者规定:"土地使用权出让最高年限按下列用途确定:(一)居住用地七十年;(二)工业用地五十年;(三)教育、科技、文化、卫生、体育用地五十年;(四)商业、旅游、娱乐用地四十年;(五)综合或者其他用地五十年。"此外,在物权意义上规定期限的还有《农村土地承包法》,该法对于承包期限的规定

是将承包期限法定化,这种规定具有强行性,任何人不得通过合同加以改变。

在物权法定主义之下,尚无法得出建设用地使用权可依租赁方式而设立的结论。依照有关法理,承租人依租赁合同所取得的利用土地的权利并非物权,而是债权,承租人依租赁合同所取得的利用土地的权利当然不是建设用地使用权这一用益物权。由此,在农村集体土地使用权上设定的租赁合同,是债权合同而非物权合同。

作为债权合同的租赁合同的期限,各国法律一般不设最短期限限制,但大多都设有最长期限的规定。《德国民法典》第567条对于租赁合同期限的规定,一般不得超过30年,"逾30年者,经30年后,当事人的任何一方,均得在遵照法定期限的情形下,为预告终止契约的通知"。《意大利民法典》第1573条规定,除法律另有规定外,租赁期限不得约定超过30年,如果约定期间超过30年或者是永久的,则将减至30年。我国《合同法》第214条第1款规定了租赁最高期限是20年,超过20年的,超过部分无效。该法条并没有区分租赁合同类型而是作出了统一规定。因此,在认定集体建设用地使用权租赁合同的效力时,也应该按照《合同法》的规定确认集体建设用地使用权租赁期限在20年以内的部分合法有效,超过20年以外的部分无效。《合同法》第56条规定:"无效的合同或者被撤销的合同自始没有法律约束力。合同部分无效,不影响其他部分效力的,其他部分仍然有效。"如果集体土地使用权租赁合同使用期限超过20年的,超过部分无效,但这并不影响合同的整体效力。

对于农村集体建设用地使用权租赁合同中,有的租赁期限超过20年,对于租赁期限超过20年的合同性质及其效力,实践中观点不一。

第一种观点认为,超过20年的,该合同名为租赁,实际上却已经符合出让、转让合同的特征,因此,应当将该合同定性为具有法律效力的出让或者转让合同。

第二种观点认为,虽然此类合同的期限超过20年,但这并不能改变合同的性质,仍应认定为租赁合同,但是对于超过20年的租赁合同,超过部分应当认定无效。

我们赞同第二种观点。

农村集体建设用地使用权租赁合同纠纷时,有的合同当事人订立租赁合同,其期限却超过20年,长达50年或以上。该类合同名为租赁,但符合出让、转让合同的特征,因此很容易将租赁与出让、转让相混淆。区分两者的界限,具有重要的理论与现实意义。

首先,出租与出让、转让受不同类型法律调整。土地使用权出让、转让所发生的行为后果具有物权性质,发生物权变动效力;而土地使用权出租则产生债权法律后果,形成租赁权。前者与后者效力不同,分别受物权类法律和债权类法律约束。若允许出租的最高期限与出让、转让相当,两者会出现混同,不利于法律调整。

其次,不以出租代替出让、转让,有利于保证国家对土地的监管以及税费收入。土地使用权的出让、转让与出租,法律对三者应当具备的条件有不同限定。一般来说,出让、转让的条件比出租更为严格,程序也更为复杂,而且出让、转让行为的发生,权利人为此还要支付土地出让金以及较高的税费。为了使流转程序更为简捷,并逃避高额出让金和税费,流转双方当事人往往会达成默契,以出租形式代替出让、转让,也就是说,合同名为出租,实为出让或者转让。当事人的此种行为明显是为了规避法律法规,不应受到法律保护。所以,必须限定租赁最高期限,避免集体建设用地使用权出租代替出让、转让。

再次,租赁期限约定得太长,不利于双方当事人利益平衡。随着社会形势日新月异,社会环境不断变化,早期建立起来的租赁关系,经过较长的时间,会使双方之间约定的权利义务的平衡关系被打破,甚至发生严重不对等。如果仍然按照原先约定的条件履行,对一方或者双方而言极有可能出现较大失衡,而这些情况变化在建立租赁关系之时是难以预料的。所以,租赁期限不能约定得过长,这对双方当事人都是有利的。

最后,如果集体土地使用权租赁合同中未约定期限,则该合同为不定期租赁。按照《合同法》第232条的规定,不定期租赁合同的当事人可以随时解除合同,但出租人解除合同应当在合理期限之前通知承租人。对于不定期租赁合同,虽然当事人享有随时解除合同的权利,但是,这一权利并非毫无限制,其限制体现在:一是为稳定承租人的利益,就不定期租赁合同中出租人随时解除合同的权利常加以限制,使其仅在符合一定要求的情况下,方可享有随时解除合同的权利。二是出租人行使此项随时解除合同的权利,应当在合理期限之前通知承租人。就何为合理期限,我国《合同法》并未设具体的规定,应依情势而定,而其他国家和地区的立法一般均有明文规定。三是所谓随时,也并非毫无限制,仍应顾及诚实信用原则,自起租时经过相当期间,始得解除。

三、认定农村集体建设用地使用权出租的法律问题

《土地管理法》第63条规定:"农民集体所有的土地的使用权不得出让、转让或者出租用于非农业建设;但是,符合土地利用总体规划并依法取得建设用地的企业,因破产、兼并等情形致使土地使用权依法发生转移的除外。"从这条规定中,能否得出结论,农民集体建设用地不能对外出租呢?

涉及农民集体所有土地使用权流转中的三种行为,即:出让、转让及出租。按照所有权主体标准,我国土地可分为国家所有土地和农民集体所有土地;按照土地用途标准,我国土地又可分为农用地、建设用地和未利用地。根据以上分类方法,我国农民集体土地也可分为农用地、建设用地和未利用地三大类。因此,农民集体建设用地与农民集体土地之间的关系为子母关系,即农民集体建设用地是农民集体土地中的一种;农民集体建设用地的用途与农用地的用途相对应,按照《土地管理法》第11条第2款的规定可表述为"非农业建设"。第63条中的标的物是采用"农民集体所有的土地"的表述,并未区分农用地、建设用地或未利用地,故若单从该条的字面含义来看,被禁止出租的标的物似乎包括农民集体土地中的农用地、建设用地和未利用地这三类。但是,若结合以上关于农民集体土地分类的标准来看,这种理解显然不妥。根据《土地管理法》第4条第3款的规定,农民集体土地中的农用地的用途为"直接用于农业生产",与"非农业建设"的表述存在对立性,故将该法条中的"农民集体所有的土地"这一概念理解为"农民集体所有土地中的农用地",或者说,将"农民集体农用地的使用权不得出租用于非农业建设"作为第63条的一种含义,是与《土地管理法》对农用地用途的规定和第63条的行文逻辑相符的,因而这种理解是顺理成章的。但是,农民集体建设用地与农用地不同。根据《土地管理法》第4条第3款的规定以及第11条第2款的规定,农民集体建设用地本来的用途就是非农业建设。其与"非农业建设"的表述并不冲突。从事物的性质上来说,不存在建设用地能否用于非农业建设的问题;从逻辑上来说,也不存在禁止建设用地用于非农业建设的问题。因此,如果说,第63条中的"农民集体所有土地"也包含建设用地,即该法条也含有"农民集体建设用地的使用权也不得出租用于非农业建设"之义,则显然既与以上相关法条相背,也不符合

逻辑。

因此,农民集体建设用地只是农民集体土地中的一种,两者并非同一概念。农民集体建设用地与农民集体农用地是有区别的,农民集体土地中的农用地的用途为"直接用于农业生产";而农民集体建设用地的用途是"非农建设"。不能笼统地理解第63条禁止所有的农民集体土地出租行为,农民集体建设用地符合法定条件是可以对外出租的。

四、农村宅基地使用权流转问题①

依据《土地管理法》等法律法规和政策,将农村集体土地作为建设用地的情形,包括两种:一是,如果因建设需要使用农村集体所有土地的,应通过依法征收的方式,将农村集体所有土地性质转变为国家所有,由国家作为土地所有权人,通过出让或划拨等有偿或无偿使用的方式,将土地作为建设用地. 交付单位或个人使用。二是对乡镇企业、村民建设住宅以及乡镇公共事业和设施需要的,可以直接通过集体经济组织批准的方式,使用集体所有的土地。因此,在现行法律模式下,农村集体所有的土地原则上不能够直接作为建设用地,通过出让或划拨的方式进入市场流转,而必须转变为国家所有后,方可进入市场流转。

农村宅基地使用权是农村本集体经济组织成员依法享有在农村集体所有的土地上建盖自己居住的住宅的权利。宅基地所有权属于农村集体经济组织所有,其使用权由集体经济组织按法律规定的条件和程序划拨给村民使用。作为宅基地使用权人,有权在取得的土地上享有占有、使用的权利,可以在该土地上建造住房以及其他附着物。宅基地使用权是我国特有的一种用益物权形式,是新中国成立以来在中国土地政策基础上形成的一个固有制度。虽然《物权法》中关于宅基地使用权的规定只有四条,但作为一种特殊的用益物权,由于涉及中国九亿农民的安身立命,故而显得尤其重要。

宅基地使用权具有以下特性:一是权利主体的特定性,即只有本集体经济组织的成员才能享有。二是用途的特定性,即只能用于村民自己建盖住房和其他附属设施。三是无偿性,即村民取得建房宅基地基本是无偿的,与取得国有建设用地使用权需交出让金及各种税费完全不同。四是无期限性,即没有使用期限的限

---

① 奚晓明、韩延斌、王林清著《房地产纠纷裁判思路与规范指引》,人民法院出版社2014年,第174–179页。

制。五是非流通性,即不能单独转让、出租或抵押,实行"房地一致原则",不得流转给本集体经济组织成员以外的人。六是福利性,即无偿取得宅基地使用权是农村居民享有的一项重要的社会福利。七是公平性,实行"一户一宅"的原则。

由于经济的发展和人员流动的增加,农村房屋和宅基地交易比较活跃。既有本集体经济组织内部的交易,也有城镇居民购买农村宅基地或者房屋的情况。

根据《物权法》关于所有权的一般规定,所有权人对自己所有的不动产或者动产,依照法律规定享有占有、使用、收益和处分的权利。但是关于宅基地使用权的行使,却与一般的物权行使有很大不同,主要表现在宅基地使用权人在对宅基地行使收益和处分权利的时候,受到严格限制。理论与实践中对于宅基地使用权能否转让和租赁,多年以来始终是一个悬而未决的法律问题。主要有三种观点:

第一种观点认为,应当允许宅基地使用权转让和抵押,否则宅基地使用权将成为农民的"死产",不利于真正保护农民利益。主要理由:(1)宅基地使用权是用益物权,特别是宅基地上的房屋属于农民所有,应当允许农民转让或者抵押宅基地使用权。(2)农民发展生产缺少资金,允许宅基地使用权抵押,能够缓解农民贷款难的问题。(3)目前不少农村有部分土地和房屋闲置,为了物尽其用,也应允许宅基地使用权的转让和抵押。(4)允许宅基地使用权的转让和抵押,有利于改变城乡二元结构,宅基地使用权转让给本集体经济组织以外的个人的,集体经济组织可以收取一定的费用。

第二种观点认为,不应放开宅基地使用权的转让和抵押。主要理由:(1)目前,我国农村缺乏社会保障体系,宅基地使用权是农民生产、生活的基本保障。(2)依照《土地管理法》的规定,宅基地使用权系农村集体经济组织成员无偿取得,而且一户只能有一处宅基地,放开宅基地使用权的转让和抵押,新取得宅基地使用权的人可能并不是本集体经济组织的成员,违反《土地管理法》的有关规定,也不符合现行的农村集体经济组织的管理体制。(3)放开宅基地使用权的转让和抵押,可能会为有些人多占宅基地、城镇居民购置宅基地提供便利条件,造成国家土地管理制度在执行中的混乱。(4)农村贷款难的问题,应当通过国家信贷扶持政策来解决。

第三种观点认为,经本集体经济组织同意,宅基地使用权可以在本集体经济组织内部随着房屋的转让而有条件的转让,以实现物尽其用的目的。

宅基地使用权是农民安身立命之本,就全国范围而言,农村宅基地使用权流转问题不能一概而论。从长远看,随着社会的发展和我国城镇化步伐加快,大量农民涌入城镇,农民对土地的天然依赖必会逐渐降低,国家对宅基地使用权流转(包括农村集体建设用地使用权流转)的限制也会随之越来越放宽。特别是《社会保险法》的颁布实施和十八大之后,农村社会保障制度逐步健全和完善,我国城市化进程的稳步推进,①这些都将对宅基地使用权流转起到积极的促进作用。农村土地制度的改革将是解决"三农问题"的根本途径。十八届三中全会《关于全面深化改革若干重大问题的决定》及 2014 年"中央一号文件"明确提出,保障农户宅基地用益物权,选择若干试点,慎重稳妥推进农民住房财产权抵押、担保、转让,探索农民增加财产性收入渠道。党中央提出的现阶段关于农村宅基地改革的政策为我们正确及时处理农村宅基地纠纷案件提供了有力的政策依据。

在现阶段,我国城市化还处于较低层次,农村社会保障体系还不完善,宅基地还具有较强的社会保障和社会福利性质,完全放开对宅基地使用权限制的条件还不具备。因此,中央政策明确了在保障宅基地用益物权的前提下,选择若干试点,慎重稳妥推进农民住房财产权抵押、担保、转让。基于此,我们认为,对现实中发生的宅基地流转纠纷不能一概认定有效,也不能一概认定无效,应当根据是否是确定的试点地区作出不同的认定处理,在被确定为试点地区的,可以按照现行党的政策处理宅基地使用权因抵押、担保、转让而产生的纠纷,但在尚未被确定为试点的非试点地区,我们认为,目前仍应按照以下原则处理:

首先,宅基地使用权不得抵押和转让。关于宅基地使用权的转让和抵押问题,现行法律和国家有关政策采取了原则禁止的态度:《担保法》第 37 条规定,宅基地使用权不得抵押。国务院 1999 年和 2004 年两个文件禁止城镇居民购买宅基地和农村住宅。2008 年公布的《国务院关于促进节约集约用地的通知》再次明确规定"其他任何组织和个人搞非农业建设,必须依法申请使用国有土地",而"农村住宅用地只能分配给本村村民,城镇居民不得到农村购买宅基地、农民住宅或'小产权房'"。《物权法(草案)》也曾多次重申这一规定。《土地管理法》虽未明确规定宅基地使用权不得转让和抵押,但有关"农村村民出卖、出租住房后,再申请宅基地的,不予批准"的规定,也反映出不允许宅基地使用权向集体经济组织之外的城镇居民转让的本意。《民法通则》第 6 条规定:"民事活动必须遵守法律,法律没有规定的,应当遵守国家政策。"在我国,政策一直以来都是司法的重要考量依据。国家政策已多次明确禁止城镇居民购买农村房屋和宅基地。以上说明,我国只有国有土地使用权可以进行转让和交易,而农村集体土地只有通过征用变为国有土地才可以上市交易。城镇居民在农村购买房屋和宅基地,因为买卖涉及的集体土地使用权是限制流通物,所以双方的买卖合同应确认无效。这既有利于保证法律与政策的衔接,也有利于对违法行为进行有效的遏制、规范和引导。

其次,在农村集体经济组织内部,应当允许转让宅基地,以解决宅基地总量不足和少数人拥有多处宅基地问题。主要理由是:(1)虽然法律和政策原则上禁止宅基地使用权的转让,但相关的规定主要是针对城镇居民购买农村房屋或宅基地的情况,由于继承、婚嫁等原因,有些农民拥有不止一处宅基地,如果完全禁止宅基地转让,可能会造成由于缺少宅基地而无限侵占耕地的情况,同时拥有多处宅基地的农民可能会造成宅基地的闲置和浪费,无法使有限的宅基地资源发挥应有的作用。(2)《土地管理法》第62条第4款规定:"农村村民出卖、出租住房后,再申请宅基地的,不予批准。"这一规定表明,农民是可以出卖住房的,而按照我国现行房地产制度,出卖房屋的,宅基地使用权也应当一并转移。(3)《物权法》第155条规定:"已经登记的宅基地使用权转让或者消灭的,应当及时办理变更登记或者注销登记。"这一规定实际是明确了宅基地使用权是可以转让的。(4)《物权法(草案)》曾规定:"宅基地使用权人经本集体同意,可以将合法建造的住房转让给本集体内符合宅基地使用权分配条件的农户;住房转让时,宅基地使用权一并转让。"虽然正式颁布的法律删除了这一规定,但这一精神显然与《土地管理法》规定的精神是一致的,可以在处理此类纠纷中作参考。但是,应当明确的是,村民转让宅基地使用权后,不得再申请宅基地。

再次,宅基地使用权原则上禁止抵押。宅基地使用权的抵押一般都是由抵押住房而来,如果允许抵押宅基地,存在诸多问题。比如,因实现抵押权而丧失宅基地使用权的村民,如不能再次分配宅基地,其居住将难以解决;在实现抵押权时,房屋可以查封,但地不能卖,也将导致抵押权无法实现。因此,《担保法》明确规定宅基地使用权不得抵押。既然法律已有明确规定,无论在集体经济组织外部,还是集体经济组织内部,均不得将宅基地进行抵押。④而且,不仅宅基地使用权不能抵押,在宅基地上建造的房屋也不能抵押,否则由于存在宅基地不得抵押的法律规定而使房屋的抵押权人不能实现房屋的抵押权。

最后,司法实务中处理宅基地使用权纠纷时,应当把握以下原则:1. 宅基地使用权不得单独转让,在下列情况下,转让农村住房或宅基地使用权的,应当认定无效:(1)城镇居民购买农村住房和宅基地的,因违反国家有关规定,应认定无效。(2)法人或其他组织购买农村住房和宅基地的,因不具备宅基地使用权人的主体资格,应认定无效。(3)向本集体经济组织以外的农村村民转让农村住房和宅基地的,因违反了集体经济组织的成员权属性,应当认定无效。(4)受让人已经有住房,不符合宅基地分配条件的,应当认定无效。2. 转让宅基地使用权,必私具备以下条件:(1)转让人拥有二处以上的农村住房(含宅基地);(2)转让人与受让人为同一集体经济组织内部的成员;(3)受让人没有住房和宅基地,且符合宅基地使用权分配条件;(4)转让行为须征得本集体经济组织同意;(5)宅基地使用权不得单独转让,必须与合法建造的住房一并转让。

宅基地使用权的空间范围如何认定?

对于宅基地使用权的空间范围,理论界和实务界有较大分歧,有的认为宅基地使用权的空间范围只包括地上部分而不包括垂直地下的部分土地;有的认为宅基地使用权的空间范围不仅及于地上,也应该包括垂直地下的部分土地。我们赞同后一种观点。理由有两点:

一是从宅基地使用权的本质特征来分析,宅基地使用权应及于地下。宅基地使用权的主体有权在宅基地上建造房屋及其他建筑物,有权种植林木,其权利的行使有赖于地下,如建房挖根基、种植林木挖树坑等,若宅基地使用权仅及于地表,那么宅基地使用权将无法实现。从这一角度着,宅基地使用权是能够及于地下一定深度的。

二是从相邻关系的法律特征来看,宅基地的使用权也应及于地下。相邻各方对其所有或经营使用的土地包括宅基地等,必须正当合理地使用,不得滥用权利损害他方的利益。相邻一方在宅基地上建造房屋超越地界,被越界的土地使用权人在行使宅基地使用时将因越界者的行为而受到限制。这里的地界,显而易见不仅包括地表而且包括地下。如果不包括地下部分,则很难保护当事人宅基地使用权得到实现,这不符合法律的精神。严格意义上讲,宅基地使用权的空间范围不仅包括地上地表部分,而且包括垂直地下的部分土地,同时还应该包括地上一定的空间高度。当然,垂直地下的深度与地上的高度应当及于何种程度,则有必要进一步探讨。

宅基地使用权能否出租?

关于宅基地使用权能否用于出租,我国法律和有关政策并无明确规定,基于宅基地使用权是供农民建造房屋及其附属设施之用,原则上,宅基地使用权不得单独出租。鉴于《土地管理法》规定农村村民可以将房屋出租,因出租并不发生房屋所有人和土地使用权人主体的改变。因此,在不违反法律和国家有关规定的宅基地使用权用途的情况下,我们认为,可以认定农民出租宅基地使用权的行为有效,但是需要注意的是,如果因出租人无住房而要求解除租赁关系的,应当准许。

员会与物业服务企业交涉，以便更好地维护业主的合法权益。

（3）物业监督管理权

第一，提议召开业主大会会议，并就物业管理的有关事项提出建议。业主大会由全体业主组成，是代表和维护业主物业管理区域内全体业主在物业管理活动中的合法权益的自治自律组织，亦是代表物业管理区域内全体业主在物业管理活动中的合法权益的群众团体和物业监督管理组织。物业管理活动的质量直接涉及业主的切身利益，因此，为了及时解决物业管理活动中有关业主公共利益的问题，以便更好地提高物业管理的水平，业主有权提议召开业主大会会议，并就物业管理的有关事项提出建议。

第二，提出制定和修改管理规约、业主大会议事规则的建议。管理规约由全体业主共同约定、共同遵守。业主大会议事规则是有关业主大会召开时应当遵循的会议程序、议事方式、决议形成要求等有关规则。可见，业主是否享有以及能否正常的行使制定和修改管理规约、业主大会议事规则的建议权，直接决定和影响业主的自治权能否得到充分有效的保护。

第三，参加业主大会会议，行使投票权。投票权也可称为表决权，它是指业主在物业管理活动中，根据拥有物业的所有权而取得参加业主大会会议、参与管理物业以及对业主大会所议或决定事项表达自己意愿的权利。投票权是物业所有权派生出来的一种权利，它与业主对物业所拥有的专有部分的建筑面积直接关联。

第四，选举业主委员会成员，并享有被选举权。业主通过行使选举权，以指明自己的代言人，传达自己的意思表示；同时，业主通过享有被选举权，有可能参加到业主委员会，从而行使更为直接的管理权。对于每一位业主来说，作为物业区域内的权利人，都享有平等的选举权和被选举权。

第五，监督业主委员会的工作。业主委员会委员的身份具有双重性：一方面，作为业主委员会的委员，其行为代表并维护业主的共同利益；另一方面，业主委员会的委员又是业主，在业主委员会中又具有个人利益。因此，如果对业主委员会的工作不予监督，个别委员有可能会怠于行使业主们委托的各项职责，或者出于个人利益的考虑，或者受到物业服务企业的不当行为的影响而做出有损于全体业主公共利益的行为。故业主享有监督业主委员会工作的权利，以保护其合法权益免受侵害。

第六,对物业共用部分、共用设施设备和相关场地使用情况享有知情权和监督权。知情权是指物业所有人依法获取、知悉物业状况及其管理信息的权利,它是业主权利的重要组成部分,也是业主对物业实行民主管理的基本保障。物业服务企业是知情权的义务主体,其有义务就自己的管理内容和管理对象的状况向业主提供必要的信息。业主也有权监督物业共用部位、共用设施设备和相关场地使用情况。

第七,监督物业共用部位、共用设施设备专项维修资金的管理和使用。物业服务企业对于专项维修资金必须专款专用,不得挪作他用或滥用。对此,业主有权监督物业服务企业的财务收支情况,但没有检查物业服务企业财务的权利。

(4)法律、法规规定的其他权利

2. 业主的义务

按照《物权法》关于建筑物权分所有权、相邻关系的规定和《物业管理条例》第7条规定,业主在物业管理活动中的义务包括:基于专有部分和相邻关系的义务、基于物业服务合同的义务、作为团体成员的义务和其他义务四个方面。具体如下:

(1)基于专有部分和相邻关系的义务

《物权法》第71条规定:业主行使建筑物专有部分权利时不得危机建筑物的安全,不得损害其他业主的合法权益。同时,按照《物权法》有关相邻关系的规定,相互毗连或邻近的业主之间在行使业主权利时,依法应当给予他方方便或接受限制,从而需承担一定的义务。

(2)基于物业服务合同的义务

主要是按时缴纳物业服务费用。物业服务费用直接涉及物业的保养和维修,也影响到物业服务企业的形象和服务的质量。因此,业主负有按规定或约定及时缴纳物业服务费的义务。

(3)作为团体成员的义务

第一,遵守管理规约、业主大会议事规则。管理规约对全体业主具有约束力,是正常实行物业管理的基础和基本准则,也是物业管理规章制度的有效组成部分。业主大会议事规则是确保业主大会正确行使职责的保障,也是正确实施物业管理的重要规章制度。无论是管理规约，还是业主大会议事规则，全体业主均有遵守的义务。例如，《物权法》第 77 条规定，业主不得违反法律、法规以及管理规约，将住宅改变为经营性用房。业主将住宅改变为经营性用房的，除遵守法律、法规以及管理规约外，应当经有利害关系的业主同意。

第二，遵守物业管理区域内物业共用部位和共用设施设备的使用、公共秩序和环境卫生的维护等方面的法律规定和规章制度。物业管理区域内的物业共用部位和共用设施设备的使用以及公共秩序和环境卫生的维护等方面，不仅涉及个人利益、其他业主利益和物业使用人的利益，而且涉及社会的公共利益。因此，关于物业管理区域内物业共用部位和共用设施设备的使用、公共秩序和环境卫生的维护等方面的规章制度，全体业主都有遵守的义务。《物权法》第 83 条规定：业主大会和业主委员会，对任意弃置垃圾、排放污染物或者噪声、违反规定饲养动物、违章搭建、侵占通道等损害他人合法权益的行为，有权依照法律、法规以及管理规约，要求行为人停止侵害、消除危险、排除妨害、赔偿损失。

第三，执行业主大会的决定和业主大会授权业主委员会作出的决定。按照《物权法》第 78 条和《物业管理条例》的规定：业主大会的决定代表了全体业主的意愿和要求，该决定的内容对全体业主有约束力，决定实施的法律后果亦由组成业主大会的全体业主来共同承担。而业主委员会是业主大会的执行机构，由业主大会授权业主委员会作出的决定和业主大会的决定具有相同的法律效力，全体业主均有遵守的义务。

第四，按照国家有关规定交纳专项维修资金。为了确保物业共用部分、公共设施设备的正常使用，以及发生毁损时能够得到及时的维修，就必须保证专项维修资金及时到位。因此，按照国家有关规定交纳专项维修资金，也是业主的最基本义务之一。

(4)法律、法规规定的其他义务

业主履行义务的目的是为了更好地享受权利。业主是物业服务的接受者和付费人，必然也在物业服务和管理中具有主导地位。然而，现实中却大量存在物业服务公司以主人自居，越俎代庖，侵害业主的权利的现象，根本原因就在于忽视了业主的所有权人的地位。

（二）业主大会

1. 业主大会的概念与特征

业主大会是由物业管理区域内全体业主组成的议事机构。依据《物权法》第75条和《物业管理条例》第8条的规定：业主可以设立业主大会，选举业主委员会；物业管理区域内全体业主组成业主大会。业主大会应当代表和维护物业管理区域内全体业主在物业管理活动中的合法权益。

业主大会是一种自行组成、自治、自律、自助的自治性组织。其主要特征如下：

（1）业主大会具有自治性。业主大会是自治性的组织，其成员是对物业依法享有所有权的人，进行的一切活动均为自我服务、自我管理、自我协商、自我约束。业主大会对内基于维护物业整体利益的需要从事一切活动，且不受外界人员的任何非法干预；业主大会对外基于其性质和宗旨不得组织和从事与物业无关的其他活动。

（2）业主大会具有民主性。业主大会的成员为所有的业主，全体业主在业主大会中的法律地位是平等的。在业主大会的召开过程中，任何一个业主均有权根据自己意愿发表与物业管理有关的建议、看法和意见，以示业主大会的民主性。

（3）业主大会具有代表性。业主大会所进行的一切行为和活动都代表着全体业主的合法权益；业主大会所作出的一切决议、制定的所有规章制度都是全体业主利益的反映。

（4）业主大会具有公益性。业主大会是为全体业主整体利益服务的组织，其行为和活动有时可能与个别业主的利益冲突，但只要符合全体业主公共利益的，就应受到业主的支持和维护。

2. 业主大会的设立

我国对业主大会的成立实行政府指导下的业主自治原则。同一个物业管理区域内的业主，应当在物业所在地的区、县人民政府房地产行政主管部门或者街道办事处、乡镇人民政府的指导下成立业主大会，并选举产生业主委员会。一般情况下，当物业管理区域内住宅区的入住率达到一定比例或房屋出售面积达到一定比例，或住宅出售满一定年限时，便具备了设立业主大会的条件。在此情况下，先由建设单位将房屋出售的建筑面积、出售时间、业主名单等材料报送物业所在地的区、县人民政府房地产行政主管部门,区、县人民政府房地产行政主管部门接到上述材料后,应当和街道办事处、乡镇人民政府一起,在一定时间内会同建设单位组织业主做好第一次业主大会成立的筹备工作,从而成立业主大会。

一个物业管理区域成立一个业主大会。物业管理区域是一个由业主委员会管理的物业的范围,通常情况下,它是一个由原设计构成的自然街坊或封闭小区。物业管理区域的划分,则应当考虑物业的共用设施设备、建筑物的规模、社区建设等因素。按照我国有关建设小区规划的规定,小区应配备居委会、学校、幼儿园、文化活动中心、综合服务商店、医疗服务站等,小区的水、电、气等公共设施一般情况下在小区交付使用前就已经建设完毕。所以,一个物业小区一般作为一个物业管理区域;面积较大的物业小区也可以依据物业的共用设施设备、建筑物规模、社区建设等因素划分为几个物业管理区域。

3. 业主大会的职责

业主大会是业主行使业主权利的法律形式,业主大会一旦形成,便享有法律和全体业主赋予的职责。根据《物权法》第76条和《物业管理条例》第11条规定,下列事项由业主共同决定:

(1)制定和修改业主大会议事规则。业主大会制定议事规则,就业主大会的议事方式、表决程序、业主委员会的组成和成员任期等事项作出约定。业主大会议事规则是业主大会得以顺利开展活动的基本保证。广大业主通过业主大会制定和修改业主大会议事规则,体现自己的意志,从而使得业主大会更好地为业主的利益服务。

(2)制定和修改管理规约。管理规约是业主自治管理的规约,它是以特定业主集体的名义,由业主会议依据一定的程序进行制定、修改、补充和废止。因此,制定和修改管理规约是业主大会的重要职权。

(3)选举业主委员会或者更换业主委员会成员。选举业主委员会通常是在首次业主大会和换届时进行。更换或罢免业主委员会的委员,只有出现个别委员不称职或侵犯全体业主的利益的情况,业主大会才有权根据规定程序予以更换或罢免。

(4)选聘和解聘物业服务企业。物业服务企业直接涉及广大业主的合法权益,它与业主基于合同关系进行管理,而物业服务企业的选聘、续聘和解聘等事项亦由业主大会来决定。当然,通常具体物业服务合同的订立、变更和解除等则由业主大会授权业主委员会进行。

（5）筹集和使用专项维修资金。专项维修基金属于业主所有,专门用于物业保修期满后物业共用部位、共用设施设备的维修和更新、改造,不得挪作他用。具体管理应坚持专户存款、专款专用、按幢设账、核算到户的原则。

（6）改建、重建建筑物及其附属设施。而且,业主大会还可以制定、修改物业管理区域内物业共用部位和共用设施设备的使用、公共秩序和环境卫生的维护等方面的规章制度。

（7）有关共有和共同管理权利的其他重大事项。

需要指出的是:在我国,普遍存在着业主大会被淡化的现象,表现为:业主大会形同虚设、不履行职责和职责被剥夺。因此,如何强化业主大会的职责意识,使其真正起到维护业主权利的作用,是今后业主大会法律建设的重要内容。

4. 业主大会会议的召开

（1）业主大会会议的类型

业主大会会议分为定期会议和临时会议。业主大会定期会议应当按照业主大会议事规则的规定召开。经20%以上的业主提议,业主委员会应当组织召开业主大会临时会议。召开业主大会会议,应当于会议召开15日以前通知全体业主。住宅小区的业主大会会议,应当同时告知相关的居民委员会。业主委员会应当做好业主大会会议记录。

（2）业主大会会议召开的方式

业主大会召开的方式主要有两种:一种是采用集体讨论的形式,即召集全体业主或业主代表,就物业管理所涉及的问题面对面的展开讨论,使每一个成员充分发表自己的意见,集思广益。另一种则为书面征求意见的方式,即给业主成员充分的时间,以书面形式收集意见,从而提高大会的效率并节约会议成本。但是,不论哪一种召开方式,都应当有物业管理区域内专有部分占建筑物总面积过半数的业主且占总人数过半数的业主参加。法律规定:业主可以委托代理人参加业主大会会议。

（3）业主大会的决定

业主大会决定是业主大会形成的直接结果,集中体现了业主的意思表示,因此,业主大会决定如何形成至关重要。根据《物权法》第76条第2款和《物业管理条例》第12条第3款规定:业主大会决定筹集和使用专项维修资金和改建、重建建筑物及其附属设施等事项,应当经专有部分占建筑物总面积2/3以上的业主且占总人数2/3以上的业主同意;决定其他事项,应当经专有部分占建筑物总面积过半数的业主且占总人数过半数的业主同意。业主大会或者业主委员会的决定,对业主具有约束力。当然,业主大会或者业主委员会作出的决定侵害业主合法权益的,受侵害的业主可以请求人民法院予以撤销。

(三)业主委员会

1. 业主委员会的概念和特征

业主委员会是业主大会的执行机构,是依据管理规约或者法律的规定,在房地产行政主管部门或者街道办事处、乡镇人民政府的指导下成立的业主大会选举产生的,由业主代表组成的代表业主利益、监督物业服务公司工作和广大业主履行管理规约的民间性组织。

业主委员会具有以下法律特征:

(1)业主委员会是由业主大会选举产生的。业主委员会是业主大会的常设机构和执行机构,其行为应向业主大会负责。业主委员会的组成人员必须反映全体业主中绝大多数人的意见,故业主委员会的委员应由业主大会选举产生。

(2)业主委员会的活动以对物业的自治管理为限。除签订物业服务合同外,业主委员会不能进行和从事与物业管理活动无关的任何经营性或非经营性活动。

(3)业主委员会的根本任务是代表和维护全体业主的合法权益。业主委员会不是代表和维护部分业主的意志和利益。

(4)业主委员会必须办理备案手续。业主委员会应当自选举产生之日起30日内,向物业所在地的区、县人民政府房地产行政主管部门和街道办事处、乡镇人民政府备案。

2. 业主委员会的产生

依据我国《物业管理条例》的规定,同一个物业管理区域内的业主,应当在物业所在地的区、县人民政府房地产行政主管部门或者街道办事处、乡镇人民政府的指导下成立业主大会,选举产生业主委员会。业主委员会由主任、副主任和委员组成。根据物业管理区域内物业规模的大小,通常情况下,业主委员会的委员可设 5—15 人,也可由业主大会决定适当的增减,但最低不得少于 5 人。

业主大会在选举产生业主委员会时,应当推举那些热心公益事业、责任心强、具有一定组织能力的业主担任业主委员会委员。对于业主来说,业主委员会是代表业主从事外部与物业管理相关的所有事务的专门机构,业主委员会工作的好坏涉及每个业主的利益。实践表明,还必须考虑提高业主委员会的整体综合素质,即尽可能地吸纳各种具有相关专业知识,文化素质高,有一定实践经验且热心于物业管理和社区服务的人员,如建设、规划、设计等方面的专家,从事房地产经营的人员,从事管理工作的人员,政府行政工作人员,律师及其他法律工作者等加入业主委员会,以便更好地配合物业服务公司的服务工作,提高物业管理的水平,更好地维护广大业主的合法权益。

3. 业主委员会的职责

《物业管理条例》出台以前,人们对业主委员会的职责范围争论较多,分歧也比较大。所以,《物业管理条例》第 15 条就对此作出了明确规定:业主委员会执行业主大会的决定事项,履行下列职责:

(1)召集业主大会会议,报告物业管理的实施情况。召开业主大会会议时,业主委员会应当于会议召开 15 日以前,将业主大会召开会议的时间、地点、内容、方式以及其他事项早以公告或者送达每位业主。如果是住宅小区的业主大会会议,业主委员会还应当同时告知相关的居民委员会,以接受居民委员会的指导。会议由

业主委员会筹备、召集和主持。会议期间,业主委员会应当向业主大会报告本物业管理区域内物业管理的实施情况,并做好大会会议记录,以备待查。

(2)代表业主与业主大会选聘的物业服务企业签订物业服务合同。选聘、续聘及解聘物业服务企业本是业主大会的职责,然而选聘、续聘及解聘物业服务企业合同的签订,则是由业主委员会代表业主来签订的。当然,业主委员会在签订所有与物业管理有关的合同时,必须代表和维护全体业主的合法权益,不得利用业主委员会委员的便利条件损害业主的利益。

(3)及时了解业主、物业使用人的意见和建议,监督和协助物业服务企业履行服务合同。业主委员会应当根据物业管理合同的规定,并结合物业服务企业的年度计划,除在业主大会上听取业主及相关部门的意见外,在日常工作中亦应广泛

听取和了解广大业主及物业使用人的意见和建议。监督、检查物业服务企业的工作落实情况,并审核物业服务企业的各种年度报告。

(4)监督管理规约的实施。管理规约是全体业主共同约定、互相制约、共同遵守的有关物业的使用、管理、维护以及公共利益等方面的行为准则。管理规约是由业主大会制定的,但公约的实施以及在实施过程中的修改及补充则是业主委员会的一项主要任务。业主委员会尤其是对管理规约的实施负有监督的职责。

(5)业主大会赋予的其他职责

按照《物业管理条例》的规定:业主大会、业主委员会应当依法履行职责,不得作出与物业管理无关的决定,不得从事与物业管理无关的活动。业主大会、业主委员会作出的决定违反法律、法规的,物业所在地的区、县人民政府房地产行政主管部门或者街道办事处、乡镇人民政府,应当责令限期改正或者撤销其决定,并通告全体业主。业主大会、业主委员会作出的决定,应当告知相关的居民委员会,并认真听取居民委员会的建议。

4. 业主委员会的性质

关于业主委员会的法律性质,学界认识不一。实践中对此主要有两种意见:

(1)业主委员会为社团法人。从业主委员会从其权利和职责来看,它应为社会团体法人。依此观点,业主委员会必须具备社团法人的条件,即自然人自愿组成的从事非生产经营性业务活动的社会组织体。根据我国《民法通则》第50条的规定,社会团体法人设立程序与具备法人条件的事业单位相同。这就意味着业主委员会完全独立于各个业主,享有法律上的人格,并能够独立的享有和行使民事权利,独立的承担民事责任。然而,业主委员会事实上并不独立享有民事权利和承担民事责任。故该种规点不能成立的。

(2)业主委员会为非法人组织。该种意见认为,业主委员会是非法人组织,即它是一种没有取得法人资格的社会组织。对非法人组织的内部关系,按合伙人之间的关系对待;而以该组织的名义对外发生的外部关系,则按一个人或共同行为人为一方与其他民事主体发生的民事法律关系对待。如涉及纠纷诉讼事务时,业主委员会在取得全体业主授权后,可作为全体业主代表参加民事诉讼活动,其诉讼活动的结果也应归全体业主。通过法律、法规对业主委员会的解释,以及业主委员会的职责来分析,业主委员会的法律性质应为非法人组织。至于业主委员会的备案问题,应当明确该种备案仅为行政备案而非民事登记。

三、物业管理服务的项目

(一)物业维修管理

物业维修管理,是指为了保障物业的正常使用,防止或消除物业发生损坏,物业服务企业依据物业服务合同和国家对物业维修管理的标准,对其经营管理的物业进行维护、修缮的技术管理。

物业维修管理,主要包括房屋安全与质量管理、房屋维修技术管理和房屋维修施工管理。

(1)房屋安全与质量管理。可以细化为以下两个方面:①房屋的质量等级鉴定。指依据有关法规对房屋进行质量等级鉴定,为房屋的管理、养护、修缮提供准确依据;②房屋安全检查。物业服务企业应经常组织技术人员对其经营管理的房屋进行安全检查,以便及时发现危险隐患,并采取措施抢修、排除故障,确保人身、财产安全。

(2)房屋维修技术管理。是指对房屋维修过程各个环节,按照国家的技术标镀群行的管理,主要包含以下三个环节:房屋维修设计及施工方案的制定;维修施工质量管理;技术档案资料管理。

(3)房屋维修施工管理。包含以下几个方面:选择施工队伍;组织维修施工;负责施工调度、管理。

(二)物业设备管理

物业设备管理,是指附属于建筑物的各类设备的总称,是发挥物业功能、实现物业价值的物质基础。物业设备管理主要包括房屋建筑卫生设备管理和电气工程设备管理两类。

(1)房屋建筑卫生设备管理。包括给排水设备系统、燃气设备系统、供暖、供冷和通风设备系统的管理。

(2)电气设备管理。包括供电设备管理、弱电设备管理、运输设备管理、防雷设备管理。

但是,物业服务企业对上述房屋建筑卫生设备和电气工程设备的管理范围仅限于业主拥有产权并在物业服务合同中详细约定的内容。因为按照《物业管理条例》第52条的规定,供水、供电、供气、供热、通信、有线电视等单位,应当依法承担物业管理区域内相关管线和设施设备维修、养护的责任。

（三）物业环境管理

（1）污染防治。包括防止产生有毒有害气体和恶臭气体,防止排放有毒粉尘,防止随意排放污水,防止产生过大的噪声,以免影响物业区域内居民的正常生活。

（2）物业环境保洁服务管理。是指物业服务企业实施各种措施保护物业环境,防止环境污染。物业服务企业应负责物业区域内的日常生活垃圾的收集、分类和清运工作。

（3）物业环境绿化管理。是指在物业区域内空地和道路两旁种植花草树木或采取其他手段美化物业区域环境。

（4）物业安全管理。是指物业服务企业采取各种措施,以保障业主和使用人的人身财产安全,维持正常的生活和工作秩序。物业安全管理包括治安管理、消防管理和车辆管理。

案例实务①

案例7.1

［案情］

某房地产开发公司准备建造一住宅楼,欲建15层,一楼为地下车库,该公司在办完各种手续后即开始兴建楼房。2002年底,该楼竣工。2003年2月,该公司开始做广告售楼。2003年3月起,陈某等人先后与该房地产开发公司订立了购房合同。

合同并未约定地下车库的归属问题,但是,2003年5月,陈某等搬进该楼后发现该公司已经将该楼30多套住房连同地下车库一同卖于某钢铁公司。该钢铁公司在购得套房和车库后明确表示:因地下车库的车位仅供住在本楼的本单位职工使用,其他住户如需要停车要缴纳一定的停车费。陈某等人随后找到房地产公司

---

① 本章案例来源于梅新和、尹卓编著《物业管理案例精析》,法律出版社2006年

询问,该房地产公司提出:因为在合同中并没有约定提供车位,所以,他们并不负责提供。陈某等人不服,遂向人民法院提起诉讼。

[案例分析]

本案是涉及购房合同没有约定时,地下车库的归属和使用问题。

一方面,在地下车库的归属问题上,《物权法》第 74 条规定:"建筑区划内,规划用于停放汽车的车位、车库的归属,由当事人通过出售、附赠或者出租等方式约定。占用业主共有的道路或者其他场地用于停放汽车的车位,属于业主共有。"所以,除"占用业主共有的道路或者其他场地用于停放汽车的车位,属于业主共有"以外,其他的车位、车库的所有权归属应当是有约定按约定。在本案中,开发商与陈某等业主未就车库的归属作出约定,而开发商与作为业主的钢铁公司却有约定,因此,车库归属钢铁公司并无不当。

但是,《物权法》第 74 条同时也规定:"建筑区划内,规划用于停放汽车的车位、车库应当首先满足业主的需要。"对于该条款的理解,应当理解为首先满仁全体业主而不是某些个别业主的需要。在本案中,开发商没有顾及陈某等业主村车库的"需要",而是将全部车位处分给了某钢铁公司,侵犯了陈某等人依法享有的权利,开发商行为违法,应当承坦相应的责任,如为陈某等人缴纳停车费等。

案例 7.2

[案情]

仙霞别墅是由上海市居住区第四开发公司建造(该公司从属于上海市居住区综合开发中心),由上海新城房产企业公司销售(该公司也从属于上海市居住区综合开发中心)。仙霞别墅 785 弄门卫室亦由上海市居住区第四开发公司建造,后由上海市居住区综合开发中心将该门卫室调拨给上海新城房产企业公司。嗣后,上海新城房产企业公司向被告上海市房屋管理局申请办理该门卫室的房屋所有权证。被告认定该门卫室系第三人取得合法建筑工程执照后建造。遂根据《城镇房屋所有权登记暂行办法》第 8 条、《上海市城镇房屋产权登记暂行办法》第 6 条第 1 项的规定,向第三人核发了沪房长字第 25880 号房屋所有权证。

原告仙霞别墅(785 弄)业主管理委员会不服,于 1997 年 1 月 28 日诉至上海市长宁区人民法院。原告诉称:本市虹古路 785 号门卫室系仙霞别墅小区公建配套设施,该小区全体业主在购买仙霞别墅商品房时,已购买了小区建筑占地分摊面积,即系争的门卫室土地面积已由全体业主购买,故门卫室的产权应属于全体业主共有,被告将系争房屋的所有权证核发给第三人上海新城房产企业公司的具体行政行为是不合法的,请求予以撤销。被告上海市房屋土地管理局辩称:被告根据建筑工程执照及《城镇房屋所有权登记暂行办法》第8条规定,向新城房产企业公司核发虹古路785弄门卫室的房屋所有权证,核发证行为认定事实清楚、证据充分,请求维护其发证行为。第三人上海新城房产企业公司述称:全体业主在购买仙霞别墅商品房时,虽然购买了小区建筑占地分摊面积,但门卫室外的房屋建筑面积并未被小区业主购买。被告根据建房执照核发房屋所有权证的具体行政行为是合法有效的,请求予以维护。

法院经审理后认为:虹古路785弄门卫室作为仙霞别墅小区配套设施之一,是该小区必需的物业管理服务用房,故该门卫室产权不应游离于仙霞别墅住宅的产权而单独核发。第三人因内部分工通过行政调拨取得仙霞别墅销售权,在出售仙霞别墅住宅后又受业主委托进行物业管理而继续占有、使用门卫室,法理上属于占有改变。因此,被告向上海新城房产企业公司核发房屋所有权证的行为缺乏法律依据,依法应予撤销。法院判决撤销上海市房屋土地管理局1994年4月4日核发给上海新城房产企业公司的沪房长字第25880号房屋所有权证。

[案例分析]

本案涉及物业管理门卫房所有权归属问题。虹古路785弄门卫室属于上海市居住区第四开发公司建造仙霞别墅地一并提出申请构筑的小区配套设施之一,是该小区必需的物业管理服务用房。对于小区配套设施的权属,《物权法》第73条规定:建筑区划内的其他公共场所、公用设施和物业服务用房,属于业主共有。《物业管理条例》第38条规定:物业管理用房的所有权依法属于业主。所以,法律并不允许当事人就物业管理用房的所有权归属作不同于法律规定的约定。也就是说,开发商在建造商品房出售时,必须无条件向小区提供必需的物业管理用房,作为小区的门卫室自然是小区必需的物业管理用房。因此,该门卫室产权不应游离于仙霞别墅住宅的产权而单獯披发。第三人因内部分工通过行政调拨取得仙霞别墅销售权,在出售仙霞别墅住宅后又受业主委托进行物业管理而继续占有、使用门卫室,在法理上仅属于占有主体的改变。即使是其建筑,因门卫室属于公共配套设施,其所有权也应归属于全体业主,而非第三人。而被告上海市房屋土地管理局将该门卫室产权核发给第三人,其行政行为与法律相违,故法院撤销被告核发的房屋所有权证是正确的。

案例7.3

[案情]

2004年1月12日,原告李红月购买了上海市浦东区天渊公寓B1栋三单元1805号房屋。2004年3月1日,原告李红月与被告上海市方圆物业管理公司(以下简称"方圆物业公司")签订了《物业管理服务合同》,合同约定物业管理公司每季度向原拳李红月收取物业管理服务费1800元,物业管理公司提供相关的物业管理服务,并安排保安24小时巡逻,双方签订的物业管理合同期限为三年。

2004年5月28日晚10时左右,原告李红月下班后独自回家,在乘坐电梯上楼时,被电梯内的一名歹徒袭击身受重伤,而且背包内的人民币5万元和手机被歹徒强行抢走。后在其他业主的帮助下,原告李红月被方圆物业管理公司的工作人员送往医院进行救治。被告方圆物业管理公司主要负责人当晚调查事实后,遂向上海市浦东区公安机关报案,经公安机关立案侦查后,通过公寓电梯录像,将犯罪嫌疑人锁定为住所在外地的王某,但王某实施抢劫后一直潜逃在外,未被上海市浦东区公安机关抓捕。

原告李红月认为,自己于2004年3月1日与被告方圆物业管理公司签订了《物业管理服务合同》,其中合同约定由被告方圆物业管理公司向其提供物业管理服务,并安排保安24小时进行巡逻。然而,被告方圆物业管理公司并未尽到物业管理职责,未在电梯内设置电梯工为广大业主提供安全服务。而且被告为了自身利益,在未办理房屋租赁登记和治安登记手续的情况下,将未出售的空置房屋出租,导致大楼内人员复杂,给公寓内业主的人身和财产带来安全隐患。因此,被告方圆物业管理公司的上述行为,已经违反了双方签订的《物业管理服务合同》中关于物业管理公司提供24小时保安巡逻服务的约定,其遭到歹徒伤害以及财物被抢是由于物业管理公司违反物业管理合同所致,据此,被告方圆物业管理公司应当承担自己的经济损失。故现要求解除与被告方圆物业管理公司之间签订的《物业管理服务合同》,同时要求被告方圆物业管理公司赔偿自己受伤所支付的医疗费、交通费、误工费、营养费、护理费、学习中断费及精神损失费共计人民币86402元。

原告李红月的上述要求遭到被告方圆物业管理公司的拒绝,在双方协商未果的情况下,原告李红月以被告方圆物业管理公司未尽物业管理职责,没有选聘合格的保安人员24小时巡逻,未在电梯内设置电梯工,导致自己遭到歹徒伤害和财物被抢为由,依法向上海市浦东区人民法院提起诉讼,要求被告方圆物业管理公司承担自己的经济损失合计86402元,并请求法院依法判决解除自己与被告方圆物业管理公司之间的物业管理服务合同。

被告方圆物业管理公司认为,物业管理公司所进行的保安服务是为维护物业管理区域的公共秩序而实施的防范性安全保卫活动,保安服务并不能消除小区内刑事案件的发生,也不能因为提供保安服务就必须保证小区内每个居民人身和财产安全不遭受不法侵害。本物业管理公司聘请的保安人员经过了专业培训,均持有上岗证。而且本案的犯罪嫌疑人员王某非小区内住户,是翻越小区围墙作案的,当时小区保安依照规定进行了巡逻,没有发现可疑人员,故被告在进行物业服务过程中不存有任何过错行为。此外,双方签订的《物业管理服务合同》中并未约定在电梯内设置电梯工,故原告李红月提出的诉讼请求是没有任何法律事实和依据的,故请求法院依法驳回原告李红月的诉讼请求。但为了维护小区的和谐建设以及考虑到业主李红月遭受巨大经济损失的事实上,本物业管理公司愿意从道义上给予原告李红月一次性经济补偿5000元。

上海市浦东区人民法院经审理认为,原告李红月和被告上海市方圆物业管理公司签订了《物业管理服务合同》,可以认定双方之间存在着合法的物业服务合同关系,故双方均应受到物业管理服务合同的约束。被告方圆物业管理公司虽在合同中承诺了保安服务,但这种保安服务应限于防范性安全保卫活动,不能因此而要求它根除小区内一切治安或刑事案件。在本案中,被告方圆物业管理公司确已按照合同在小区设置了门岗及保安员,保安人员进行了定期或不定期的巡逻,而且有证据证明犯罪人王某非小区住户,犯罪人王某袭击原告是从小区围墙翻入作案,而被告事前已对围墙作了防范处理(围墙高度为2米,上端安置了玻璃碴),原告李红月不能提供其遭遇袭击和伤害系物业管理企业不履行职责所致的证据,故要求被告方圆物业管理公司承担违约的赔偿责任,缺乏事实和法律根据,本院不予支持。被告方圆物业管理公司自愿补偿原告李红月人民币5000元,于法无悖,可予准许。至于原告李红月提出解除双方签订的《物业管理服务合同》的诉讼请求,因该合同不同于一般的民事合同,一旦解除,不利于该小区房屋管理,与《上海市居住物业管理条例》中有关解聘物业管理企业的规定不符,何况双方在合同中也没有约定相关的内容,无法定解除合同的事由,故对该项诉讼请求,本院不予支持。

鉴于此,上海市浦东区人民法院根据法律法规的规定,作出如下判决:

一、原告要求解除与被告签订的《物业管理服务合同》的诉讼请求不予支持;

二、原告要求被告赔偿人民币 86402 元的诉讼请求不予支持;

三、被告方圆物业管理公司在本判决生效之日起十日内补偿原告 5000 元。

业主在小区内的电梯上遭遇抢劫,物业管理公司是否应当承担赔偿责任?

[案例分析]

《物业管理条例》第三十六条第二款规定:"物业管理企业未能履行物业服务合同的约定,导致业主人身、财产安全受到损害的,应『当依法承担相应的法律责任。"因此,本案的焦点是物业管理企业是否履行了物业服务合同中约定的保安服务义务,以及如何理解物业。旨理中的"保安"服务,这是物业管理企业是否承担法律责任的依据。

从物业管理的定义来看,物业管理是指物业管理企业按照物业服务合同约定,通过对房屋以及与之相配套的设备、设施和相关场地进行专业化维修、养护、管理,和维护相关区域内环境卫生和公共秩序,为业主提供服务的活动。物业服务合同中当事人应当约定保安服务,在物业管理企业提供的服务中,保安服务是其中的一项重要内容。"保安"不是指广义上的社会安全,而应该理解成为物业使用者创造安全的环境、维护小区公共秩序的良好与稳定,采取合理的安全措施,尽可能防止小区内居民人身和财产安全遭受不法侵害。但是,法律并未规定物业管理企业负有根除小区内一切治安和刑事案件的义务,物业管理企业也不可能承担业主、使用人的人身安全责任(这就是保安与保镖之不同)。所以,物业管理企业在进行物业管理时,只要在保安防范工作方面不存在疏忽和过错,那么物业管理企业就不承担因为犯罪行为所致的损害结果的民事责任。

在本案中,业主李红月虽然在其居住大楼的电梯内遭受不法侵害,但并不能因此认定物业管理企业在履行保安义务上存在过错。物业管理企业在小区内依据合同的约定设置了门岗及保安员;保安员进行了定期或不定期的巡逻,犯罪人王某袭击原告是从小区围墙翻入作案,而被告事先已对围墙作了防范处理,应该说被告正确地履行了保安义务。根据双方物业服务合同约定,小区电梯内并不要求物业管理企业员工值班,因此在电梯内没有物业管理企业的员工并非物业管理企业具有过错。而且,依照权利与义务对等原则,按照我国目前一般较低的物业服务收费水平,在签订物业服务合同时,物业管理企业不可能接受保证小区内每个居民人身和财产安全不遭受不法侵害的条款,只能约定物业管理企业应该尽可能地防止治安和刑事案件的发生。因此,物业管理企业对业主在电梯、楼道等场所遭受侵害所致的损失,如果没有证据证明物业管理企业军尹管理上的过错,就不承担民事责任。

但是,原告李红月遭袭击致伤,财物被抢,直接责任人应该是犯罪嫌疑人王某,王某在承担刑事责任的同时,还应承担损害赔偿责任。至于李红月所诉,被告在未办理房屋租赁登记和治安登记手续的情况下,将未出售的空置房屋出租,导致大楼人员复杂事由,因与本案无直接因果关系,不属于本案处理范围,法院未予处理也是正确的。在此,需要提醒注意的是,小区内未出售的空置房屋的所有权属于该小区建设单位,物业管理企业未经建设单位授权即出租房屋是错误的。如果本案中的犯罪人是空置房屋的承租人,如果物业管理企业在未办理房屋租赁登记和治安登记手续的情况下,将未出售的空置房屋出租,不管授权与否,物业管理企业都应当承担一定的民事责任。

对于本案的判决结果,相信大多数业主难以接受,主要是缘于业主对物业管理合同中的保安服务在法律上的认识错误,对于这类案件,物业管理企业只有存在疏忽或过错;才承担相应的民事赔偿责任。在本案中,如果物业服务合同中约定了在电梯内设置电梯工,电梯工的存在可以减少业主遭受不法侵害的可能性,而物业管理企业未设电梯工,则属未尽到全部义务,业主可请求其承担一定的民事责任。因此,在此特别提醒业主,在签订物业服务令同时,应将保安服务内容尽可能约定清楚,这样在发生损害结果后才能得到法律的支持并获得相应的民事赔偿。

案例7.4

[案情]

2005年4月23日,原告陈健德在北京市丰台区七里庄购买了一套商品房用于居住。2005年6月1日,原告陈健德与所在小区的物业管理公司北京市汇佳物业管理服务公司(以下简称"北京汇佳物业公司")签订了为期三年的《物业管理服务合同》,合同约定:物业公司每月向原告陈健德收取物业管理费 427 元;北京汇佳物业负责安排保安人员对住宅小区进行日常巡视,做好住宅区内的安全防范工作和小区内的环境卫生工作。在物业管理合同期间,如果北京汇佳物业违反合同约定,应当向业主承担相应的违约责任;若造成业主利益受损,应当根据业主实际受到的经济损失承担赔偿责任。

由于北京汇佳物业公司不允许小区业主自行安装防盗门窗,与业主产生纠纷。2005 年 7 月 24 日,小区业主集体联名要求北京汇佳物业公司同意业主自行安装防盗门窗,否则根据相关的法律法规规定解除与北京汇佳物业公司之间的物业管理服务合同,但北京汇佳物业公司仍拒绝了业主们的要求。小区业主无奈之下,以人身和财产安全受到严重威胁为由联名向有关部门反映,希望有关部门支持业主的要求。

但还未等到北京汇佳物业公司和有关部门对此作出反应时,一起恶性入室盗窃凶杀案就发生在 2005 年 8 月 5 日凌晨。罪犯赵强(现潜逃在外)在夜晚 1 时许左右,经过小区敞开的铁门进入小区,后翻墙进入原告陈健德家的北阳台,打开门锁入室作案,被原告陈健德的女儿陈红发现,穷凶极恶的罪犯残忍地将陈红掐死之后,逃离犯罪现场。

原告陈健德认为:(1)2005 年 6 月 1 日,自己与北京汇佳物业公司签订物业管理服务合同,合同约定由北京汇佳物业公司负责小区内的安全防范工作,保障小区业主们人身和财产安全,并安排保安人员进行日常巡逻。如果北京汇佳物业公司违反上述合同规定,给业主利益造成损失,应当承担赔偿责任。合同签订后,北京汇佳物业公司并未履行合同规定的义务,导致 2005 年 8 月 5 日凌晨,犯罪嫌疑人赵强经过小区敞开的铁门顺利进入小区,后翻墙进入自己家里进行盗窃财产。在进行盗窃财产时,被其女儿陈红发现,穷凶极恶的罪犯为了掩盖罪行,将自己的女儿活活掐死,并携带被抢财产逃离犯罪现场。从上述事实看,足可以认定北京汇佳物业公司在小区内没有安排保安人员进行日常巡逻,导致罪犯顺利进入小区进行疯狂作案,此事件的发生,可以证明北京汇佳物业公司在管理上和提供物业管理服务上存有严重的过错。因此,根据《物业管理服务合同》的有关规定,北京汇佳物业公司应当承担自己女儿死亡所造成的一切经济损失和精神损失。(2)小

区业主搬进小区后,均向北京汇佳物业公司征求意见,希望物业公司同意业主们自行安装防

盗门窗,但这一合理要求均遭到北京汇佳物业公司的拒绝。2005年7月24日,在业主集体联名的情况下,以人身和财产安全受到威胁为由,要求北京汇佳物业公司同意小区业主自行安装防盗门窗的要求,仍遭到北京汇佳物业公司的拒绝。可见,北京汇佳物业公司在业主人身和财产受到威胁的情况下,采取消极的态度,不采取安全防范措施保障业主人身和财产安全,导致罪犯从自家的阳台上进入房间盗窃并杀害其女。其女死亡与北京汇佳物业公司拒绝业主自行安装防盗门窗有直接的因果关系,北京汇佳物业公司应当承担其女死亡的经济损失和自己失去女儿的精神损失合计20万元。

原告陈健德的要求遭到北京汇佳物业公司的拒绝,在双方协商未果的情况下,原告陈健德无奈之下以北京汇佳物业公司未尽到安全防范义务为由,于2005年9月12日依法向北京市丰台区人民法院提起诉讼,请求法院依法判令北京汇佳物业公司承担其女死亡所遭受的经济损失和家属的精神损失合计20万元。

北京汇佳物业公司认为,当晚事发以前,物业公司已经安排保安人员进行了全小区的保安巡逻工作,罪犯是乘保安人员刚巡逻完毕的时间混入小区,并进入原告陈健德家中盗窃并杀害其文。而且,物业公司的保安人员不可能时时刻刻守候在业主家门口站岗。可见,本物业公司已经尽到了小区保卫防范工作,本物业公司在此次事件中不存有任何过错行为。更何况,原告陈健德之女被害是由于案外犯罪分子的行为所致,此事已经由公安机关处理,自己不应当承担任何损害赔偿责任。综上,本物业公司并没有违反双方签订的物业管理服务合同的约定,原告陈健德提出的诉讼请求没有法律事实和依据,故请求法院依法驳回原告陈健德的诉讼请求,以维护物业公司的合法权益。

[案例分析]

北京市丰台区人民法院经审理查明,该小区已入住的一期和正在施工的二期之间的临时围墙有豁口,可以自由出入。在案发当天凌晨1时25分,北京汇佳物业公司设置在小区内的红外线报警系统曾发现原告陈健德住宅楼附近有异常情况,但北京汇佳物业公司的保安人员到场未仔细察看,见没有任何异常,就撤离了现场。

北京市丰台区人民法院经审理认为,原告陈健德与北京汇佳物业公司之间签订了《物业管理服务合同》,双方之间已经形成了以居住、维修和保安等为主要内容的物业服务合同关系。业主入住后,发现房屋门窗存有不安全隐患,便以人身和财产安全受到威胁为由,曾向北京汇佳物业公司请示自行安装防盗门窗,但遭到北京汇佳物业公司的拒绝,最后导致罪犯利用业主家中门窗没有安装防盗门窗,乘机进入小区盗窃并杀害原告陈健德之女。根据现行物业管理法律法规的规定,业主要求安装防盗门窗的请求符合法律法规的规定,北京汇佳物业公司拒绝安装的行为已经违反法律法规的规定。因此,可以认定北京汇佳物业公司在业主人身和财产受到威胁时,未采取安全防范的措施,导致原告陈健德之女被害。原告陈健德之女被害与北京市汇佳物业公司拒绝业主安装防盗门窗有间接因果关系,根据法律法规的规定,北京汇佳物业公司应当承担原告陈健德之女被害的经济损失。而且,被告北京汇佳物业公司的保安人员在发现有外人进入小区后,未仔细察看,就擅自撤离现场,导致罪犯顺利进入原告房间进行作案。因此,可以确认北京汇佳物业公司在小区的安全防范中未尽职责、疏于管理。因此,根据双方签订的物业管理服务合同的约定,北京汇佳物业公司的上述行为已构成违约,应当承担违约责任,并对业主原告陈健德的经济损失进行适当的赔偿。

根据法律法规的规定,精神损害赔偿应存在于侵权行为中,本案被告北京汇佳物业公司并不构成侵权行为,只违反了双方签订的物业管理服务合同。因此,原告陈健德提出的精神损失诉讼请求,本院不予支持。

根据《中华人民共和国民法通则》第一百零六条、《物业管理条例》第三十六条之规定,判决如下:

一、被告北京汇佳物业公司应当承担原告陈健德赔偿经济损失 5 万元;

二、驳回原告陈健德其他的诉讼请求。

案例 7.5

[案情]

2004 年 10 月 12 日,被告何有庆等 23 名业主分别购买了北京市昌平区立水桥小区顶层跃层式结构商品房一套。在签订商品房买卖合同时,双方在合同中约定,开发商将楼顶平台用隔体墙分割为相对独立的空间,与顶层住宅通过楼梯连接,并免费送给 23 名业主使用。小区竣工后,楼房顶层平台上安装了全楼的避雷网线、供暖管道以及其他一些重要设施。

2005年1月1日,开发商将验收合格的房屋交付给业主。业主入住后,分别和原告北京市集佳物业管理有限责任公司(以下简称"北京集佳物业公司")签订了《物业管理服务合同》,合同中约定,北京集佳物业公司负责小区公共设施的管理和维修、小区的安全防范工作以及其他相关的服务。

被告何有庆等23名业主入住后,在与其房屋衔接的楼顶平台上,毗邻避雷网线处搭建了轻体房,并将该部分平台改造成由其一家独用的封闭式结构的建筑。因搭建的轻体房妨碍了避雷系统的正常使用和必需的检测,北京集佳物业公司曾多次劝阻被告何有庆等23名业主,要求他们及时拆除妨碍避雷网线的轻体房,但遭到被告何有庆等23名业主的拒绝。

北京集佳物业公司认为,被告何有庆等23名业主擅自在建筑物的顶层建设轻体房,已经妨碍了本小区的避雷网线的安全和效用,侵害了其他业主的合法权益。更何况,根据相关的法律法规的规定,在建筑物的顶层建设轻体房应当经过有关部门的审批和检测。因此,被告何有庆等23名业主搭建轻体房的行为,已经违反了法律法规的规定,应当予以拆除。

在双方多次协商未果的情况下,北京集佳物业公司于2005年3月23日依法向北京市昌平区人民法院提起诉讼,请求法院依法判决被告何有庆等23名业主自行拆除擅自搭建的轻体房。

被告何有庆等23名业主认为,自己在和开发商签订购房合同时,开发商已经承诺将楼顶平台用隔体墙分割为相对独立的空间,并免费送给自己使用。因此,根据该份合同的约定,楼顶平台独立部分的空间应当属于自己房屋的一部分。现在自己在自己的房屋范围内搭建轻体房并没有违反法律法规的规定,北京集佳物业公司无权管理此事。更何况,自己搭建的轻体房并没有妨碍避雷网线的安全,更没有侵害其他业主的合法权益。因此,北京集佳物业公司提起的诉讼请求没有法律依据,请求法院依法驳回北京集佳物业公司的诉讼请求。

法院判决

北京市昌平区人民法院经审理认为,建筑物的楼顶平台属于整栋楼的公共面积部分,由于开发商明确表示将平台赠送给被告何有庆等23名业主使用,因此,被告何有庆等23名业主对与其房屋相毗连的楼顶平台拥有使用权。但被告何有庆等 23 名业主的使用应当以妥善使用、不损害公共利益为前提。因此,在本案中,被告何有庆等 23 名业主在平台上搭建轻体房屋,妨碍了楼顶避雷系统的正常使用和必需的检测,违反了与原告北京集佳物业公司之间签订的《物业管理服务合同》中的就处理相邻关系的规定,属侵害公共利益的不当行为。但是,被告何有庆等 23 名业主在搭建房屋过程中,原告北京集佳物业公司未能及时有效加以制止,而是在事后提出,因此,北京集佳物业公司在处理此事件中处理措施不当,对业主经济损失的扩大具有一定的过错,故应当承担业主拆除轻体房部分经济损失。根据《物业管理条例》第二十七条、《中华人民共和国民法通则》第八十三条之规定,判决如下:

一、限令被告有庆等 23 名业主在本判决生效之日起 10 日内自行拆除搭建的轻体房;

二、由北京集佳物业公司分别承担被告何有庆等 23 名业主拆除费 2000 元

法律问题

开发商将商品房的楼顶平台免费交给业主使用,业主入住后在楼顶平台上搭建轻体房,物业公司是否有权阻止业主的搭建行为?

[案例分析]

在本案中,双方当事人争议的焦点问题是:开发商将商品房的楼顶平台免费交给业主使用,业主住后在楼顶平台上搭建轻体房,物业公司是否有权阻止业主的搭建行为? 要解决这个焦点问题,就应该弄清楚楼顶平台所有权和使用权的问题。所谓所有权。是指所有人对于其所有物进行的一种排他性支配的权利,即所有权人有权排除共他人对于其所有物进行干涉的权利。从《民法通则》的定义来看,所有权是所有人依法对自己的财产享有占有、使用、收益处分的权利,而使用权只是所有权的一个权能,是依照物的性能和用途,在不毁损其物或变更其性质的情况下,对物加以利用的权利。使用权的行使是要受到一定限制的,这种限制通常来源于法律规定、所有权人的限定或者与他人之间的约定。

因此,在本案中,楼顶平台作为整栋楼的共用部位,其所有权和使用权均应当归属于该栋楼全体业主享有。一般来说,该栋楼的每位业主均对楼顶平台享有使用权,均有权对其进行合理的使用。在开发商将房屋进行销售后,开发商对于楼顶平台已不享有所有权和使用权。另外,根据《物业管理条例》第二十七条规定:

"业主依法享有的物业共用部位、共用设施设备的所有权或者使用权,建设单位不得擅自处分。"因此,在本案中,开发商是无权将楼顶平台单独

赠送给个别业主使用,而排除其他业主对楼顶平台的使用权的。

从另一个角度来说,即使开发商不明示将顶层平台赠送给顶层业主使用,顶层业主仍应和该幢楼的其他业主一样,对顶层平台享有使用权。事实上,在本案中,开发商是以一种本属于本幢楼业主共同享有的权益,作为一种额外的优枣条件,吸引业主购买顶层房屋。由与其他业主对楼顶平台的使用相比较,顶层业主的唯一优势在于:由于楼顶平台被隔体墙分割为不同面积的、相对独立的空间且顶层业主可通过室内楼梯进入平台,其对平台的使用比起其他业主来说更为方便。但这种使用也必须是合理的,是以不妨碍其他业主的使用权为前提的。而在该案例中,平台上安装有全楼的避雷网线、供暖管道,可见,顶层业主擅自搭建轻体房,将该部分平台改造成由其一家独用的封闭式结构建筑的行为,不仅妨碍了物业公司的管理,也对全楼其他业主的权利造成了侵害。

再从相邻关系的角度来分析该案例,所谓相邻关系,是指两个或两个以上相互毗邻不动产的所有人或使用人,在行使权利时发生的权利义务关系。因这种关系来源于法律的强制性规定,所以在任何情况下,均不能由当事人予以排除。根据《民法通则》第八十三条规定:"不动产的相邻各方;应当按照有利生产、方便生活、团结互助、公平合理的精神,正确处理截水、排水、通行、通风、采光等方面的相邻关系……"而本案中原、被告双方签订的《物业管理服务合同》中也有"按照安全、公平、合理的原则,正确处理排水、通风、采光、维修等方面的相邻关系"的规定。因此,被告何有庆等23名业主擅自搭建轻体房的行为,已经严重影响了相邻人的合法权益,即其他业主对平台的使用及物业公司对平台设施进行检查维修的权利,属于没有正确处理相邻关系的行为,并同时属于妨碍正常的物业管理的行为。

综上所述,在本案中,被告何有庆等23名业主搭建轻体房的行为严重影响了物业公司对平台设置设施的检查维修及其他业主对顶层平台依法享有的使用权,应予以纠正。但物业公司在处理这件事情的过程中,没有积极履行自己的管理职责,未及时劝阻、制止顶层业主的不当行为,而是采用在事发后才加以解决的方式处理问题,对23名顶层业主损失的扩大有一定的过错,应承担相应的赔偿责任。

学术观点与制度借鉴

一、物业服务企业在物业管理中承担的保安义务性质①

物业管理是一个综合性服务行业,维护物业管理区域内的安全是物业管理的重要方面,也是业主最为关注的一个问题。所谓"安全",主要是指两个方面:一是业主的人身安全,二是业主的财产安全。在人身安全方面,物业管理小区内最可能遇到的是业主被伤、被杀以及因火灾事故、交通事故等造成的人身损害事件;在财产安全方面,业主或物业使用人也常会遭遇入室抢劫、盗窃等治安刑事案件,以及因设施设备运行安全故障、公共环境破坏、火灾事故、交通事故等造成的物业财产损失,其中上文所谈及的业主车辆的丢失或毁损问题尤为突出。

近年来,业主或物业使用人因人身和财产损害而起诉要求物业服务企业承担民事赔偿责任的纠纷日益增多。此类纠纷案件的争议焦点是:物业服务企业在实施物业管理和服务过程中到底应该对业主和物业使用人负有什么样的保安义务?应该承担什么样的安全责任?

1. 业主的观点

多数业主所持的观点是,物业服务企业对业主的人身财产负有严格的安全保障义务,对物业管理区域内发生的人身财产损害,物业服务企业难脱其责,应予全面赔偿。

持这种观点的主要理由是,物业管理绝非是单纯的对房屋及其附属设施的修缮与维护,还应包括对物业管理区域内公共秩序的维护,而公共秩序维护的基础就是对业主和物业使用人人身财产安全的保护。现在的物业服务企业一般都设立有专门的保安人员,并均实行有定时的巡逻制度,而业主缴交的物业服务费用中也含有保安费用。正因为如此,在有物业服务企业管理的小区里,每一位业主和物业使用人都有理由相信他居住的是一个安全的小区,都有理由相信物业服务企业所提供的管理服务和保安措施可以使他处于安全的境地,他不用高度戒备和

———————————

① 陈枫、王克非著《物业管理》北京大学出版社 2007 年第 324 – 333 页。

防范可能遇到的人身、财产侵犯。物业服务企业如果对业主和物业使用人的安全可以不负责任的话,那么它完全就不必要配备保安人员,业主也无须为此支付保安费用。因此,根据物业服务合同的目的和物业管理行业习惯,物业服务企业必须切实采取有效的安全防范措施,认真履行保安职责,尽到最谨慎之注意义务,以努力为业主和物业使用人创造一个安全、舒适的生活环境。物业服务企业如果未尽到安全保障义务,自然就构成了违约,理应承担赔偿责任。

2. 物业服务企业的观点

物业服务企业的观点与业主的观点相左。他们认为,物业服务企业在实施物业管理服务的过程中,只履行保安的有限注意义务,只负责小区安全的一般性防范,而不是绝对的安全保障义务。

持这种观点的主要理由是,物业管理区域内可能发生的盗窃、伤害等侵犯业主人身权、财产权的行为,特别是犯罪行为,往往具有突发性、不可预测性、隐蔽性的特点,作为物业服务企业对此不可能完全加以把握与掌控。加上物业管理小区又是一个准公众场所,包括业主在内的任何人都有出入的权利,因此物业服务企业即使再认真履行保安职责,也不可能完全杜绝、排除或避免这些不法侵害行为和犯罪行为在小区内的发生,而最多只能降低其发生的风险概率。保安不是警察,不具有公安司法机关依职权打击违法犯罪的基本职能,也没有公安机关打击违法犯罪的强制手段及相关权力,更没有维护社会治安的法定职责和义务。退一步讲,哪怕是警察,公民也不可能要求公安局去赔偿发生于公园内的刑事伤害、抢劫等案件而对公民人身财产造成的损失。因此,他们认为,从现行的房产和物业管理法规及社会责任公平的角度来看,在物业管理中,物业服务企业的保安服务只应限于小区内公共场所日常生活秩序的维护,只负有保安巡逻、及时报案等安全协助义务,只能配合公安机关而不能替代警察维护社会安全。这种协助与配合,只是社会治安综合治理中群治群防的一部分。同时,一些物业管理界人士还指出,物业管理费是根据建筑面积而不是居住人数收取的,居住人数再多,物业服务企业收取的管理费也不会相应增加。但居住人数却是安全的直接影响因素,居住人数越多,物业服务企业承担的安全风险就可能越重。物业管理属于微利行业,收费低、利润也低,因此,就保障安全方面而言,物业服务企业的收益与风险并不对应。要求物业服务企业承担绝对的安全保障责任,明显违反了市场经济的公平合理原则。

3. 本书作者的观点

我们认为,物业服务企业在提供物业管理和服务过程中,对业主或物业使用人应当承担什么样的安全责任,要根据物业管理的特性,通过分析物业服务企业在物业管理中所负有的安全义务的法律性质来进行判断。同时,我们认为,解决物业服务企业的安全责任承担问题,不仅需要适用合同法的基本原则,也需要运用侵权行为法原理。至于业主与物业服务企业之间关于是"安全保障"还是"安全防范"的争议,实际上反映的也就是谁来承担责任的问题,而并非表面上的简单字眼区别的争执。

(1)关于物业管理中物业服务企业所负有的安全义务的法律性质

明确物业服务企业所负有的安全保障义务的法律性质,是解决物业服务企业安全责任承担问题的基础。所谓安全保障义务,又称"保护义务"、"保安义务"或"安全关照义务"、"安全注意义务"、"安全顾虑义务"等等,是指从事住宿、餐饮、娱乐等经营活动或者其他社会活动的自然人、法人、其他组织,应采取措施,在合理限度范围内,注意保护与其有某种特殊联系的人免受人身、财产损害的义务。

那么,安全保障义务在法律上到底是一种什么性质的义务呢? 有观点认为它是一种法定义务。持"法定说"的主要理由是,安全保障义务源自法律的明确规定。我国有大量的法律法规针对具体的服务经营项目,在法条中明确规定了服务者。经营者对服务与经营对象负有安全保障义务。如我国的《消费者权益保护法》就规定,经营者应当保证其提供的商品或者服务符合保障人身、财产安全的要求。消费者在购买、使用商品和接受服务时享有人身、财产安全不受损害的权利。同时,《物业管理条例》第47条也规定:"物业服务企业应当协助做好物业管理区域内的安全防范工作。发生安全事故时,物业服务企业在采取应急措施的同时,应当及时向有关行政管理部门报告,协助做好救助工作。物业服务企业雇请保安人员的,应当遵守国家有关规定。保安人员在维护物业管理区域内的公共秩序时,应当履行职责,不得侵害公民的合法权益。"因此,物业服务企业对业主或物业使用人所负有的安全保障义务应是法定义务。

我们认为,由于物业服务企业接受业主委托实施物业管理主要是为业主提供一种服务,这种服务来自于业主与物业服务企业之间的合同约定,双方权利义务的产生,包括物业服务企业所应承担的安全保障义务的具体内容,主要也来自于合同的约定。因此,物业服务企业对业主或物业使用人所负有的安全保障义务并不是严格意义上的、由法律明确规定的、针对某种负有特殊职责人员所设定的法定义务,而只能是一种属于相对权的、合同约定的义务。这种区别很明显的例子就是我们常说的保安和公安在治安管理职责与处置权限上的不同。从另一方面讲,尽管《消费者权益保障法》等法规有关于安全义务的规定,但这些规定并没有明确该安全义务的具体内容是什么、什么情况下才产生责任等问题,实际上它只是一种宣示性的、提示性的规定,不是法律设定的强行性或禁止性规范,且该法条的要求仅限于经营者、服务者从事经营或提供服务的行为本身,并不涉及第三人。仔细解读《物业管理条例》第 47 条的规定,我们也可以发现,该法条只是对物业服务企业在维护物业管理区域安全方面提出了一种配合与协助的要求,这种要求对物业服务企业只产生三个方面的责任:一是预防责任,即对物业管理区域内可能产生的违反治安、环保、物业安全使用要求的行为采取事前的预防措施,防止其发生;二是应急责任,即在发生安全事故时,物业服务企业应采取应急措施,防止事故扩大化;三是报告责任,即出现安全隐患或问题时,物业服务企业有及时报告有关行政管理部门的责任,并协助做好救助工作。这种预防性、自治性和辅助性的安全义务虽为法定责任,但其不足以表明法规已经为物业服务企业设定了对其服务对象的严格全面的安全保护义务。因此,将物业服务企业所负有的安全保障义务认定为法定义务显然不妥。

那么,物业服务企业所负的这种安全保障义务是什么性质的合同义务呢?有观点认为,这种义务是合同的主义务,也有观点认为,这种义务是合同的附随义务。其中认同此义务为合同附随义务的观点在我国法律界较为普遍。我们认为,物业服务企业所负有的安全保障义务,既可能是合同的主义务或从义务,也可能是合同的附随义务,但从目前的物业管理实务看,主要还是合同的附随义务。因为实务中,物业服务合同一般不会对物业服务企业的安全保障义务做详细的约定,或者虽有约定但其约定也非常不明确,因此,该义务一般不构成合同的主义务或从义务。所谓合同的附随义务,是指法律无明文规定,当事人亦无明确约定,为利益平衡和稳定交易秩序,依诚实信用原则所应负担的义务。在英美法系,合同附随义务又称为契约暗含义务。我国《合同法》第 60 条规定,当事人应当按照约定全面履行自己的义务。当事人应当遵循诚实信用原则,根据合同的性质、目的和交易习惯履行通知、协助、保密等义务,此即为合同附随义务的法律根据。附随义务不履行,合同利益仅仅是不能圆满实现,而不会使合同目的落空,因此附随义务不可单独诉请履行,但违反附随义务义务时,权利人可以诉请损害赔偿。在物业服务合同中,物业保安附随义务对物业服务企业的要求只是其应基于诚信原则对业主或物业使用人尽到一般的、有限度的安全注意义务,而不要求物业服务企业尽到严格的勤勉、谨慎的完全保障义务。就比如客户去银行,其目的是办理存、贷等金融事务,并非接受银行的安全保护,因此维护客户在办理金融事务中的安全就不是银行的主要义务。又比如,旅客到宾馆住宿,宾馆要提供住宿设施及服务,这是宾馆的主给付义务,向旅客提供房间钥匙和服务说明是宾馆的从给付义务,而保护、协助旅客则只是宾馆的附随义务。当然,如前所述,在某些情况下,物业服务企业对业主或物业使用人所负有的安全保障义务也可以构成合同的主义务。当一个物业服务合同具体明确约定了物业服务企业在实施物业管理和提供物业服务中应承担什么样的保安义务,并且明确约定了该义务的具体内容是什么,约定了违反该义务时应当如何承担赔偿责任,那么,很显然,这种约定就使得物业服务企业的安全保障义务成了合同的主要条款之一,不履行这项义务,合同目的和根本利益就可能会落空,业主对合同的预期就不能实现,因此,它就构成了合同的主要义务而非附随义务。违反此义务将构成严重的违约行为,将产生明确的违约责任。

有观点认为,安全保障义务应区分为两种:一种是防止特定的人遭受义务人侵害的安全保障义务,另一种是防止特定的人遭受第三人侵害的安全保障义务。后一种义务既不是法定义务也不是合同附随义务,而是侵权法上的"注意"义务。我们认为,从侵权法角度分析,物业服务企业的安全保障义务的确是一种"注意"义务,但物业管理中这种安全保障的"注意"义务,实际上仍源自于物业服务企业与业主间签订的物业服务合同所确定的涉及安全"注意"的内容与要求,两者并不矛盾。从逻辑上讲,合同义务和"注意"义务的概念外延是交叉的,合同义务中有可能包含有"注意"的义务,而"注意"义务也可以是某种合同义务,正因为如此,才会有法理上的所谓违约与侵权的竞合问题。因此,可以说,物业服务企业的这种安全保障义务既是一种合同义务同时也是一种"注意"义务,确定这种安全保障义务的法律性质为合同义务，并没有否认该义务也可以是侵权法上的"注意"义务。将合同法上的安全保障主义务或附随义务与侵权法上的"注意"义务完全割裂分开是不妥的。

(2)关于物业服务企业应承担的法律责任类型

分析了安全保障义务的法律性质，现在笔者就来分析物业服务企业违反安全保障义务应该承担什么类型的法律责任。《物业管理条例》第36条规定："物业服务企业未能履行物业服务合同的约定、导致业主人身、财产安全受到损害的，应当依法承担相应的法律责任。"这里，法规明确了物业服务企业应承担责任的情形，但没有明确物业服务企业所承担的责任性质是什么，是侵权责任还是违约责任，抑或是侵权责任与违约责任的竞合？

在经营、服务和消费等过程中发生的人身财产损害，其实并非物业管理过程所独有，在宾馆与旅客、银行与喀户、商家与消费者、学校与学生、承运人与乘客之间也都发生过相类似的事件，其中有的损害是提供服务一方自身原因造成的，也有的则是因受到第三人不法侵害而造成的。这两种损害，都涉及安全责任的承担问题，法律界对经营者、提供服务者承担的是什么样的法律责任也都有过争论，但现在基本上已经形成了共识，这就为我们分析物业服务企业应承担的安全责任的法律性质提供了法理基础。

我们认为，从合同法角度看，在物业服务企业依据物业服务合同提供物业管理或服务过程中，无论是因其自身直接的行为导致业主或物业使用人人身财产损害还是由于物业服务企业以外的第三人的不法侵害而导致业主或物业使用人人身财产损害，只要物业服务企业有违反物业服务合同约定的安全保障义务，无论违反的是主合同义务还是合同附随义务，都可以产生违约责任。如果没有违反合同义务则不承担违约责任。这一点，应该是明确的。

那么，对业主或物业使用人的人身、财产损害，物业服务企业是否可能涉及承担侵权责任？从侵权法角度看，我们认为，物业服务企业也可能构成侵权。尽管关于侵权行为的法律概念有所谓的"过错说"，"违反法定义务说"和"责任说"等不同观点，但依据我国《民法通则》第106条关于过错侵害他人财产、人身应承担损害赔偿等民事责任的规定，实际上我国法律采用的是统一的"责任说"，即认为侵权是一种损害赔偿责任，它没有将违法性作为侵权责任的必然构成要件，也没有明确排斥违反合同义务而造成的损害为侵权。这与我国《合同法》第 122 条的规定是一致的。该法条规定："因当事人一方的违约行为,侵害对方人身、财产权益的,受损害方有权选择依照本法要求其承担违约责任或者依照其他法律要求其承担侵权责任。"可见,物业主管理企业因违反合同义务、存在过错而造成业主或物业使用人的损害,也可以认为是广义上的一种特殊的侵权,可以要求义务人承担侵权赔偿责任。

那么,是否存在违约责任与侵权责任两者的竞合呢?笔者从上述的分析中可以得出,对物业服务企业来讲,构成两种责任的竞合。如果是物业服务企业因其自身直接实施的行为违反了合同约定的安全保障义务而导致业主或物业使用人人身财产损害的,那么依据上述《合同法》第 122 条的规定,很显然,物业服务企业的行为符合加害给付的特征,构成违约责任与侵权责任的竞合。如果物业服务企业因自身不作为的消极行为违反了合同的安全保障附随义务,由于这种安全保障的合同附随义务也是侵权法上的"注意"义务,因此,也构成违约责任与侵权责任的竞合。如果是由于第三人的行为导致业主或物业使用人人身财产损害,那么,实施加害行为的第三人负的是侵权责任,而物业服务企业的违约行为尽管也是损害形成或扩大的补充原因,但由于不是物业服务企业的违约行为本身直接加害造成损害,这时候,物业服务企业承担的只是因其本身的违约行为而应承担的违约责任或侵权责任(此时两者也构成竞合),但物业服务企业与第三人之间则是根据各自不同的行为各自承担责任,且承担的不是同样的责任,因此此种情形下两者并不竞合。

(3)违反安全保障义务的物业服务企业应当如何承担责任

《物业管理条例》对物业服务企业违反安全保障义务如何承担责任也规定不明确。需要应用《合同法》的规定来解决。而 2003 年 12 月最高人民法院公布的《关于审理人身损害赔偿案件适用法律若干问题的解释》,对确定物业服务企业的责任承担也有指导意义。

笔者先来分析物业服务企业因其自身行为导致业主或物业使用人人身财产损害的责任承担。当安全保障义务是物业服务合同的主义务时,物业服务企业违反了安全保障义务承担违约责任,不需要考察其行为是否存在过错。依据我国《合同法》的规定,物业服务企业承担违约责任的方式有采取补救措施、赔偿损失等。损失赔偿额应当相当于因违约所造成的损失，包括合同履行后可以获得的利益，但不得超过物业服务企业订立合同时预见到或者应当预见到的因违反合同可能造成的损失。此外，受害的业主或物业使用人还可以要求支付一定数额的违约金、要求支付定金等。当安全保障义务仅仅是物业服务合同的附随义务时，则必须考察物业服务企业是否尽到了合理范围内的注意义务，如果物业服务企业未尽到一般性的合理注意义务而违反了安全保障的附随义务，那么其也就应当承担相应的违约责任。但如果物业服务企业已尽到一般性的合理注意义务，实际上已经履行了合同，就无须再承担违约责任。比如，业主的朋友以合法身份进入小区后，与业主发生争执斗殴而致业主受害，物业服务企业就无须负责；又比如，凶手、小偷伪装为装修人员进入小区，而物业服务企业尽到合理的注意、盘查义务后未能发现，对其犯罪行为也无须负责。从侵权法角度分析，依据最高人民法院《关于审理人身损害赔偿案件适用法律若干问题的解释》第 6 条规定："从事住宿、餐饮、娱乐等经营活动或者其他社会活动的自然人、法人、其他组织，未尽合理限度范围内的安全保障义务致使他人遭受人身损害，赔偿权利人请求其承担相应赔偿责任的，人民法院应予支持。"因此，受害的业主和物业使用人也可以追究物业服务企业的侵权责任，要求其承担相应的赔偿。财产的损失，一般以实际损失为赔偿标准。人身损害，赔偿义务人应当赔偿因就医治疗支出的各项费用以及因误工减少的收入，包括医疗费、误工费、护理费、交通费、住宿费、住院伙食补助费、必要的营养费等。因伤致残的，其因增加生活上需要所支出的必要费用以及因丧失劳动能力导致的收入损失，包括残疾赔偿金、残疾辅助器具费、被扶养人生活费，以及因康复护理、继续治疗实际发生的必要的康复费、护理费、后续治疗费，赔偿义务人也应当予以赔偿。死亡的，赔偿义务人还应当赔偿丧葬费、被扶养人生活费、死亡补偿费以及受害人亲属办理丧葬事宜支出的交通费、住宿费和误工损失等其他合理费用。受害人或者死者近亲属的精神损害赔偿则适用最高人民法院《关于确定民事侵权精神损害赔偿责任若干问题的解释》予以确定，当然，从物业服务合同的目的和内容看，由于物业服务企业提供服务的不当造成的损害不具有要求精神损害赔偿的特殊要件，因此，一般情况下，法院不支持精神损害赔偿的请求。还需要注意的是，要求物业服务企业承担侵权责任，受害的业主和物业使用人还必须证明物业服务企业确实存在过错。因为侵权主要适用过错责任，这与合同法一般不考虑过错有很重要的区别;同时,侵权责任和违约责任也不能并用,受害的业主和物业使用人只能择其一而不能合并要求物业服务企业承担两种不同的责任。

接下来,笔者再来分析因第三人的不法侵害行为导致业主或物业使用人人身财产损害的,物业服务企业应如何承担责任。如果业主或物业使用人一并起诉第三人及物业服务企业,当物业服务企业因违反安全保障义务而存在过错的情况下,笔者认为,尽管第三人和物业服务企业的行为都是损害发生和扩大的原因,对损害也都有过错,但这种过错一般并非基于共同的故意或者过失,所以不构成共同侵权,物业服务企业和第三人之间不负连常责任,第三人的侵权与物业服务企业违约构成的是不真正连带债务。物业服务企业只在其过错范围内承担补充赔偿责任(业主或物业使用人单独对物业服务企业提起侵权之诉亦同)。这种处理原则,在最高人民法院的司法解释中也做了明确。最高人民法院《关于审理人身损害赔偿案件适用法律若干问题的解释》第 6 条第 2 款规定:"因第三人侵权导致损害结果发生的,由实施侵权行为的第三人承担赔偿责任。安全保障义务人有过错的,应当在其能够防止或者制止损害的范围内承担相应的补充赔偿责任。安全保障义务人承担责任后,可以向第三人追偿。"最高人民法院司法解释这个条款中唯一值得推敲的地方是规定了安全保障义务人承担侵权的补充责任后,可以向第三人追偿。笔者认为,如前所述,只有在物业服务企业与第三人构成共同故意侵权情况下,或者在物业服务企业已经单独承担了违约赔偿责任的情况下,物业服务企业方可向第三人要求追偿,而在一般的无意思联络的共同侵权中,由于各侵权人之间是根据其过错各自承担责任的,因此,如果安全保障义务人承担的赔偿份额不超过其应承担份额,其就不能向第三人追偿。

还有一种情形是,损害发生后,第三人无法确定,这时候,业主或物业使用人则可以单独对物业服务企业提起违约之诉或侵权之诉,单独提起违约之诉的,其处理原则与物业服务企业因其自身行为违约导致业主或物业使用人人身财产损害相同,依据《合同法》第 121 条的规定,其应当向业主或物业使用人承担违约责任。当物业服务企业承担违约赔偿责任后,可以以侵害债权为由向第三人要求追偿。如果物业服务企业没有违约的,则可以免责。单独提起侵权之诉的,如果第三人的不法侵害行为是业主或物业使用人人身财产损害发生的唯一原因,物业服务企业没有过错的,也可以免责。

这里还涉及的一个问题是如何判断物业服务企业是否已尽到合理的安全保障注意义务？如果判断物业服务企业存在过错？其能够防止或者制止损害的范围是什么？上海市第二中级人民法院的法官对此做了一些经验总结，他们认为可以从以下几个方面进行审查：①物业服务企业的保安人员和监控措施是否符合法规、规章或者相关文件的强制性规定；②物业服务企业是否具备了合同约定的或者是与其等级和收费标准相适应的保安措施；③物业服务企业的保安制度是否完备、合理，是否符合了法规、规章或相关文件的要求；④物业服务企业是否督促所雇佣的保安人员勤勉尽职，是否保障监控系统正常有效运作；⑤当发现犯罪时，物业服务企业是否及时采取相应的合理措施；⑥当小区居民对安全提出合理怀疑或者指出不足时，物业服务企业是否引起重视并积极改进等。假如物业服务企业已达到标准、尽到合理义务，就无须再承担责任。笔者认为，这种审查标准是可行的。

二、国外及我国港澳台地区业主管理团体制度

(一)国外业主管理团体制度简介

1. 德国的业主管理团体及其当事人能力

德国的《住宅所有权法》第 27 条规定："1. 管理人的权利义务如下：……2. 管理人得以全体住宅所有权人的名义为下列行为：……(5)基于住宅所有权人会议决议的授权，于诉讼上或诉讼外为权利主张"；依据德国民法原则，这种管理人不具有法人资格，其权利义务主体仍是住宅所有权人。但该共同体可以借住宅所有人会议而成为有一定行为能力的组织体并从事诉讼活动。

2. 其他相关国家的业主管理团体及其当事人能力

根据学者的研究总结，国外的业主管理团体还有"法国模式"和"日本模式"。法国模式对业主管理团体依法强行设立，成立的管理团体具有法人资格，是权利义务的主体。日本模式则规定管理团体自动设立，将区分所有权人团体分为三类：管理团体、管理团体法人及社区管理团体，符合一定条件的"管理团体"可以登记成为具有法人资格的"管理团体法人"，即附条件承认管理团体具有法人资格。在美国，司法实践中也逐渐承认了业主团体组织的法律地位，1977 年的《统一区分所有物业产权法》，更是通过立法明确了业主协会有以自己的名义起诉或应诉以及有对外签订合同等十多项的小区管理职责与权利。

(二)我国港澳台地区业主管理团体制度简介

1. 我国台湾地区的业主管理团体及其当事人能力

我国台湾地区的物业管理组织有两种:一是区分所有权人会议,指的是区分所有权人为共同事务及涉及权利义务之有关事项,召集全体区分所有权人所举行之会议;二是管理委员会或管理负责人,管理委员会是指为执行区分所有权人会议决议事项暨公寓大厦管理维护工作,互选管理委员若干人设立之组织,管理负责人则是指未成立管理委员会,由区分所有权人及住户互推一个为负责管理公寓大厦事务者。我国台湾地区的《公寓大厦管理条例》第三章"管理组织"第25条规定"区分所有权人会议,由全体区分所有权人组成,每年至少应召开定期会议一次。"第27条规定:"公寓大厦应成立管理委员会或推选管理负责人"。第35条规定:"管理委员会有当事人能力。管理委员会为原告或被告时,应将诉讼事件要旨速告区分所有权人"。我国台湾地区的这种业主管理团体制度,与祖国大陆业主大会和业主委员会制度极为相似,尽管它也未指明管理委员会的法律性质,但条文中已经明确赋予了管理委员会和管理负责人以当事人能力,可以作为原告或被告。

2. 我国香港地区的业主管理团体及其当事人能力

《香港法例》第344章"建筑物管理条例"第7条文(管理委员会申请注册成立业主立案法团)第Ⅲ部"法团的成立"规定:"(1)根据第3.3A、4或40C条委任的管理委员会,须在获委任后28天内向土地注册处处长申请将各业主根据本条例注册成为法团"。16条文(业主权利等由法团行使)规定,"……业主所负有的与建筑物公用部分有关的法律责任,除本条例条文另有规定外,亦须针对法团而非针对业主执行;据此……(b)有关建筑物公用部分的任何在审裁处提起及执行的法律程序,可由法团提起及执行,或针对法团而提起及执行"。我国香港地区的这种业主立案法团制度,与前述台湾地区制度不同的是,其明确给予业主管理团体以法人地位,同时将业主共同性权益全部交由了业主立案法团行使,并由业主立案法团来独立承担有关法律责任。

3. 我国澳门地区的业主管理团体及其当事人能力

澳门对分层建筑物采取由管理团体二个内部组织即"所有人大会"和"管理机关"共同管理的运作模式。根据《澳门民法典》第1329条的规定,"分层建筑物所有人大会"为决议机关,而"管理机关"为执行机关。管理团体本身为无法律人格的非法人团体,实务中,其公寓小区一般都通过公证署登记称为"某某业主会"的社团。《澳门民法典》第 1359 条(正当性)规定:。管理机关在执行属其本身之职务或受所有人大会许可执行之职务时,具有时分层建筑物之任何所有人或第三人提起诉讼之正当性。"可见澳门法律明确给予了业主管理团体的管理机关以当事人能力。

为进一步明确我国业主管理团体的法律地位与性质,促进业主委员会制度的建构,有必要对与我国法律制度有密切联系的其他国家或地区关于建筑物区分所有人管理团体的法律定位及运作模式做一些考察与借鉴。这里,笔者主要介绍一下我国港、澳、台地区及国外法律制度中关于建筑物区分所有人管理团体的法律主体性质及其当事人能力的规定。

(三)我国业主管理团体制度设计的模式选择

从上述国家或地区的建筑物区分所有法律制度中,我们可以得出如下结论:一是各国立法上都承认和支持成立业主管理团体来解决建筑物区分所有权人有效管理其共有物业财产的问题。二是业主管理团体内部多设有管理机关,具体实施管理工作。对业主管理团体或其管理机关,无论将其定位为法人还是将其定位为非法人团体,都明确肯定其具有当事人能力,能以自己的名义起诉和应诉。三是表现为会议体形式的业主大会会议、建筑物区分所有人会议等多为业主管理团体的议事与决策机构,一般仅通过制订规约或以会议决议等方式对管理机关的行为实施监控与制约。归纳各国法律对业主管理团体组织架构的设计,虽或多或少有些不同,但不外乎以下两种主要模式:

1. 模式一:法人团体式

将整个物业管理区域全体业主组织成立一个业主管理团体,其名称可以是"业主立案法团"、"区分所有权人集会"、"业主会议"、"业主会"、"业主协会"、"业主共同体"、"业主公司"等等。这种管理团体可依法登记为法人团体(类似于公司这样的实体),具有当事人能力,可以自己的名义,代表全体业主起诉、应诉并独立承担相应的法律责任。管理团体下设两个管理机关:一是最高权力和决策机关,称为业主大会会议或区分所有权人会议;二是管理人,称为业主管理委员会、业主委员会、管理人或管理负责人(当管理人为自然人时)。此两个机关中,业主大会会议或区分所有权人会议为非常设的机关,更多的情况下表现为一种会议议事形式,其一般只定期或紧急情况下召开会议对重大管理事项做决议。业主委员会、管理人或管理负责人则为常设管理机关,为业主管理团体的执行机构,负责日常管理事务。因为有了一个法人性质的管理团体,因此作为管理团体内部的这两个管理机关就不再赋予其法人资格,但也有一些国家根据管理人的组织架构情况,有条件赋予作为管理人的业主委员会或业主管理委员会以当事人能力。由于管理的专业化问题,管理人可以依据业主大会或区分所有权人会议的决议,委托管理服务人(如物业服务企业或相关专业性服务公司)进行物业管理,管理人所代表的业主管理团体与管理服务人之间是平等主体间的合同关系。

2. 模式二:非法人之管理人式

建立以管理团体之管理机关或管理人为核心的管理制度,管理团体本身比较弱化、虚化。一般不将整个物业管理区域全体业主设为一个具有法人性质的管理团体,而只设置两个管理机关,一是业主大会或称业主大会会议、区分所有权人会议,为最高权力机关,负责重大管理决策(注意:这里的"业主大会"或"业主大会会议"、"区分所有权人会议"与"模式一"中的"业主大会"、"区分所有权人会议"虽然名称相同,但性质、地位完全不同);二是具体的管理人,即业主管理委员会、业主委员会或其他管理人,为业主管理团体的执行机构,负责日常管理。由于没有一个整体性的具有法人性质的管理团体,因此就必须赋予这两个内部管理机关中的一个以当事人能力,可以代表全体业主起诉或应诉。鉴于业主大会或区分所有权人会议的组织化、团体化特征并不明显,赋予其当事人能力实践中较难以操作,且其最后的执行者还是常设的具体管理人,因此一般都将当事人能力赋予管理人(即业主委员会或其他管理人),由业主委员会或其他管理人以自己独立的名义,代表全体业主起诉应诉。这样做,从可操作性、便捷性、有力性上看都比较理想。当然,由于其行为的后果要直接归全体业主承担,因此业主委员会或其他管理人在起诉时必须经业主大会投票权数的 2/3 以上通过,并应当将诉讼要旨迅速告知全体业主,以防止业主委员会或其他管理人对全体业主整体权利的滥用。与上一种模式一样,管理人也可以委托物业服务企业等管理服务人进行专业化管理,管理人与管理服务人也是平等的合同关系。

3. 两种模式之比较及我们的选择

第一种模式，已经成为国际上多数国家建筑物区分所有权管理团体立法的趋势，并为联合国经济与社会委员会欧洲经济委员会编写的《经济转型国家建立区分所有物业产权制度指南》(Guidelines on Condominium Ownership of Housing for Countries in Transition)所倡导；而第二种模式则比较适合我国物业管理法制的现状。由于法律界和物业界对业主管理团体法律性质认识上的不一致，目前我国业主管理团体的制度设计相当混乱，立法一直处于模糊不定的状况。国务院的《物业管理条例》在起草之初，曾试图对业主大会进行定位，其草案第8条规定："业主大会是代表和维护物业管理区域内全体业主在物业管理活动中的合法权益的自治组织"，这里，业主大会的性质被明确界定为自治组织，但对其法律性质是法人还是非法人组织，则仍未点明。可就是这样的定位条款，也因有人反对，最终在条例定稿时，立法者还是予以了回避，《物权法》也同样回避了这个问题，这种回避所带来的消极影响则相当大。不仅《物权法》《物业管理条例》本身的一些制度设计因此而无法自圆其说、找不到法理依据，而且这也给现实的物业管理矛盾纠纷埋下了隐患，与业主管理团体法律性质相关的争议由此而起。例如，订立物业服务合同的业主一方当事人到底应该是谁，是全体业主、业主大会还是业主委员会？业主委员会能否承担合同规定的义务？谁来享有物业小区起诉应诉的权利？当单个业主不遵守管理规约和管理规约时，谁有权利来追究或诉诸法律来解决？《物权法》第83条规定的业主委员会要求行为人停止侵害、消除危险、排除妨害、赔偿损失的权利如何落实？物业专项维修资金谁来管理？业主大会和业主委员会该不该设立账户、该不该刻制印章？因此，综合上述情况，通过对国外业主管理团体制度定位的梳理，根据我国物业管理的现状和物业管理法律制度的实际，笔者认为，在理论界对业主管理团体法律性质争议没有统一之前，同时也考虑到目前我国的小区业主对物业管理参与度偏低以及习惯了以业主委员会为中心进行组织管理的现实国情，并考虑到非法人之管理人模式也有其便捷性，宜先依据上述第二种模式对我国的业主大会和业主委员会制度进行重新规范比较合适。此外，笔者也认为，第二种模式尽管不是主流，但通过立法或司法解释明确业主委员会的法律地位及权利义务，同时建立相应的业主委员会权利行使监督制约机制，同样可以达到保障区分所有业主成员权、实现物业自治管理的目的。而等将来条件进一步成熟时,再依据第一种模式将业主管理团体确定为法人,由具有独立法人资格的业主管理团体来取代目前的业主委员会履行物业管理职责和承担义务。

三、关于物业小区管理用房及其它设施产权归属问题

(一)关于物业管理用房的产权归属问题

美国及发达国家的物业小区,只要达到一定的规模,在设计和开发建设时,一般都会预留几个房间作为物业管理用房。如果物业小区聘请物业理公司管理小区的物业,物管公司的人员可以使用物业管理用房作办公室。物业小区的管委会,也可利用物业管理用房作为召开管委会逆的会议室,以及用来存放物业小区业主协会档案资料。物业管理用勾性质,属于物业小区的共有部分,是小区全体业主的共有财产。由于国内区分所有物业产权立法滞后,物业小区的物业管理用房的产权如何界定,都没有相应的法律规范,给开发商使自己利益最大化及损害购房消费者的权益留下了巨大的空间。很多物业小区的开发商利用预留物业管理用房的名义,为自己预留了很多房屋,供自己使用、出租或出售。由于开发商利用预留物业管理用房的名义,因而这些房屋的成本都已计入小区的开发建设成本,并已分摊到业主所购买的房屋单元的房价当中。这种做法损害了购房消费者的利益,显失公平,同时也给物业小区的管理造成很多混乱和不利的后果。

如前所述,区分所有物业产权制度设计的一个极其重要的原则,就是区分所有物业小区内的所有物业分为两类,即专有部分和共有部分。小区内的任何房产或任何物业,只要不是专有部分,就是共有部分。反之亦然。小区内绝不允许既不属于专有部分又不属于共有部分的"飞地"存在,即除了小区房屋单元的业主之外,不允许任何他人在小区内拥有任何房产或任何物业。目前国内一些于开发商以"物业管理用房"的名义所占用的这些房产或物业的产权究竟属于谁?要不要缴纳物业管理费?对待这些房屋的产权问题,应抓紧妥善解决。具体的处理原则应该是:(1)凡成本已计入小区的开发建设成本,并已分摊到业主所购买的房屋单元的房价当中的这类房屋,产权应归小区内的全体业主所共有;(2)凡成本未计入小区的开发建设成本,并未分摊到业主所购买的房屋单元的房价当中的这类房屋,产权应归开发商,但开发商必须像所有其他业主一样,为这些房屋缴纳税费、物业管理费和维修准备金。

（二）关于物业小区地下室的产权归属问题

在美国和其他国家，相当多的多层或高层物业小区都建有地下室，通常称为储物间。每个房屋单元都已有一个储物间，供业主存放杂物用。储物间的性质属专有部分，但在法律上不构成独立的产权，而附属于房屋单元的产权。在国内，很多开发商将地下室称为物业管理用房，将其占为己有。除了少部分保留自用之外，大部分用以出出租或出售。这类房产也成了物业小区中既不是专有部分又不是共有部分的"飞地"。这类房产的产权问题也应抓紧予以处理，处理的具体原则匣该是：（1）如果房屋的高度未达到国家为居住用房所规定的高度，应视为是小区的共有部分，其产权归全体业主共有。（2）如果房屋的高度达到国家为居住用房所规定的高度，适合居住用途，且这些房屋的成本都已计入小区的开发建设成本，并已分摊到业主所购买的房屋单元的房价当中的，应视为是小区的专有部分，其产权归全体业主共有。如果房屋已经被开发商出售，房屋出售后所得款项应按业主公摊比例返还给业主。（3）如果房屋的高度达到国家为居住用房所规定的高度，适合居住用途，但这些房屋的成本未计入小区的开发建设成本，并未分摊到业主所购买的房屋单元的房价当中的，也应视为是小区的专有部分，其产权应归开发商所有，但开发商必须按规定为这部分房屋缴纳税费、物业管理费及维修准备金。

（三）关于物业小区底商产权的归属问题

凡是设底商的物业小区，就属于商住两用的物业小区。这类物业小区的专有部分，包括供居住用途的房屋及供商业用途的房屋这样两个部分。底商的性质属于物业小区的专有部分，可以同供居住用途的房屋单元一样，分别出售。处理底商的产权问题的原则应该是：（1）如果底商的成本已计入小区的开发建设成本，并已分摊到业主所购买的房屋单元的畴价当中的，其产权应归全体业主共有。如果底商已经出售，出售后所得款项应按业主公摊比例返还给业主。（2）如果底商的成本未分摊到业主听购买的房屋单元的房价中，其产权则归开发商所有，但开发商必须按规定为这部分房屋缴纳税费、物业管理费及维修准备金。

（四）关于物业小区会所产权的归属问题

在物业小区建会所，不要说对我国酌国情不适合，就是在美国和其发达国家也显得过于奢侈，除了个别极蒙华的物业小区之外，一般的物小区都无此设施。

处理会所的产权问题的原则应该是:(1)如果会所成本已计入小区的开发建设成本,并已分推到业主所购买的房屋单元房价当中的,其产权应归全体业主共有,并应由业主共同决定会所的途。(2)如果会所的成本未分摊到业主所购买的房屋单元的房价中,所应视为小区的专有部分,其产权应归开发商所有,但开发商必须按规定为这部分房屋缴纳税费、物业管理费及维修准备金。(3)如果开发商将会所用于经营或出租,则不得对小区的业主的生活构成过度的干扰(最好建隔离墙相互隔离)。美国和其他国家的惯常做法,是不允许开发商在物业小区内兴建任何供对外经营用的设施。这一原则的合理性,显而易见。国内的规划部门在今后审批项目时,也应借鉴或贯彻这样一个原则,严格把关,不允许开发商在物业小区内为自己建设供对外营业用的设施。如果开发商要建这类设施,应与物业小区分开,分别立项,分别开发建设。

(五)关于物业小区游泳池产权的归属问题

在美国,既有设施比较简单的物业小区,也有设施比较豪华的物业小区。最豪华的物业小区可以有自己的高尔夫球场,甚至小型飞机场。但绝大多数的物业小区都不设游泳池这类设施。美国人越来越认识到游泳池是一种豪华或奢侈的设施,一个供工薪阶层居住的物业小区要维持游泳池这类设施,既不经济也无必要。美国一些物业管理专家认为,一个物业小区维持一个游泳池,大概会使小区的共同支出或物业管理费用增加20%。

关于国内一些物业小区游泳池的产权问题,应采取的处理原则应该是:(1)如果游泳池的成本已计入小区的开发建设成本,并已分摊到业主所购买的房屋单元的房价当中的,游泳池应视为是小区的共有部分,其产权应归全体业主共有,并应由全体业主共同决定游泳池应如何使用的问题。(2)如果游泳池的成本未分摊到业主所购买的房屋单元的房价中,其产权应归开发商所有,但开发商必须按规定为这部分设施缴纳税费、物业管理费及维修准备金。(3)如果开发商将游泳池用于对外营业,则不得对小区内的业主的生活构成过度的干扰(最好建隔离墙相互隔离)。如上所述,美国和其他国家的惯常做法,是不允许开发商在物业小区内兴建任何供对外营业用的设施。国内的规划部门在今后审批项目时,也应严格把关,不允许开发商在物业小区内为自己建设供对外营业用的设施。如果开发商要建此类设施,应与物业小区分开,分别立项,分别开发建设。

参考文献

1. 金俭著《房地产法研究》,科学出版社,2004 年。

2. 陈枫、王克非著《物业管理》,北京大学出版社,2007 年。

3. 奚晓明、韩延斌、王林清著《房地产纠纷裁判思路与规范指引》(上、下卷),人民法院出版社,2014 年。

4. 杨临萍著《〈关于审理房屋登记案件若干问题的规定〉理解与适用》,中国法制出版社2012 年。

5. 刘瑛、乔宁著《房地产开发》,北京大学出版社,2007 年。

6. 郑瑞琨等著《房地产交易》,北京大学出版社,2007 年。

7. 李延荣主编《房地产法原理与案例教程》(第二版)中国人民大学出版社,2014 年。

8. 符启林主编《房地产实例点评》,法律出版社,2005 年。

9. 金俭主编《房地产法学》,科学出版社,2008 年。

10. 国家法官学院案例开发研究中心编《中国法院 2016 年度案例·房屋买卖合同纠纷》,中国法制出版社,2016 年。

11. 国家法官学院案例开发研究中心编《中国法院 2016 年度案例·土地纠纷》,中国法制出版社,2016 年。

12. 梅新和、尹卓编著《物业管理案例精析》,法律出版社,2006 年。

13. 高富平、黄武双著《物业权属与物业管理》,中国法制出版社,2002 年版。

14. 陈华彬著《现代建筑物区分所有权制度研究》,法律出版社,1995 年。

15. 蔡耀忠主编《中国房地产法研究》(多卷本),法律出版社。

16. 朱征夫、何海东、贺玉平著《房地产开发经营中的合同问题》,法律出版社,2004 年。

17. 房绍坤编著《房地产法》(第四版),北京大学出版社,2011 年。

18. 金俭著《不动产财产权自由与限制研究》法律出版社 2007 年。

19. 金俭著《中国住宅法研究》，法律出版社，2004 年。

20. 崔建远著《土地上的权利群研究》，法律出版社，2004 年。

21. 陈耀东著《商品房买卖法律问题专论》，法律出版社，2003 年。

22. 楼建波主编《房地产法前沿》(2007 年第 1 辑)中国法制出版社 2007 年。

23. 刘云生主编《中国不动产法研究》，法律出版社，2006 年。

24. 王才亮等著《房屋征收条例操作实务》，法律出版社 2011 年。

25. 孟咸美、钱芝网主编《经济法》(全国高职通用教材)，中国时代经济出版社，2007 年。

26. 孟咸美、钱芝网主编《物流法概论》，中国时代经济出版社，2007 年。

27. 孟咸美著《竞争法研究》，中央文献出版社，2006 年。

28. 孟咸美著《金融监管法律制度研究》，经济日报出版社，2014 年。

29. 刘德权主编《最高人民法院裁判意见精选》(上、下卷)，人民法院出版社，2011 年版。

后 记

　　承蒙南京大学金俭教授提携,邀请本人参编"十一五"国家规划教材《房地产法学》,撰写此教材时本人最下功夫的就是房地产抵押与按揭一章,由此对房地产法律问题有了较多兴趣。随着研究型教学的开展、学生求知渴望的增强,本人萌发了写一本理论与实务良性互动的房地产地著作的念想,孟昕写作第二章,俞崇坤写作第六章。诚如王利明先生所言:学界对"法官创造力和整理总结还嫌不足,还需进一步提炼法院判决中的经验与智慧。"①因此,本书注重从真实案例出发结合法律规范剖析法律问题并提出改进建议,以完善我国房地产法律制度。

　　本书写作过程中得到了顾问单位中铁宝桥(扬州)有限公司李正书记、扬州日模邗沟装饰工程有限公司李伟总经理等领导大力支持,著名书法家江苏省书协理事曹骥主席欣然为本书题写书名,在此一并致以诚挚的感谢。

　　学者生产思想,书是作者思想的载体。书中不当之处还望学界诸君批评斧正,以期日臻完善。

孟咸美

2016. 9. 15

---

　　① 王利明著《民法典创制的中国民法学》,《中国法学》2008 年第 1 期